AF509353

L'EMPIRE DU BRÉSIL

À

L'EXPOSITION UNIVERSELLE

DE 1867 À PARIS

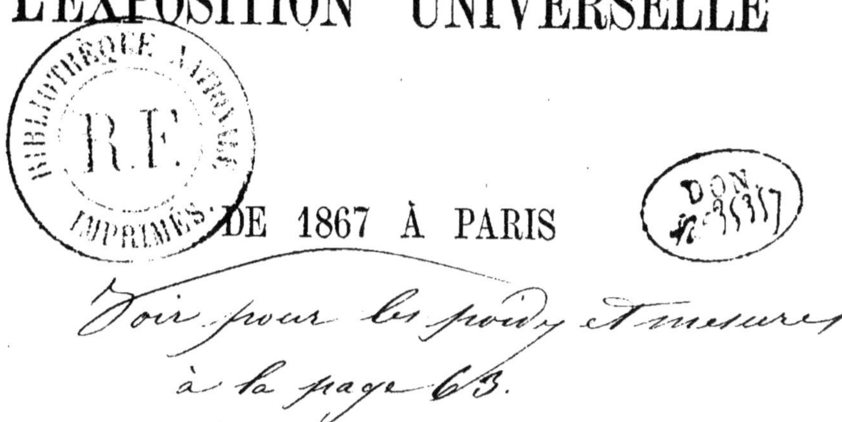

RIO JANEIRO

TYPOGRAPHIE UNIVERSELLE DE LAEMMERT

61 B, Rue des Invalides, 61 B

—

1867

AVERTISSEMENT

Les conditions défavorables au milieu desquelles a été organisée la seconde exposition brésilienne ; l'empire se trouvant aux prises avec une guerre dans laquelle il a été lancé par des actes d'hostilité aussi injustifiables qu'inattendus et toute l'attention absorbée par la réparation due à l'honneur national offensé ; n'ont pas permis (nous le reconnaissons à regret), que le Brésil pût figurer avantageusement à l'Exposition Universelle de Paris, ni donner une idée même approximative de ses richesses naturelles, de ses forces productives et de ses immenses ressources.

Pour que le Brésil devienne une des plus grandes nations du monde, il ne lui manque que la population, et pour attirer celle-ci, il suffit de le faire connaître.

Dans ce but il nous a semblé convenable d'ajouter au catalogue une notice sur cet Empire, notice qui d'ailleurs n'est, et ne pouvait être en ce moment, qu'un résumé imparfait.

APERÇU

SUR

L'EMPIRE DU BRÉSIL

Situation et étendue du Brésil.

L'Empire du Brésil est situé dans la partie orientale de l'Amérique du Sud.

Il comprend 1/15 de la surface terrestre du globe, 1/5 de celle du Nouveau Monde, et plus de 3/7 de l'Amérique Méridionale.

Ses côtes ont 1,200 lieues d'étendue.

Surface.

Sa surface selon le calcul du baron de Humboldt, est évaluée à 2,311,974 milles carrés de 60 au degré.

Cette surface est ainsi divisée:

PROVINCES.	SURFACE EN MILLES CARRÉS.
Grão-Pará.	315,000
Maragnon	144,000
Piauhy.	94,500
Ceará . . . . , . .	32,645
Rio Grande du Nord.	18,000
Parahyba.	32,400
A reporter. . . .	636,545

PROVINCES.	SURFACE EN MILLES CARRÉS.
Report.	636,545
Pernambouc.	47,583
Alagôas	46,800
Sergipe	14,220
Bahia	133,524
Espirito-Santo	14,166
Rio-de-Janeiro et M. de la capit. de l'Empire.	55,800
S. Paul	92,700
Paraná	72,000
Sainte Catherine	23,220
S. Pedro de Rio Grande du Sud	73,836
Minas-Geraes	180,000
Mato-Grosso.	471,580
Goyaz.	225,000
Amazones.	225,000
	2,311,974

Topographie.

Malgré les vastes plaines qui s'étendent au Nord et au Sud de l'Empire, la plus grande partie de son sol est montagneuse; mais traversée par de grandes vallées. Le centre est formé de plateaux élevés; et de nombreuses chaînes de montagnes couvrent les régions de l'est et de l'ouest.

Cordillières.

Les cordillières les plus étendues, et les plus élevées du Brésil, sont au nombre de trois, savoir: la cordillière centrale — do Espinhaço ou da Mantiqueira —; la cordillière orientale —; Maritime ou do Mar —, et la cordillière occidentale ou das Vertentes.

Les autres chaînes en général ne sont que des ramifications de celles-ci et constituent avec elles le système brésilien proprement dit; car le système Parima, qui touche à plusieurs points de la frontière du Nord, ne pénètre que légérement dans les provinces du Pará et de l'Amazones.

Des trois cordillières, la cordillière centrale est celle qui a le plus d'importance géographique et géologique.

Ses points culminants se trouvent dans la province de Minas-Geraes, où elle a son plus grand développement; et sans dépasser les parallèles des 10^{mc} et 28^{mc} degrés de latitude Sud, depuis les rives du fleuve S. Francisco jusqu'à celles de l'Uruguay elle traverse en outre les provinces de Bahia, de S. Paul et du Paraná, touchant à peine à celle de S. Pedro de Rio Grande du Sud par ses confins septentrionaux et à celle de Rio de Janeiro par le point d'intersection de ses limites avec celles de S. Paul et de Minas-Geraes. Cette cordillière prend dans ces differentes provinces diverses dénominations.

C'est elle qui renferme les sommets les plus élevés du Brésil; ils se trouvent dans la partie nommée Serra d'Itatiaia, dont la hauteur moyenne au dessus du niveau de l'océan est de 3,140^m.

La deuxième cordillière ou cordillière orientale, commence aux bords du fleuve S. Francisco, à 10° de latitude Sud et finit aux bords de l'Uruguay, à la latitude de 28° Sud.

La troisième, plus étendue et moins haute, va du Ceará jusqu'aux confins de la province de Mato-Grosso. Cette longue cordillière sépare les deux immenses bassins de l'Amazones et du Rio de la Plata et alimente en outre les fleuves Tocantins, Parnahyba, et S. Francisco.

Caps.

Les principaux caps du Brésil sont au nombre de cinq: ce sont les caps Nord, S. Augustin, S. Thomé, Frio et Sainte Marthe.

Iles.

On compte dans le voisinage du littoral brésilien vingt-trois îles, dont les plus remarquables sont celles de Marajó, à l'embouchure de l'Amazones, qui a 27 lieues de largeur et 37 de longueur ; celle d'Itaparica, dans la province de Bahia ; l'ile Grande dans celle de Rio-de-Janeiro ; celles de S. Sébastien et de Santos dans la province de St. Paul ; de Sainte Catherine, dans la province du même nom ; d'Itamaracá et de Fernando de Noronha dans celle de Pernambouc, et celle de la Trinité à la hauteur de la ville de Victoria, dans la province d'Espirito Santo.

Ports.

A l'exception des provinces de l'Amazones, de Minas-Geraes, de Goyaz et de Mato-Grosso, toutes les autres sont considérées comme maritimes, puisque toutes ont des ports de mer sur leur territoire ; ce dernier avantage est en partie compensé pour les quatres provinces centrales par les fleuves navigables qui les traversent. On ne compte pas moins de 42 ports sur la côte du Brésil ; celui de la capitale occupe la première place par sa capacité et sa sûreté ; il n'a pas moins de 30 lieues de circuit. Viennent ensuite ceux de Bahia, Paranaguá, Sainte Catherine, Santos, Pará, Maragnon, Pernambouc, Victoria, Ilhéos, etc.

Lacs.

Les lacs dos Patos, Merim, Maricá, Araruama et Feia, sont les plus grands. Il y a pourtant encore beaucoup d'autres lacs moins importants dans la vallée de l'Amazones et autres endroits. Le premier a 45 lieues de longueur du N. au S. sur une largeur de 10 lieues.

Le second a environ 26 lieues de longueur.

Fleuves.

Le Brésil possède trois grands bassins, sans en compter beaucoup d'autres de deuxième ordre. Le plus remarquable est celui de l'Amazones ; vient ensuite celui du Paraguay (l'un des tributaires du Rio de la Plata), et enfin celui du S. Francisco.

Le majestueux Amazones, qui compte plus de 500 lieues dans le territoire de l'Empire, s'enrichit de 18 affluents du premier ordre, savoir: Xingú, Tapajoz, Madeira, Purú, Coary, Teffé, Hyuruá, Hyutaby et Hyavary, sur la rive droite; et Sary, Perú, Trombetas, Nhamundá, Uatuman, Urubá, Negro, Hyupurá et Içá, sur la rive gauche.

Presque tous sont des fleuves de premier ordre et quelques uns ont plus de 500 lieues de cours.

Leur étendue totale franchement navigable à la vapeur, est de 7,350 lieues, en-deçà des premières chûtes qui se trouvent sur les limites des provinces du Pará et de l'Amazones.

Le tableau suivant montre l'étendue navigable à la vapeur dans le bassin de l'Amazones brésilien:

Amazones	580
Bassins de ses principaux affluents.	5,771
Affluents moindres, lacs et canaux.	1,000
Total (lieues).	7,351

On peut, par l'Amazones et ses affluents, arriver aux républiques de la Bolivie, du Pérou, de l'Equateur, de la Nouvelle Grenade et du Vénézuela. Il y a déjà 14 ans que des bateaux à vapeur parcourent ce fleuve avec la plus exacte régularité, franchissant en 10 jours les 580 lieues qui séparent la ville de Pará de Tabatinga (frontière du Pérou).

La partie du bassin du Paraguay qui appartient au Brésil a un développement de plus de 300 lieues.

On peut considérer, comme des bassins tributaires de

celui-ci ceux du Paraná et de l'Uruguay, fleuves également de premier ordre et qui appartiennent également à l'Empire sur une grande étendue de leurs cours.

Ces trois grands fleuves et leurs affluents arrosent les provinces de Mato-Grosso, de Goyaz, de Minas-Geraes, de S. Paul, de Paraná et de S. Pedro du Rio Grande du Sud. Naissant dans la province de Mato-Grosso, le Paraguay coule, dans la plus grande partie de son cours, sur territoire brésilien ; passe ensuite par la République du Paraguay et la République Argentine, et s'étant joint au Paraná et à l'Uruguay, prend le nom de Rio de la Plata sous lequel il se jette dans l'Océan entre le dernier de ces États et la République Orientale de l'Uruguay.

Il est navigable à la vapeur depuis son embouchure jusqu'à Villa Maria, lieu situé à 40 lieues de Cuyabá, capitale de la province de Mato-Grosso et, de là, la navigation se prolonge jusqu'à cette dernière ville par ses affluents le S. Lourenço et le Cuyabá. Ce bassin est borné au Nord et à l'Est, sur le territoire de l'Empire, par les cordillières das Vertentes et do Espinhaço.

Le fleuve S. Francisco traverse la partie centrale du Brésil ; il arrose les provinces de Minas-Geraes, Bahia, Pernambouc, Alagôas et Sergipe.

Parmi ses affluents, on remarque le Rio das Velhas, le Paracatú, le Rio Verde et le Rio Grande.

C'est lui qui forme la grande et majestueuse cataracte de Paulo Affonso et, au-dessus de cette chûte d'eau, il compte encore 230 lieues de franche navigation. Son étendue au-dessous de la chûte est d'environ 40 lieues sans qu'on y rencontre aucun obstacle, jusqu'à son embouchure au-dessous de la ville de Penedo, province das Alagôas ; cette partie est accessible aux navires tirant 15 palmes d'eau.

Outre les grands fleuves ci-dessus mentionnés, d'autres

plus ou moins importants se jettent dans la mer tels que: le Gurupy, le Tury-assú, le Mearim, l'Itapicurú, la Parnahyba, le Jaguaribe, la Parahyba du Nord, le Paraguassú, le Rio de Contas , le Belmonte , le Mucury, le Doce, la Parahyba du Sud et le Rio Grande du Sud.

Quelques uns comptent jusqu'à cent lieues navigables à la vapeur.

Le gouvernement, convaincu des grands avantages qui doivent résulter de l'exploration des plus importants fleuves du Brésil ; de la connaissance de leur étendue navigable, des difficultés qui peuvent y embarrasser la navigation, et des moyens de les écarter ; continue à prêter une attention sérieuse à ce sujet.

Il faut ajouter aux explorations précédemment faites , les suivantes entreprises dans ces derniers temps : Par le Dr. José Vieira Couto Magalhães et par l'ingénieur Ernest Vallée , celles des fleuves Tocantins et Araguaya , qui doivent servir pour établir régulièrement la navigation fluviale entre les provinces de Goyaz et de Pará : le résultat de leurs recherches consiste en un rapport et un plan qui ont été présentés au gouvernement ;

Par l'ingénieur Dr. João Martins da Silva Coutinho , celles des rivières Purús et Ituxí, tributaires de l'Amazones ; dont le résultat consiste aussi en un minutieux rapport ;

Par le même ingénieur, celles des rivières Hyapurá et Madeira ;

Par l'ingénieur Chandler, celle de la rivière Agury affluent du Purús ;

Par l'ingénieur Gustave Doelt , celle de la rivière Ceará-mirim ;

Par l'ingénieur Newton Burlamaque, celle de la Parnahyba, dans la province de Piauhy ;

Par l'ingénieur Fernando Halfeld , celle du fleuve S.

Francisco, depuis la cataracte de Pirapóra jusqu'à l'Océan;

Et par l'ingénieur Dr. E. Liais, secondé par le Dr. Ladisláo Netto et par le bachelier Eduardo Moraes, celle du même fleuve depuis cette cataracte jusqu'à ses sources.

Ces derniers explorateurs ont aussi examiné la rivière das Velhas, tributaire du S. Francisco, dans la province de Minas : le résultat de leurs travaux a été publié à Paris.

Les ingénieurs José et Francisco Keller ont exploré la Parahyba, depuis le Pirahy dans la province de Rio de-Janeiro jusqu'à la ville de Cachoeira dans la province de S. Paul; et le Pomba, l'un des tributaires de la Parahyba, dans la province de Minas.

La rivière Ivahy dans la province du Paraná a été explorée par les ingénieurs Gustavo Rumbelsperger, José et Francisco Keller.

Ces deux derniers ont exploré aussi une partie du Paraná, depuis la barre de l'Ivahy jusqu'au Paranapanema, et les rivières Ivinheima, Paranapanema et Tibagy; ainsi qu'une partie de l'Iguassú, affluent du Paraná depuis la barre du Rio Negro jusqu'aux rapides dits du Passo da Reserva.

L'ingénieur Eusebio Stevaux a fait des explorations pour la canalisation des rivières Pomonga et Japaratuba, dans la province de Sergipe.

L'ingénieur Vignolles, pour celle des rivières Poxim et Santa Maria, dans la même province, travail déjà en voie d'exécution; et l'ingénieur Carlos Demoly pour la canalisation entre le lac dos Patos et la rivière Mampituba jusqu'à la ville de Laguna, dans les provinces de S. Pedro de Rio-Grande du Sud et de Sainte Catherine.

Outre cela, le capitaine de frégate José da Costa Azevedo a fait une carte de l'Amazones, qu'on lithographie en ce moment par ordre du gouvernement.

Le professeur Agassiz a exploré la région de l'Amazones, et a donné plusieurs séances explicatives sur cet objet: elles ont été publiées dans les journaux de la capitale.

Le haut Uruguay et le haut Paraná ont été explorés par divers ingénieurs et officiers de marine.

Toutes ces explorations ont une grande portée , tant pour les intérêts spéciaux du Brésil, que pour ceux de la navigation et du commerce du monde.

Il suffit de mentionner les considérations suivantes : L'Amazones, le Tapajoz , le Paraguay , le Paraná et le Rio de la Plata font d'une grande partie de l'Amérique du Sud une sorte d'île *Oceano-fluviale*: il suffirait pour la compléter, de réunir les origines du Tapajoz à celles du Paraguay dont elles sont séparées par une petite étendue de terrain. Si l'on y réussit , presque tout le vaste territoire du Brésil, le Paraguay, une partie de la Confédération Argentine et l'État Oriental seront convertis en une île baignée par l'Océan et par les dits fleuves.

Le S. Francisco pourra peut-être se réunir au Jaguaribe par un canal, formant ainsi une seconde île *Oceano-fluviale*; et lorsqu'on aura relié le premier de ces fleuves, dans les différentes parties de son cours à l'Océan, ainsi qu'on en a le dessein, par le prolongement des chemins de fer de D. Pedro II, de Bahia et de Pernambouc, les ports de Rio-de-Janeiro, de Bahia et du Recife seront liés au Ceará par une voie de communication intérieure non interrompue.

Cette voie de communication traversant les provinces de Rio-de-Janeiro, Minas-Geraes, Bahia, Pernambouc et Ceará, fournira ainsi à leurs produits de nombreux débouchés.

Dans le but de favoriser la grandeur de l'Empire, en facilitant de plus en plus ses relations internationales, et en encourageant la navigation et le commerce de l'Amazones et de ses affluents, du Tocantins et du S. Francisco; le gouvernement a décrété qu'à partir du 7 Septembre prochain, le fleuve des Amazones sera ouvert à la navigation marchande de toutes les nations jusqu'à la frontière du Brésil, ainsi que le Tocantins jusqu'à Cametá, le Tapajoz jusqu'à Santarém, le Madeira jusqu'à Borba, le Rio-Negro jusqu'à Manáos, et le S. Francisco jusqu'à la ville de Penedo; la navigation des affluents de l'Amazones dans la partie où une seule des rives appartient au Brésil continuant à dépendre d'accords avec les autres Etats riverains pour les limites respectives, et les réglements de la police et du fisc.

Ces mesures n'altèrent en rien l'observance de ce que prescrivent les traités de navigation et de commerce en vigueur avec les Républiques du Pérou et du Venezuela, conformément aux réglements déjà expédiés à cette fin.

Climat.

L'Empire du Brésil jouit de deux climats bien distincts : dans la zone torride chaud, et humide durant la saison des pluies; tempéré et sec, hors de ces limites.

Dans l'intérieur des provinces de Ceará, Pernambouc, Parahyba et Rio-Grande du Nord, il est sec par manque de pluies, en certaines années; au point de présenter une différence psychrométrique de 10° C.

Cependant en beaucoup d'endroits de la zône torride, le climat est très-doux et modifié par l'arborisation du terrain, l'élévation du sol, et par les vents régnants.

Dans les endroits où règne la plus grande chaleur, le thermomètre ne monte pas, règle générale, à plus de 36° centigrades, et dans ceux où règne le plus grand froid, ce n'est que par exception qu'il descend au dessous de 3°,2; comme il arrive, par exemple, dans la cordillière d'Itatiaia, où en Juin de 1858 et 1859 il a marqué 6° centigrades au dessous de zéro, le maximum diurne ne dépassant pas 13 degrés. Là la neige paraît souvent, et les petits lacs se couvrent d'une couche de glace de deux pouces d'épaisseur.

Dans les prairies de la province de S. Pedro de Rio-Grande du Sud, il arrive quelquefois que le thermomètre marque 0° centigrade, et par exception 2,5 au dessous de 0°.

Le climat du Brésil est généralement sain.

Température.

Dans la vallée de l'Amazones la température moyenne est de 27°; cependant les effets de la chaleur ne sont pas très-sensibles, en raison des brises de l'est, qui balaient le pays d'un bout à l'autre.

Entre le jour et la nuit la différence atteint quelque fois 12° ; mais la moyenne n'excède pas 9°, et de l'été à l'hiver la variation est à peine de 3°.

Les nuits sont toujours fraîches.

Ces circonstances se modifient lentement jusqu'aux provinces de Ceará et Rio-Grande du Nord, où la moyenne annuelle est de 26°,7; le maximum des moyennes de 24 heures étant de 30°,4, e le minimum de 23°,1.

Les températures de 36° et 21° y sont fréquentes: la première du reste, ne dure que quelques heures du jour en été, et la chaleur ne se fait guères sentir à cause de l'extrème sécheresse de l'air. Pendant les pluies, aux mêmes heures, le thermomètre marque 26°, et la chaleur devient alors sensible.

La moyenne de l'été excède de 3° celle de l hiver comme dans l'Amazones, et entre le jour et la nuit il n'y a que 7° de différence.

La série des observations faites à l'Observatoire de Rio-de-Janeiro, avec l'aide du météorographe de Dollond durant cinq ans, donne pour la moyenne des *maxima* diurnes 27°,13; pour la moyenne des *minima* 19°. 63 et pour la moyenne des moyennes 23°, 42.

Ce n'est que dans des cas rares que le thermomètre a marqué plus de 32° ou moins de 16°.

Le minimum a presque toujours lieu en juillet; et le maximum en février.

De Rio-de-Janeiro à l'Amazones, sous la zône torride, la température moyenne est de 26°,0.

De Rio-de-Janeiro à l'extrême sud de l'Empire, la chaleur décroît sensiblement. Il en est ainsi dans les provinces de S. Paul, Paraná, Sainte Catherine et S. Pedro de Rio-Grande du Sud, ainsi que dans une partie de celle de Minas-Geraes.

Pluies.

Au Brésil les pluies commencent d'ordinaire en novembre, et vont jusqu'en juin; mais ces limites varient selon les localités.

Il pleut beaucoup de l'Amazones à la Parnahyba, peu de là au S. Francisco et plus du S. Francisco vers le Sud.

L'immense zône du S. Francisco qui comprend les régions que les habitants désignent sous le nom de Sertão, est sujette à deux saisons qui diffèrent notablement: celle des pluies et celle des sécheresses; la première dure de janvier à mai, et la seconde de mai à décembre; en juin cesse toute végétation, les semences sont alors en maturité ou près de l'être; en juillet les feuilles commencent à jaunir et à tomber; en août une superficie de plusieurs milliers de lieues présente l'aspect de l'hiver européen, moins la neige; les arbres sont complètement dépouillés de feuilles à l'exception de rares *joazeiros* (*Jisyphus*), oiticicas (*Moquilea*) et quelques arbrisseaux; le *capim* (herbe qui sert de pâturage) qui croît en prodigieuse abondance dans les lieux déserts et au milieu des bouquets de bois, se déssèche et sert comme foin naturel de nourriture à de nombreux troupeaux de bestiaux. Cette époque est très favorable à la préparation du café qui croît dans les montagnes; cueilli et étendu sur une terre qui n'exhale pas d'humidité, mais qui au contraire en absorbe, entouré d'un air qui a la même propriété, il sèche rapidement sans fermenter.

De décembre à janvier les pluies commencent, et les rivières jusqu'alors presqu'à sec et conservant à peine de loin en loin quelques réservoirs qui servent de refuge aux poissons, acquièrent d'énormes volumes d'eau; la végétation reverdit en peu de jours et ce vaste pays se couvre comme par enchantement des fleurs les plus variées.

A Rio-de-Janeiro la moyenne annuelle de la pluie est de 1,170^m 9; elle se réalise durant 95 jours, un peu plus du quart de l'année.

Les orages ne sont généralement pas fréquents.

A Rio-de-Janeiro le terme moyen des jours où on observe ce phénomène est de 26 par an.

Vents.

Sur toute la côte du Brésil règnent généralement les vents de S.-E. et N.-E., ceux-ci de septembre à mars, en été, et ceux-là d'avril à août, en hiver; les courants de l'Océan varient de même. Dans le voisinage de la côte, la brise de terre souffle de 4 à 9 heures du matin, et la brise de mer en sens contraire de 10 du matin à 6 du soir; ce vent s'étend plus ou moins dans l'intérieur du continent, selon la topographie; allant fort loin dans les plaines, comme il arrive au nord de l'Empire, et se modifiant bientôt dans les lieux montagneux.

Dans le bassin de l'Amazones, complètement dépourvu de montagnes, les vents de l'Est pénètrent à plus de 500 lieues dans l'intérieur du pays, principalement de juillet à novembre. Les navires à voiles remontent alors facilement le grand fleuve en 25 à 30 jours, de Parà à Manàos, franchissant ainsi 300 lieues.

Dans l'intérieur du continent, les vents du sud règnent généralement en hiver, et ceux du nord en été.

Minéraux.

Dans le régne minéral, le Brésil abonde en

Pierres précieuses.

Il se trouve des diamants dans la province de Minas, leur formation s'étend d'un côté vers Bahia, et de l'autre vers Goyaz, jusqu'au Mato-Grosso. On en a aussi trouvé dans la province de Paraná, où existent des roches itacolumitiques.

L'exploitation des diamants appartient aujourd'hui exclusivement aux particuliers, dans les termes et les conditions de la nouvelle loi qui règle l'administration des terrains diamantins, et leurs bénéfices.

On trouve aussi dans la province de Minas-Geraes des émeraudes, des saphirs, des rubis, des topazes, des aigues marines, des euclarias et des zirconitas ordinaires.

Il se trouve dans tout l'Empire des grenats, bien qu'ils ne soient généralement pas de la meilleure qualité, et de belles améthystes n'y sont pas rares.

Quartz et ses variétés.

On trouve dans tout l'Empire des minéraux de cette espèce.

On exporte déjà des cristaux de roche parfaitement purs, qui sont extraits en plus ou moins grande abondance de différents endroits des provinces de Goyaz, de Minas-Geraes et de S. Paulo.

Les *calcédoines* et surtout les *agathes*, abondent dans la province de S. Pedro du Sud, d'où on les exporte en grandes quantités depuis des années.

Métaux.

Or.

On peut dire qu'il n'y a presque aucun point de l'Empire qui ne se prête à l'extraction de ce métal. Les mines les plus riches cependant, existent dans la province de Minas-Geraes, où cette industrie est lucrative ; il en est de même depuis des années, dans le district de Tury-assú, dans la province de Maragnon. Le travail le plus important est fait par des compagnies, pour la plupart anglaises. Au Mato-Grosso l'exploitation se borne à la recherche des paillettes.

On extrait aussi de l'or, mais sur une plus petite échelle, dans les provinces de S. Paul et de Paraná, et dans les filons de la province de S. Pedro de Rio Grande du Sud. Dans la province de Ceará il y a de l'or sur les versants de la chaîne d'Ibiapaba , dans le district d'Ipú, dans les mines de la Mangabeira, près de Granja et dans les montagnes voisines de Baturité.

Dans la province de Rio Grande du Nord et à Piancóna dans celle de Parahyba, l'or apparaît sous forme quartzeuse.

L'or en filons qui se trouve dans les terrains d'alluvion de la province de Minas-Geraes , est accompagné de platine et d'iridium.

Dans les filons de quelques mines de la même province, l'or est accompagné de divers minéraux, entr'autres de tellurium.

On trouve du bismuth à S. Vincent, et des pyrites arsénicales dans le voisinage de Mariana.

En différents endroits le palladium accompagne toujours l'or et s'y trouve mêlé.

D'après les expériences faites à l'Hôtel des Monnaies de Rio-de-Janeiro, l'or palladié renferme les proportions suivantes :

	I	II	III
Or	88.9	90 1/4	92.3
Palladium . .	11.1	9 3/4	7.7

Argent.

Ce métal accompagne presque partout le sulfure de plomb.

Il y a des indices de son existence dans la province de Ceará ; dans celle de Bahia sur les rives du fleuve S. Francisco ; dans celle de S. Paul, dans les districts de Sorocaba et de Xiririca ; et dans celle de Minas, où il a été autrefois exploité dans la mine d'Abaeté.

Cuivre.

Il se trouve en grande quantité dans la province de Mato-Grosso, et dans celle de S. Pedro de Rio Grande du Sud.

Il existe aussi dans la province de Minas-Geraes, dans celle de Bahia ; près de Villa Viçosa dans la province de Ceará et dans celle de Maragnon.

Jusqu'à ce jour il a été trouvé natif, à l'état d'oxyde et comme malachite.

Dans la province de Minas-Geraes il se trouve avec d'autres minéraux, comme sulfure. Il n'entre pas encore dans le nombre de nos produits commerciaux.

Étain.

On l'a découvert dans les sables du fleuve Paraopeba, dans la province de Minas et dans quelques granits de la province de Rio-de-Janeiro.

Dans les provinces du Ceará et de Sainte Catherine on en a trouvé quelques vestiges, mais incertains.

Plomb.

On le trouve souvent à l'état de sulfure composé de plomb 86 1/2 %, soufre 13 1/2 %, et de 1 à 7 parties d'argent sur 10,000 de minerai ; il abonde auprès des sources de la rivière d'Iguape , dans le district d'Iporanga, et à Sorocaba, dans la province de S. Paul ; il se présente sous la forme de veines dans les roches quartzeuses. On le découvre sous la même forme dans les provinces de Minas-Geraes, Bahia, Parahyba du

Nord, Ste. Catherine et Rio-de-Janeiro ; il y en a des formations plus récentes à Bahia et dans la serra d'Araripe', au Ceará.

Il se trouve en dépôts dans la chaine d'Ibiapaba.

Le chromate de plomb est assez abondant à Congonhas do Campo dans la province de Minas ; on le rencontre sur quelques lieues d'étendue, mais il n'est pas encore utilisé ; il est composé d'oxyde de plomb 31 %, acide chromique 69 %.

On trouve au Ceará le sulfure de zinc ; il y a aussi quelques indices de calamine.

Antimoine.

Son existence au Brésil n'est pas encore bien avérée ; on voit pourtant à Rio-de-Janeiro, des échantillons de sulfure venus des provinces de Minas et du Paraná.

Arsénic.

Il accompagne la pyrite dans quelques mines d'or, et existe à l'état d'acide combiné avec le fer formant la scorodite, dans la province de Minas-Geraes , dans la paroisse d'Antonio Pereira.

Fer.

On peut avancer sans crainte qu'il n'y a presque pas d'endroit au Brésil, où il n'existe sous les formes les plus variées. Tantôt c'est sous celle de fer magnétique comme sur le pic de la serra d'Itabira, dans la province de Minas-Geraes, où il constitue une montagne colossale ; tantôt il se rencontre en dépôts moins considérables, comme à Ipanema, province de S. Paul, où il a été oxydé et a passé en partie à l'état de martite, ou comme au Paraná et au Mato-Grosso. Tantôt enfin il se présente comme oligiste et fer micacé, minéraux dont se composent les montagnes de la province de Minas-Geraes ; il souffre alors une décomposition à la surface, par l'action des agents atmosphériques et forme des couches de limonite dont l'étendue est de plusieurs lieues. En d'autres endroits comme dans la province de S. Pedro de Rio Grande du Sud, il apparaît mêlé en plus ou moins grande quantité avec l'argile.

Les mines de fer riches qui ne constituent pas une formation indépendante, sont des filons plus ou moins importants tels que ceux d'Ipanema et des provinces de Ceará, Rio Grande du Nord et Parahyba.

Il y a au Brésil des mines de fer qui ont l'incontestable supériorité d'une complète absence de pyrites, avantage que ne possède même pas la célèbre mine de Dannemora en Suède. Le magnétite contient 72 1/2 % de fer; l'oligiste, le martite, et la plupart des fers micacés 70 %; d'autres minières en contiennent à peine 20 %.

Le fer constitue un des plus grands éléments de richesse du Brésil, non seulement par son abondance et ses qualités, mais encore par les facilités que doit donner à son exploitation le voisinage de grandes forêts qui se reproduisent dans l'espace de six à dix ans, donnant d'excellent charbon; et l'existence de chûtes d'eau considérables, qui peuvent servir de moteur.

Ces avantages seront plus appréciés à l'avenir à mesure que l'on construira de nouvelles routes et que les moyens de transport seront perfectionnés.

Dans la province de Minas-Geraes on consomme déjà beaucoup de fer qui y est produit et exploité.

Dans celle de S. Paul il faut espérer, que le gouvernement prêtera attention, aussitôt que les circonstances le permettront, au développement de l'importante fabrique d'Ipanema, laquelle travaille de nouveau pour le compte de l'Etat.

Cette fabrique dispose d'importantes ressources, telles que: minerais d'excellente qualité, abondance de fondants calcaires ainsi que de matériaux réfractaires pour la construction des fourneaux, eau suffisante pour mouvoir les principales machines, forêt située à petite distance fournissant le combustible.

A une lieue de là passe la rivière *Sorocaba* qui pouvant servir de moteur pour les plus puissants cylindres à laminer et d'autres machines, facilitera la préparation du fer doux, de l'acier, des instruments d'agriculture et autres.

La fabrique se prête également à l'établissement d'une école, dans laquelle pourraient se former des maîtres et des ouvriers destinés à servir ensuite dans des établissements particuliers.

Roches.

Il y a au Brésil des granits de différentes variétés; ils sont jaunes foncés au Ceará, et très blancs à S. Catherine; ils donnent une excellente pierre de construction.

Cependant on emploie plus généralement les différentes variétés de *gneiss*, dont quelques uns, de caractère itacolumitique, se fendent parfaitement dans un seul sens et servent au pavage et à la construction des murailles.

On trouve des quartz très-compacts, en grandes lames, qui ont le même usage.

Il existe encore en différents endroits des porphyres roses, d'autres noirs avec des cristaux blancs de feldspath ; et d'abondants diorites vert-clair et vert-foncé, de bonne qualité pour le pavage.

Calcaires.

On trouve sur beaucoup de points du pays, des calcaires saccharoïdes pour la plupart éruptifs dans les gneiss.

Il y en a plusieurs belles variétés compactes; on les trouve noirs à S. Paul, blancs à Bahia, rosés à Minas, e dans d'autres lieux; ils peuvent figurer parmi les plus beaux marbres.

La chaux employée dans les constructions du littoral est presque exclusivement fabriquée soit avec les *sambaquis*, énormes dépôts de coquilles amoncelées de longue date par les Indiens, soit avec les bancs de coquillages que forment dans les petites baies les couches de corail qui accompagnent la côte au nord des Abrolhos.

Au Maragnon et dans la Parahyba du Nord, il y a des marnes crétacées.

Le plâtre fibreux se trouve dans les provinces de Minas, Rio Grande du Nord, Ceará, Maragnon et dans celle de l'Amazones.

Argiles.

Se trouvent partout provenant de la décomposition des roches, se conservant à leur place et formant des montagnes ; d'autres sont produites par les alluvions.

On les emploie beaucoup dans les poteries ; les variétés blanches abondent en quelques endroits et peuvent être employées dans la faïencerie.

Le kaolin à l'état de pureté exigé pour la belle porcelaine, est plus rare.

Il y a beaucoup de variétés réfractaires, encore peu utilisées, mais dont quelques creusets venus du Ceará à l'exposition nationale, attestent la bonté.

Charbon de terre.

L'existence de ce combustible est aujourd'hui bien avérée au Brésil ; mais la formation géologique à laquelle appartient celui qu'on a découvert, n'est pas positivement déterminée.

Il y en a de décidément jurassique dans la province de S. Pedro du Sud, dans les mines de l'Arroio dos Ratos (Ruisseau des Rats), et non loin du Jaguarão ; dans celle de S. Catherine, à l'endroit appellé Tubarão et à Boa-Vista. Il se montre à S. Paul et reparaît au Ceará, où se trouvent des indices vagues de formation perméenne , qui paraît se prolonger vers le N. O., ce qui fait supposer qu'il y a des gisements carbonifères dans l'intérieur du Piauhy, du Maragnon et de la vallée de l'Amazones.

On a fait des explorations sur différents points et l'on continue à étudier ce sujet comme l'un des plus importants pour le Brésil.

Lignites.

Se trouvent à S. Paul ; la tourbe plus ou moins pure se rencontre dans presque tout l'Empire.

On rencontre souvent aussi des schistes bitumineux, et quelques-uns d'origine tourbeuse.

Près de l'embouchure du fleuve Camamú, on a découvert des schistes jaunes, qui donnent par la distillation une matière solide analogue à la naphtaline, et un carbone hydrogéné très-volatil, qui sert pour l'éclairage.

Il existe au Maragnon des schistes semblables.

Graphite.

Le graphite est pour le moment connu comme plus abondant dans la province de Ceará, où il forme des ondulations dans le gneiss, et imprègne les calcaires saccharoïdes éruptifs de petites paillettes. On trouve aussi de ces paillettes dans la province de Rio Grande du Sud.

Soufre.

Jusqu'à présent, on n'a trouvé le soufre à l'état natif que dans la province de Rio Grande du Nord.

Sels.

Parmi les sels, le plus utilisé est le nitre qui se forme dans les cavernes calcaires des provinces de Minas-Geraes, Ceará, Mato-Grosso et dans d'autres endroits.

On a vu de l'alun dans les provinces du Paraná, de Minas-Geraes et Ceará, ainsi que du sulfate de magnésie et de soude comme efflorescence dans les couches calcaires de la serra d'Araripe (Ceará).

Il y a du sel gemme au Mato-Grosso, dans quelques endroits de l'intérieur du Pará et dans la province de Minas.

On trouve souvent l'argile imprégnée de sel commun.

Au Rio Negro on extrait du sel de podostomes qui viennent sur des rochers sous l'eau douce et au plus fort du courant.

La plus curieuse efflorescence est sans doute celle du chlorure de soude des gneiss qui s'étendent le long de la serra d'Uruburetama jusqu'à celle de Meruoca dans la province de Ceará.

Eaux minérales.

Il y a au Brésil beaucoup de sources d'eau minérale dont une notice développée se trouvera dans le catalogue.

Végétation.

La végétation du Brésil est l'une des plus admirables du monde. Dans les plaines, sur les montagnes les plus élevées, sur la côte même et au milieu de ses sables, entre des rochers escarpés, partout enfin, elle se montre continuellement vigoureuse.

La Flore du Brésil est peut-être la plus riche du monde; par l'abondance et la variété de ses espèces, dont plus de 12 mille sont déjà connues.

On trouve dans les forêts du Brésil les bois les meilleurs pour la construction navale et civile; et pour l'ébénisterie les plus riches et les plus belles espèces que connaisse l'industrie.

Entre les premiers se distinguent la *peróba*, le *tapinhoá*, le *cabiúna* ou *jacarandá* noir, le *corcunda*, le bois du Brésil, le sorbier, le *bacurí*, le *sucupíra*, l'*aroeira* du *scrião*, l'*ipé*, le *pequiá*, le *massarandúba*, le bois de fer, le cèdre, le laurier, l'*itaobá*, la *sapucaia*, la *baraúna* et beaucoup d'autres.

La plupart des bois de construction appartiennent à la famille des légumineuses; viennent en suite les laurinées, les sapotacées, les apocynées, les lecythidées, les bignoniacées, les cédrélées, les anacardiacées, les antidesmées, les protéacées.

L'oleo (bois à huile), le *mairapiníma*, le *saboa-râna*, le *pau-cruz*, le *vinhatico*, le *pdo sctim*, le *jacarandá*, le *gonçalo-alves*, le *sebastião d'arruda*, le *pau marfim*, le *moirapiranga* et d'autres se recommandent pour l'ébénisterie.

Le bois Brésil, le *tataúba*, l'indigo, le roucou, le *cumaite*, le campèche, le *mangue* rouge et beaucoup d'autres sont excellents pour la teinturerie.

Outre ceux-la naissent spontanément et en grande abondance dans les forêts, les *seringueiras* dont on extrait le caoutchouc, qu'on obtient aussi de la *mangabeira* et d'autres plantes; la *carnaúba*, importante par la résine incrustée dans ses feuilles ; les *mystéricas* qui produisent un suif végétal; la vanille, le cacao et beaucoup d'autres plantes, dont les produits d'une utilité vaste et reconnue, sont l'objet d'un commerce important.

On rencontre, réparties entre les différentes provinces, de nombreuses plantes, dont les fruits, les écorces, ou les graines sont médicinales, comme la salsepareille, l'ipécacuanha, la *café-râna*, l'*urari*, le *guaraná*, le *mururé*, le jalap, la *caróba*, les diverses plantes qui par leurs qualités fébrifuges sont connues sous le nom de — quina —et sont du genre *exostemos*, le *pau pereira*, l'*abutua*, l'*avenca*, le *cainca*, le *tamaquaré* et beaucoup d'autres; les baumes les plus précieux et les plus belles huiles ; enfin une grande variété de plantes résineuses, huileuses et laiteuses, comme le *jutahi*, l'*angico*, l'*andiróba*, le copaïer, le copal, l'*oilicica*.

On trouve, tant dans les forêts que dans les prairies et sur la côte, une grande abondance d'arbres et de plantes qui donnent d'excellents fruits.

Animaux.

Le Brésil ne compte pas moins de richesses dans le règne animal que dans les deux autres. Ses forêts vierges, ses prairies et ses bois mêmes sont peuplés par une grande quantité de quadrupèdes et d'oiseaux propres à l'alimentation de l'homme, tels que : le tapir, le chevreuil et la *paca;* le *cattete*, le tatou, la perdrix, la caille, le joó, le *jacú*, le *macuco*, et de nombreuses variétés de pigeons.

La haute mer, toute la côte et les rivières intérieures abondent en excellent poisson, tels que le *mero*, le *bijupirá*, la *garopa*, le *badejo*, le mulet, la *cavalla*, et beaucoup d'autres parmi ceux qui habitent la mer ; le *surubí*, le *dourado*, le *pirarucú*, le *robalo*, le *tambaqui*, le *tucunaré*, le *pacú* et d'autres qu'on trouve dans les fleuves : enfin les cétacés propres à la fabrication de l'huile, comme la baleine et le thon.

La consommation ordinaire de la population, tant en poisson frais, qu'en poisson salé et conservé, soutient des pêcheries considérables ; et on peut affirmer qu'aussitôt que cette industrie se trouvera régularisée, les produits de la pêche constitueront au Brésil une importante branche de commerce.

Il y a aussi abondance d'huîtres et autres coquillages qui, en quelques endroits servent presque exclusivement de nourriture aux habitants.

On exporte le gibier et le poisson d'une province à l'autre en le salant ou le mettant en conserves.

Malgré les diverses tentatives, les races d'animaux domestiques au Brésil ne se sont généralement pas améliorées. On a pourtant vu à l'Exposition quelques chevaux produits par le croisement d'étalons venus d'autres pays, qui ont été dûment appréciés.

L'élève des moutons de races perfectionnées promet de prospérer dans les provinces de Paraná et de S. Pedro de Rio Grande du Sud ; on a déjà préparé et même exporté leur laine.

Population.

La population du Brésil, selon les derniers calculs, faits par ordre du governement, et pour lesquels, (outre différents éclaircissements), on a pris comme point de départ le recensement officiellement organisé de 1817 à 1818, est évaluée à 11,780,000 comprenant 500,000 indigènes non encore civilisés, et 1,400,000 esclaves.

Les indigènes habitent encore en grande partie les forêts vierges.

Le Gouvernement continue à encourager leur civilisation par des dispositions spéciales; un article du budget est appliqué annuellement à la fondation et à l'entretien des villages existants dans diverses provinces où on leur donne l'instruction religieuse, et où l'on cherche à les habituer au travail.

Les esclaves sont traités avec humanité, généralement bien logés et bien nourris. Dans la plupart des plantations, ils sont même autorisés à cultiver pour leur propre compte, et disposent librement de leurs récoltes.

Leur travail est aujourd'hui modéré et d'ordinaire n'a lieu que de jour ; les soirées sont destinées au repos, en partie à des pratiques religieuses, ou à des divertissements.

Cette institution a été imposée au Brésil par la force de circonstances particulières qui datent des premières années de sa découverte. Les questions de la solution desquelles dépend sa suppression occupent sérieusement l'attention du gouvernement ; il a manifesté sa résolution à cet égard dans la réponse faite dernièrement à l'Association d'émancipation française.

Dans le tableau suivant nous donnons la distribution de la population entre les provinces qui se partagent le territoire du Brésil ; comprenant dans celle de Rio-de-Janeiro, le municipe de la Capitale de l'Empire, dont la population (du municipe) est calculée en 600,000 habitants.

PROVINCES	POPULATION		
	TOTAL	LIBRE	ESCLAVE
Grão-Pará	350,000	325,000	25,000
Maragnon.	500,000	450,000	50,000
Piauhy	250,000	230,000	20,000
Ceará.	550,000	520,000	30,000
Rio Grande du Nord	240,000	235,000	5,000
Parahyba	300,000	260,000	40,000
Pernambouc.	1.220,000	970,000	250,000
Alagôas.	300,000	250,000	50,000
Sergipe	320,000	285,000	35,000
Bahia.	1.450,000	1.170,000	280,000
Espirito-Santo	100,000	90,000	10,000
Rio de Janeiro et Municip. neutre.	1.850,000	1.550,000	300,000
S. Paul.	900,000	825,000	75,000
Paraná , ...	120,000	110,000	10,000
Sainte Catherine.	200,000	190,000	10,000
Rio Grande du Sud	580,000	550,000	30,000
Minas-Geraes.	1.600,000	1.440,000	160,000
Mato-Grosso.	100,000	95,000	5,000
Goyaz.	250,000	240,000	10,000
Amazones	100,000	95,000	5,000
	11.280,000	9.880,000	1.400,000
Indigènes errants.	500,000	500,000	
Somme	11.780,000	10.380,000	1.400,000

Constitution du Brésil.

Gouvernement et dynastie de l'Empire du Brésil.

Le Brésil forme une nation libre et indépendante depuis le 7 Septembre 1822.

Son territoire est divisé en 20 grandes provinces, outre le municipe de la ville de S. Sébastien de Rio-de-Janeiro, capitale de l'Empire, qui a une organisation administrative spéciale.

Le gouvernement est monarchique, héréditaire, constitutionel et représentatif.

Sa constitution politique (la troisième du monde en antiquité) date du 25 mars 1824.

La dynastie règnante est celle de Sa Majesté D. Pedro I, Empereur, et Défenseur Perpétuel du Brésil, fondateur de l'Empire, et père de l'Empereur actuel, Sa Majesté D. Pedro II.

Sa Majesté D. Pedro II, Empereur Constitutionel et Défenseur Perpétuel du Brésil est né le 2 décembre 1825, et

Succéda à son auguste père le 7 avril 1831.

Déclaré majeur il prit possession du pouvoir souverain le 23 juillet 1840.

Il fut sacré et couronné le 18 juillet 1841.

Il se maria par procuration le 30 mai 1843 et reçut la bénédiction le 4 septembre de la même année.

Sa Majesté l'Impératrice, D. Théreza Christina Maria, son auguste épouse, fille du roi des Deux-Siciles François I, est née le 14 mars 1822.

De ce mariage sont nées S. A. I. la Princesse D. Isabelle, héritière présomptive de la couronne, le 29 juillet 1846, et S. A. la Princesse D. Leopoldina le 13 juillet 1847.

La première a épousé le 15 octobre 1864 D. Louis Philippe Marie Ferdinand Gaston d'Orléans, Comte d'Eu: la seconde a épousé de 15 décembre de la même année, D. Louis Auguste Marie Eudes de Cobourg Gotha, Duc de Saxe.

De ce mariage est né le prince D. Pedro le 19 mars 1866.

De la religion de l'Etat.

La religion catholique apostolique et romaine est la religion de l'Empire.

Toutes les autres religions sont cependant permises

avec leur culte domestique ou particulier, dans des maisons à ce destinées sans forme extérieure de temple.

Personne au Brésil ne peut être poursuivi pour motif religieux. On exige seulement qu'on n'offense pas la morale publique, et qu'on respecte la religion de l'Etat ; de même que celui-ci respecte toutes les autres religions, au point de punir dans son Code Criminel par la prison et par l'amende les persécutions pour motif religieux, et les insultes à tout culte établi dans l'Empire.

En outre, les pouvoirs de l'Etat ont plus d'une fois voté des fonds pour la construction de maisons religieuses, et pour la subsistance des ministres des différentes religions : le gouvernement prend même des mesures pour éviter que dans les colonies, les enfants non-catholiques soient obligés à recevoir l'instruction religieuse donnée aux enfants des catholiques.

Les mariages des non-catholiques sont respectés dans tous leurs effets légaux. Cet objet se trouve aujourd'hui réglé par la loi, qui assure l'état civil des enfants, lesquels sont considérés parfaitement légitimes, soit que ces mariages se réalisent dans l'Empire, soit qu'ils s'effectuent au dehors.

Il y a dans l'Empire un archevêque métropolitain dont le siège est à Bahia, onze évêques dont les diocèses sont ceux de Rio-de-Janeiro, Pernambouc, Ceará, Maragnon, Pará, Goyaz, Cuiabá, Mariana, Diamantina, S. Paul et S. Pedro de Rio Grande du Sud, douze vicaires généraux, douze proviseurs, et mille deux cents quatre-vingts curés.

Pour l'instruction du clergé il y a onze séminaires épiscopaux, à savoir : dans la capitale, et dans les provinces de Bahia, de Pernambouc, Ceará, Maragnon,

Pará, Mato-Grosso, Goyaz, Minas-Geraes, S. Paul, et S. Pedro de Rio Grande du Sud.

A l'exception du premier qui a un revenu suffisant, tous les autres sont subventionnés par l'État.

Les matières de l'enseignement sont: le latin, le français, la rhétorique et l'éloquence de la chaire, la philosophie raisonnée et morale, l'histoire sacrée, ecclésiastique, et exégétique, la théologie dogmatique, la théologie morale, les institutions canoniques, la lithurgie et le chant grégorien.

Une loi a déjà sanctioné la fondation de deux facultés théologiques.

Des pouvoirs politiques et de la représentation nationale.

La Constitution reconnaît quatre pouvoirs politiques: le pouvoir législatif, le pouvoir modérateur, le pouvoir exécutif et le pouvoir judiciaire.

L'Empereur et l'assemblée générale sont les représentants de la nation.

Tous les pouvoirs politiques dans l'Empire du Brésil sont délégués par la nation.

Du pouvoir législatif.

Le pouvoir législatif est délégué à l'assemblée générale avec la sanction du pouvoir modérateur.

L'assemblée générale se compose de deux chambres — la Chambre des députés et la Chambre des sénateurs ou le Sénat.

Il appartient à l'assemblée générale de décréter les lois, de les interpréter, de les suspendre ou de les révoquer.

C'est elle qui fixe annuellement les dépenses publiques, et les forces de mer et de terre ordinaires et extraordinaires; qui crée les impôts, résout les doutes qui peuvent se présenter sur la succession à la couronne, choisit une nouvelle dynastie dans le cas d'extinction de la dynastie régnante; autorise les emprunts, et exerce enfin d'autres attributions importantes et propres de la plus haute représentation de la souveraineté nationale.

L'initiative des lois appartient en général aux membres de chacune des chambres.

Elle peut cependant venir du pouvoir exécutif au moyen de propositions présentées à la chambre des députés par l'un ou l'autre des ministres.

Toutes les propositions sont soumises à l'examen d'une commission, qui les convertit ensuite en projet de lois ; elles sont discutées et votées dans les deux chambres qui peuvent les approuver telles qu'elles sont, les réformer ou les rejeter.

Les séances des chambres sont publiques, excepté lorsque le bien de l'Etat exige qu'elles soient secrètes.

Toutes les affaires s'y décident par la majorité des votes présents.

Les membres des deux chambres sont inviolables pour les opinions qu'ils expriment dans l'exercice de leurs fonctions.

Aucun sénateur ou député ne peut être arrêté par aucune autorité durant son mandat ; si ce n'est en flagrant delit de peine capitale.

L'Empereur ne peut employer aucun sénateur ou député hors de l'Empire, et aucun de ceux-ci ne peut aller exercer um emploi qui le mettrait dans l'impossibilité de se réunir aux autres lors de la convocation de l'assemblée générale ordinaire ou extraordinaire.

Dans un cas imprévu, où la sûreté publique où le bien de l'Etat dépendraient de l'absence d'un sénateur ou d'un député chargé de l'accomplissement de quelque autre mission, il appartient à la chambre respective de l'autoriser.

Dans le cas de refus absolu de l'une des chambres, la proposition de l'autre est rejetée.

Cependant, dans le cas d'amendement ou d'additions, si la chambre qui fait la proposition ne les approuve pas et juge toute fois le projet avantageux, elle peut demander la réunion des deux chambres, et ce qui est décidé par la majorité de l'assemblée générale, est ce qui prévaut.

Le véto de l'Empereur est suspensif pendant la durée de deux législatures, qui suivraient celle où aurait été refusée la sanction à quelque loi.

Si durant ce temps le projet refusé vient à être représenté deux fois dans les mêmes termes ; il sera converti en loi, qui produira tous ses effets comme si elle avait été sanctionnée.

Si dans le délai d'un mois l'Empereur n'avait pas donné ou refusé sa sanction, il serait considéré l'avoir expressément refusée.

De la chambre des députés.

La chambre des députés, composée actuellement de cent vingt deux membres, est élective et temporaire.

Les élections sont indirectes et faites par les provinces, divisées en districts électoraux de trois députés chacun au plus et deux au moins.

L'initiative sur les impôts, sur le recrutement, et sur le choix d'une nouvelle dynastie, dans le cas d'extinction de la dynastie régnante, constituent ses attributions particulières.

L'examen de l'administration passée et la réforme de ses abus, doit aussi y avoir son origine ainsi que la discussion des propositions du pouvoir exécutif, et la mise en accusation des ministres d'État.

La chambre des députés est élue de 4 en 4 ans, temps qui comprend l'espace d'une législature. à moins qu'elle ne soit dissoute ; car par ce fait la législature est considérée comme finie, et la nouvelle chambre subsiste

encore durant quatre sessions s'il n'y **a pas** d'autre dissolution.

Du Sénat.

Le sénat est actuellement composé de cinquante huit
membres nommés à vie ; leurs noms s'obtiennent par des
élections provinciales, à laquelle concourent des électeurs
spéciaux, et forment des listes triples dans lesquelles
l'Empereur choisit le tiers de la totalité.

Le nombre des sénateurs ne peut pas excéder la moitié
de celui de la chambre des députés.

Les princes de la maison impériale sont sénateurs de
droit aussitôt qu'ils atteignent l'âge de vingt-cinq ans.

Il appartient exclusivement au Sénat de connaître des
délits individuels commis par les membres de la famille
impériale, les ministres d'État et les sénateurs; des délits
des députés durant la période de la législature, et de la
responsabilité des ministres et conseillers d'État ; dans
tous ces cas il se transforme en tribunal de justice.

Il doit aussi convoquer l'assemblée générale, si l'Empereur ne l'a pas fait deux mois après le temps marqué par la Constitution.

Du pouvoir modérateur.

Le pouvoir modérateur est privativement délégué à
l'Empereur comme étant le chef suprême de la nation et son premier représentant, pour qu'il veille inces-
samment sur la conservation de l'indépendance , de
l'équilibre et de l'harmonie des pouvoirs politiques.

L'Empereur exerce aussi cet important pouvoir relativement au pouvoir législatif, en nommant les sénateurs, en faisant des convocations extraordinaires , en
prorogeant ou ajournant l'assemblée générale, en dissolvant la chambre des députés dans les cas où l'exigerait
le salut de l'État, en sanctionnant les décrets et résolutions de l'assemblée générale pour qu'ils aient
force de loi.

Relativement au pouvoir exécutif, en nommant et démettant librement les ministres d'État.

Relativement au pouvoir judiciaire, en suspendant les magistrats, en pardonnant ou modérant les peines imposées aux condamnés et en accordant des amnisties.

La personne de l'Empereur est inviolable et sacrée et par cela même n'est soumise à aucune responsabilité.

Du pouvoir exécutif.

L'Empereur est le chef du pouvoir exécutif et l'exerce par ses ministres.

Ses principales attributions sont:

De convoquer la nouvelle assemblée générale ordinaire.

De nommer les évêques, les magistrats et tous les employés civils, militaires et politiques de toute catégorie, de toute nature, créés par les lois générales.

De déclarer la guerre et de faire la paix.

De diriger les négociations politiques avec les nations étrangères, et de faire des traités d'alliance offensive et défensive, de subside et de commerce, les portant ensuite à la connaissance de l'assemblée générale, si l'intérêt et la sûreté de l'État le permettent.

Si les traités conclus en temps de paix comprennent des changements de limites ou des échanges de territoires faisant partie de l'empire, ou de possessions auxquelles l'empire a droit, ils ne peuvent être ratifiés sans avoir été approuvés par l'assemblée générale.

Il appartient aussi au pouvoir exécutif d'accorder des titres, des honneurs, et des distinctions en récompense des services rendus à l'État.

D'expédier des décrets, des instructions et des réglements pour la bonne exécution des lois, et enfin, de pourvoir à tout ce qui concerne la sûreté intérieure et extérieure de l'État d'après les prescriptions de la Constitution.

Il y a sept ministres, savoir: le ministre de l'empire et des affaires écclésiastiques, le ministre de la justice, le ministre des finances, le ministre des affaires étrangères, le ministre de la marine, le ministre de l'agriculture, du commerce et des travaux publics.

Chaque ministre a sa secrétairerie d'état et plusieurs *départements* qui lui sont subordonnés.

L'éxécution de tous les actes du pouvoir exécutif dépend essentiellement du contreseing du ministre d'état respectif.

Les ministres d'état sont responsables de leurs actes; un ordre verbal ou écrit de l'Empereur ne les décharge pas de cette responsabilité.

La manière de définir et de rendre cette responsabilité effective est réglée par une loi spéciale.

Du pouvoir judiciaire.

Le pouvoir judiciaire est indépendant, il se compose de juges et de jurés. Ceux-ci prononcent sur le fait; ceux-là appliquent la loi.

Les juges sont inamovibles, et ne peuvent perdre leurs charges que par jugement.

Ils jouissent d'une juridiction privilégiée dans les crimes de responsabilité, et ne peuvent être suspendus par le pouvoir modérateur qu'après avoir été entendus et pour être traduits en jugement.

Aucune autorité ne peut évoquer les causes pendantes, les remettre, ou faire revivre les procès terminés.

Les juges sont responsables des abus de pouvoir et des prévarications qu'ils peuvent commettre dans l'exercice de leurs fonctions.

Toute personne a le droit de les accuser devant l'autorité compétente, de subornation, de péculat, ou de concussion.

Dans les causes criminelles tous les actes du procès sont publiés après la mise en accusation ; ainsi que les audiences des juges, et les séances du jury.

Dans les causes civiles et dans les causes pénales intentées civilement, les parties peuvent nommer des arbitres dont les sentences sont exécutées sans appel, si les parties en conviennent ainsi.

Dans son organisation judiciaire l'Empire est divisé en territoires et en districts ayant des juges municipaux de 1re instance, des juges de droit et des juges d'orphelins. (*Juizes de direito* et *juizes de orphãos.*)

Il y a quatre tribunaux nommés *Relações*, ou de 2me instance, qui ont pour district différentes provinces, et qui ont été créés dans le but de juger les causes en seconde et dernière instance.

Dans la capitale de l'Empire outre la *Relação* il y a un tribunal suprême de justice, composé de juges tirés des tribunaux de 2me instance par ordre d'ancienneté, lequel, entr'autres attributions fixées par la loi, a celle d'accorder ou de refuser la révision des causes: de connaître des délits et des erreurs d'office commis par ses membres et ceux des *Relações*, par les évêques quant à leurs rapports civils, par les employés du corps diplomatique et les présidents des provinces.

Du conseil d'État.

Le conseil d'état est purement consultatif au Brésil ; mais il constitue un des plus puissants auxiliaires de la haute administration.

Son audience est en général facultative, mais presque toujours exigée par l'Empereur, lorsqu'il doit user des prérogatives du pouvoir modérateur.

Il est aussi constamment consulté sur les branches les plus importantes du service public à la charge des sept ministères ; sur les conflits de juridiction administrative et judiciaire, sur des questions de prises, et autres de nature quasi-contentieuse, sur les affaires de justice administrative contentieuse, etc.

Il se compose de douze membres effectifs outre lesquels il peut y en avoir jusqu'à douze extraordinaires, tous nommés à vie. Il travaille divisé en sections correspondant aux sept ministères, ou en réunion complète présidée par l'Empereur. Le prince impérial arrivé à l'âge de dix-huit ans y siége ainsi que les autres princes de la famille impériale que l'Empereur pourrait y nommer. Les ministres assistent aux grandes réunions, quand même ils ne sont pas conseillers d'état, à moins qu il ne s'agisse de la dissolution de la chambre des députés, ou du changement du ministère.

Du ministère public.

Le ministère public n'est pas encore organisé au Brésil dans tous les degrés de la hiérarchie judiciaire.

Cependant d'importantes fonctions appartenant à ce ministère sont exercées par le procureur de la couronne, et du trésor national, — magistrat de haute position — et aussi par les procureurs de la couronne dans les provinces, par les promoteurs publics et les procureurs fiscaux du trésor national.

De l'administration des provinces.

Des présidents.

Le gouvernement de chaque province est confié à un président nommé par le pouvoir exécutif, qui peut le changer chaque fois qu'il. le juge convenable pour le bien de l'état.

C'est la première autorité de la province, et l'agent immédiat du gouvernement général.

Ses attributions les plus importantes sont d'accorder ou de refuser la sanction aux lois et aux résolutions des assemblées provinciales, de suspendre en certains cas l'exécution des mêmes lois, de nommer et démettre les employés provinciaux, de suspendre les employés généraux, et sont toutes définies par la loi.

Des Assemblées Provinciales.

Il y a aussi dans chaque province une assemblée législative, chargée de faire des lois sur les affaires purement provinciales, ou qui se rapportent à ses intérêts particuliers.

Ces assemblées sont élues de deux en deux ans par les mêmes électeurs qui élisent la chambre des députés.

Elles ont pour attributions principales :

L'organisation du budget des recettes et dépenses provinciales et municipales,—la fixation de la force de police, — la création et la suppression des emplois provinciaux et municipaux.—Elles décrètent les travaux publics de la même nature, et les impôts provinciaux et municipaux, qui ne portent pas préjudice aux rentes générales de l'état — La division civile, judiciaire et ecclésiastique leur appartient aussi ; mais elles doivent dans leurs décisions respecter toujours la Constitution, les lois et intérêts généraux et les droits des autres provinces.

Leurs lois et résolutions doivent être sanctionnées par le président de la province, sauf dans des cas rares et expressément déclarés par la loi.

Leurs membres sont inviolables pour les opinions qu'ils émettraient dans l'exercice de leurs fonctions.

Des municipalités.

Dans chaque ville ou bourg de l'empire il y a une municipalité élue de quatre en quatre ans par élection directe, laquelle est chargée de l'administration économique et municipale de la ville ou du bourg.

Ces corporations ont un revenu pour subvenir aux dépenses respectives, et une loi organique détermine l'exercice de leurs fonctions purement municipales, la forme de leurs ordonnances de police, l'application de leurs rentes et leurs attributions particulières. Elles sont composées de neuf membres (vereadores) dans les villes, et de sept dans les bourgs. Le président est celui qui réunit le plus grand nombre de votes.

Les municipalités sont soumises dans chaque province à l'assemblée législative et au président de la province. Celle de la Capitale l'est à l'assemblée générale et au gouvernement.

Les paroisses sont divisées en districts, ayant chacun un juge de paix élu en même temps et de la même manière que les *vercadores*, avec des attributions également réglées par la loi, dont les principales sont de concilier les parties qui prétendent plaider; de présider aux élections et de juger les causes de peu d'importance.

Droits des Brésiliens.

La Constitution garantit l'inviolabilité des droits civils et politiques basés sur la liberté, la sûreté individuelle, et la propriété des citoyens brésiliens.

Liberté individuelle.

La loi seule peut obliger un citoyen à faire ou à ne pas faire une action quelconque.

La loi ne peut être établie sans utilité publique, et ne peut avoir d'effet rétroactif.

Liberté d'opinion.

Chacun peut communiquer ses idées en paroles et par écrit, sans être soumis à la censure ; mais est responsable pour les abus commis dans l'exercice de ce droit, dans les cas et la forme déterminés par la loi.

Liberté de conscience.

Personne ne peut être poursuivi pour motif de religion

Liberté de voyager et de résider.

Quiconque peut rester dans l'Empire ou en sortir, selon qu'il lui convient, et emporter sa fortune pourvu qu'il observe les réglements de police et sauf le préjudice porté aux tiers.

Liberté d'industrie.

Aucun genre de travail, de culture, d'industrie ou de commerce, ne peut être défendu, du moment qu'il n'est pas contraire aux bonnes mœurs, à la sûreté et à la santé des citoyens.

Les corporations de métiers ont été abolies.

Droit de sûreté individuelle.

Tout citoyen a dans sa maison un asyle inviolable. On n'y peut entrer de nuit que par son consentement, ou pour le défendre contre l'incendie ou l'inondation. En dehors de ces cas l'entrée de son domicile n'est permise que de jour et de la manière déterminée par la loi.

Personne ne peut être arrêté sans une enquête, excepté dans les cas déterminés par la loi, et même alors l'autorité est obligée, à faire connaître dans un court délai à l'accusé, le motif de son arrestation, le nom de son accusateur et ceux des témoins, s'il y en a.

Même après l'enquête, personne ne sera mis en prison, ou n'y séjournera, étant déjà arrêté, s'il peut fournir caution ; dans les cas admis, par la loi, qui sont en général ceux des crimes les moins graves.

Sauf le cas de flagrant délit, personne ne peut être arrêté que sur un ordre écrit émané de l'autorité légitime, sous peine de responsabilité pour le juge qui donnerait un ordre arbitraire, et pour celui qui l'aurait sollicité.

Personne ne peut être condamné que par l'autorité compétente, en vertu de loi antérieure et dans la forme prescrite par celle-ci.

Ni aucune peine, ni l'infamie du coupable ne peut s'étendre aux enfants, et la confiscation des biens est défendue dans quelque cas que ce soit.

Un Code Criminel fondé sur les bases solides de la justice et de l'équité, dans lequel on ne trouve ni tortures, ni autres peines cruelles défendues par la Constitution, est en vigueur au Brésil.

La peine de mort n'existe pas pour les délits politiques ; et bien qu'on ne l'inflige que pour le crime d'homicide, et aux chefs d'insurrection, elle est rarement appliquée : dans aucun cas la sentence ne peut être exécutée sans que le procès terminé, parvienne avec tous les éclaircissements nécessaires à la présence du pouvoir modérateur, appelé à décider si le coupable doit être gracié ou non, ou à commuer la peine comme cela se fait presque toujours.

Droit d'égalité.

La loi est égale pour tous, soit qu'elle protége, soit qu'elle punisse et récompense selon le mérite de chacun; et la Constitution garantit les récompenses auxquelles donnent droit les services rendus à l'Etat, soit civils, soit militaires.

Tout citoyen peut être admis aux emplois publics, civils, ou militaires, sans autre distinction que celle de ses talents et de ses vertus.

Personne n'est exempt de contribuer aux dépenses de l'Etat, selon ses moyens.

Il n'y a pas, au Brésil, de priviléges qui ne soient basés sur l'utilité publique, et liés aux emplois.

Il n'y a pas non plus de tribunal privilégié, ni de commissions spéciales dans les causes civiles ou criminelles à l'exception de celles qui par leur nature et d'après la loi appartiennent à des jugements particuliers.

Droit de propriété en général.

Le droit de propriété est garanti dans toute sa plénitude : et si le bien public exige que l'État se saisisse de la propriété du citoyen, ce dernier est préablement indemnisé de sa valeur légalement vérifiée.

Une loi règlementaire spécifie les cas qui peuvent donner lieu à cette seule exception du droit de propriété, et comment doit être payée l'indemnité.

La dette publique est aussi garantie.

Droit de propriété des inventions.

Les inventeurs ont la propriété de leurs inventions.

Les lois leur accordent un privilége exclusif temporaire, ou bien ils sont rémunérés en dédommagement de la perte qu'ils éprouvent par la divulgation.

Secret des lettres.

Le secret des lettres est inviolable.

Droit de plainte et autres garanties.

La Constitution garantit aussi aux citoyens le droit de présenter par écrit au pouvoir législatif et au pouvoir exécutif, des réclamations, plaintes ou pétitions.

Celui de dénoncer toute infraction à la Constitution, et de requérir devant l'autorité compétente la responsabilité effective des infracteurs.

Les secours publics ; l'instruction primaire gratuite ; la fondation de collèges et d'universités.

Dans les cas de rébellion ou d'invasion de l'ennemi, la sûreté de l'Etat demandant qu'on suspende pour un temps déterminé quelques unes des garanties de la liberté individuelle, on pourra le faire au moyen d'un acte spécial du pouvoir législatif. Cependant, l'assemblée générale n'étant pas réunie, et la patrie courant un danger imminent, le gouvernement pourra employer cet expédient, comme mesure provisoire et indispensable ; avec l'obligation de rendre compte de sa conduite à l'assemblée, à sa prochaine réunion.

Aucun article de la Constitution, relatif aux limites et aux attributions des pouvoirs politiques, ainsi qu'aux droits politiques et individuels des citoyens, ne peut être altéré par la loi ordinaire.

La réforme dépend de formalités exigées par la Constitution. Lorsque la nécessité en a été reconnue dans une législature, on fait une loi pour que les électeurs des députés de la législature suivante leur confèrent une faculté spéciale pour l'altération à laquelle on prétend. C'est dans cette nouvelle législature ainsi munie de pouvoirs spéciaux que se résout la question qui doit exclusivement avoir pour objet l'article déclaré réformable par la loi antérieure.

Force publique.

Armée.

La force effective de l'armée, selon le nouveau tableau, est de 25,844 hommes, y compris les officiers.

Cependant la force des deux corps d'armée en opérations contre le dictateur du Paraguay, est maintenant de plus de 42,000 hommes.

Il y a en outre des troupes tant de ligne que de garde nationale employées au service de la garnison de la capitale et des provinces de l'Empire. Enfin plus de cinq mille hommes occupent la partie septentrionale du Mato-Grosso et plus de deux mille la partie méridionale de la même province.

Il y a aussi une compagnie d'apprentis artilleurs, composée de jeunes gens qu'on élève pour le service de l'artillerie. Ils sont au nombre de cinq cents.

Les chirurgiens et chapelains qui forment le **corps**

sanitaire et celui des aumôniers, font partie du cadre de l'armée.

La force de la garde nationale dans tout l'Empire, y compris la réserve, est de 440,475 gardes.

Le service de la police de la capitale est fait par un corps de gardes urbains, dernièrement organisé, à l'imitation de la police de Londres.

Ce corps se compose actuellement de 560 hommes.

Il est aidé par un autre corps organisé militairement, composé aussi de 560 hommes, engagés volontaires.

La fixation de la force de police des différentes localités appartenant aux assemblées provinciales, elle a une organisation particulière selon les circonstances de chaque province.

Pour le service de l'extinction des incendies, il y a dans la capitale, un corps de pompiers, convenablement organisé.

Marine de guerre.

La force navale active de l'Empire monte actuellement à 906 officiers de diverses classes d'embarquement, et 4,647 hommes d'équipage.

L'Empire a 61 navires de guerre avec 316 bouches à feu ; dont 49 vapeurs de la force de 5,912 chevaux, y compris 10 cuirassés.

La force navale brésilienne actuellement en opérations de guerre se compose de 38 navires, dont 36 à vapeur de la force de 4,805 chevaux, y compris 10 cuirassés de la force de 2,030 chevaux.

Ces navires ont 186 cannons et 4,037 hommes d'équipage.

Outre cette force il y a encore :

Un bataillon naval comptant 810 hommes, dont 565 sont détachés sur des navires de guerre, dans un des forts du port de la capitale de l'Empire, et dans l'établissement naval d'Itapúra.

Un corps de mariniers impériaux (*imperiaes mari-*

nheiros) de 3,008 hommes, dont 2,697 sont détachés sur des navires de guerre.

Onze compagnies de pupilles de marine dont le personnel est de 738 individus, dans la Capitale de l'Empire et dans les provinces d'Espirito-Santo, Bahia, Pernambouc, Ceará, Maragnon, Pará, S. Catherine, S. Pedro do Rio Grande do Sul et Mato-Grosso.

Les officiers de santé et chapelains qui forment le corps de santé et celui des aumôniers font partie du cadre respectif.

Arsenaux de guerre.

L'arsenal de la capitale de l'Empire a un directeur, une sécrétairerie, avec une agence d'achats ; une intendance divisée en trois classes ; un établissement de jeunes apprentis et treize ateliers importants, dont les travaux occupent journellement, environ 600 ouvriers, nombre qui s'est élevé à plus de 1000 dans les circonstances extraordinaires.

L'administration générale est confiée à un officier supérieur d'une arme spéciale, secondé par trois adjudants, aussi officiers des armes spéciales, les quels outre diverses attributions ont ; le 1er celle de surveiller l'intendance et l'établissement des jeunes apprentis, le second, celle de surveiller les ateliers, et le troisième de diriger la fabrique d'armes du fort de la Conceição.

On fabrique à l'arsenal l'habillement et l'équipement de l'armée, ainsi que certains articles du matériel de guerre, entr'autres l'artillerie rayée du système français de petit calibre.

Les jeunes apprentis sont actuellement au nombre de 149 ; leur nombre complet est de 200.

L'apprenti qui, ayant prouvé son état de pauvreté et rempli les autres conditions exigées, est admis dans l'établissement ; y reste jusqu'à ce qu'il soit en état de passer dans les corps des ouvriers militaires, où il doit servir durant six ans.

Cependant, par faveur spéciale et moyennant une indemnité, les apprentis peuvent obtenir leur congé et embrasser librement la profession ou le métier de leur choix.

Toutes les dépenses d'alimentation, d'habillement, d'enseignement et de traitement, sont aux frais de l'État.

Indépendamment de l'instruction primaire, ils apprenent le dessin géométrique élémentaire, la géométrie et la mécanique appliquées, la musique et la gymnastique.

On les instruit dans les exercices militaires, et, parmi les métiers qui ont rapport à la confection du matériel de guerre, ils apprennent celui pour lequel ils ont le plus de vocation et la force physique nécessaire.

Il y a un certain nombre de professeurs, un chapelain et un médecin qui dirige l'infirmerie.

La fabrique du fort de la Conceição et le laboratoire pyrotechnique du fort de Campinho sont des dépendances de l'arsenal.

La fabrique du fort de la Conceição s'occupe principalement de la réparation et de la transformation des armes à pierre à feu en armes de percussion, et peut également rayer les armes à canon lisse ; elle se compose actuellement d'une salle d'armes, et de deux ateliers, l'un d'armuriers et l'autre de fabricants de crosses.

Il y a outre les maîtres des ateliers, un professeur d'enseignement primaire.

Le laboratoire de Campinho où il y a toujours une compagnie du corps des ouvriers militaires, fabrique tous les artifices de guerre, soit pour l'artillerie, soit pour les armes à feu portatives, ainsi que les munitions de celles-ci.

Son administration est confiée à un officier d'une arme spéciale.

On emploie d'ordinaire, dans les circonstances normales, environ 100 ouvriers qui confectionnent journellement.

Capsules de guerre.	30,000
Cartouches avec balles. . . .	20,000
Etoupilles à friction.	300
Fusées pour projectiles creux	200

et en proportions analogues, les autres munitions de guerre.

Dans les provinces de Pará, Pernambouc, Bahia, S. Pedro do Rio Grande du Sud et Mato-Grosso, il y a aussi des arsenaux de guerre avec des laboratoires pyrotechniques annexés.

Fabrique de poudre.

Elle est placée loin de tout centre de population, au pied de la chaîne de montagnes d'Estrella dans la province de Rio-de-Janeiro, près d'un port de mer, et à une distance convenable de la station qui termine le chemin de fer de Mauá.

On y a construit des ouvrages solides pour canaliser les eaux nécessaires aux divers ateliers que séparent des bois vierges. Les machines sont mûes par une turbine Fourneyron et une roue hydraulique en fer.

Il y a un appareil à vapeur pour sécher la poudre. Le charbon est produit par le bois des arbres *Imbaiba*, *Mululú* et *Corindiba* dans des appareils de distillation qui fonctionnent au moyen de la vapeur d'eau.

On y fabrique d'excellente poudre ; l'établissement est monté pour produire 12 mille arrobes (142,000 kil.) par an.

Le gouvernement a décidé la fondation d'une autre fabrique de poudre dans la province de Mato-Grosso ; on n'y travaille pas encore à cause des circonstances spéciales où cette province se trouve par suite de la guerre actuelle.

Législation militaire.

Recrutement.

On s'occupe de réviser la législation militaire.

Une commission présidée par S. A. R. le comte d'Eu, Maréchal de l'armée et commandant général de l'artillerie, et composée d'officiers généraux et supérieurs de l'armée, de jurisconsultes et de médecins, est chargée de réviser la législation militaire.

Elle travaille par sections ou collectivement. Le service dont elle s'est chargée est avancé ; elle a déjà présenté au gouvernement un travail sur le recrutement par la conscription.

Les projets de code pénal et de code de procédure militaires, qui ont été présentés au gouvernement ou à l'assemblée générale sont soumis à son examen.

Arsenaux de marine.

L'arsenal de marine de la capitale de l'Empire comprend une inspection avec sa secrétairerie, un ensemble de magasins, d'autres dépendances , et treize ateliers importants , dans lesquels travaillent actuellement 2,296 ouvriers.

Outre ces ateliers il y a des sections de charpentiers et de maçons, qui forment la direction des ouvrages civils et militaires, et où sont employés 600 ouvriers.

L'administration de l'établissement est confiée à un inspecteur, aidé par trois adjudants, l'un desquels exerce l'emploi de vice-directeur.

On peut confectionner dans les ateliers de l'arsenal tout ouvrage en fer ; on y a déjà construit des machines de la force de 200 chevaux. On y a aussi fait des plaques pour les navires cuirassés, et l'on termine maintenant un atelier principalement destiné à cela, dont le *martinet* est de 5 tonneaux.

Il y a une compagnie d'apprentis ouvriers au nombre de 200, qui a un commandant, un professeur pour l'enseignement primaire, un chapelain et un chirurgien ;

et deux compagnies d'ouvriers militaires. L'une, composée des apprentis ouvriers qui complètent l'âge de 16 ans, a son quartier dans l'arsenal et compte présentement 82 hommes ; l'autre en a 126 qui peuvent résider hors de l'arsenal.

Il y existe une école de géométrie et de mécanique appliquée.

Il y a dans l'arsenal un chantier pour la construction des navires de guerre, et dans l'île das Cobras qui est située en face, cinq autres destinés à celle des *Monitors*.

Il y a aussi dans la même île un excellent bassin de réparation et la construction d'un second est fort avancée. Ils sont tous deux creusés dans le roc.

Les provinces du Pará, de Pernambouc, Bahia et Mato-Grosso possèdent également des arsenaux de marine.

Phares.

Pour guider les navigateurs qui s'approchent des côtes du Brésil . il y a 15 phares principaux , construits presque tous suivant les systèmes les plus modernes. Ce sont les suivants ; situés dans les provinces dont les noms sont également indiqués.

Rio-de-Janeiro.—*Ile Rasa,* à 9 milles de l'entrée du port de la capitale de l'Empire.—Lat. 23° 3' 30" S.—Long. 1', 1"2 E. de l'observatoire de Rio-de-Janeiro. La lumière fait une révolution complète en 3^m, et a 5^s, d'éclipse. La révolution fait apparaître trois nuances lumineuses dont deux blanches et une rouge. La tour a 97^m de hauteur au dessus du niveau de la mer. Ce phare est visible à la distance de 30 milles, par un temps clair.

Cabo-Frio. Lat. 23° 0' 45" S.—Long. 1° 12' 28" de Rio-de-Janeiro. Foyer lumineux à $143^m,25$ au-dessus du niveau de la mer. Lumière vive et brillante , visible, par les nuits peu nuageuses, à la distance de 25 milles, depuis le N. E. magnétique jusqu'à l'O. 4 éclipses de 5^s, dans une révolution de 6^m.

Saint-Paul. *Port de Santos : Ile de Moella.* Lat. 24° 2' S.—Long. 3° 51', 41" O. de l'observatoire de Rio-de-Janeiro. Foyer lumineux à 32^m,94 au dessus du niveau moyen des marées. Visible, par un temps clair, à la distance de 20 à 25 milles. 16 lampes avec autant de réflecteurs d'Argand.

Sainte-Catherine. *Point des naufragés (Ponta dos naufragados).* Lat. 27°49'S.—Long. 5° 32' 52" de Rio-de-Janeiro. Hauteur : 40^m,42 au-dessus du niveau de la mer. Visible à la distance de 16 à 20 milles. Révolution de 4^m : lumière alternativement faible et brillante par phases de 30^s.

S. Pedro de Rio Grande du Sud. *Barre.* Lat. 32° 8' S. —Long. 9° 0' 21" O. de l'observatoire de Rio-de-Janeiro. 3 éclipses dans une révolution de 3^m. Ce phare se trouve à 91 mètres de la vigie d'où l'on fait, durant le jour, des signaux aux navires qui se disposent à franchir la barre venant du dehors. La lumière est visible , par un temps clair, à la distance de 25 à 30 milles. La tour a 33^m de hauteur au dessus du niveau de la mer.

Pour la navigation intérieure de cette province, il y a à la barre de la rivière S. Gonçalo et dans le lac dos Patos quelques petits phares visibles à 7 ou 8 milles de distance.

Bahia. *Morro de S. Paulo;* à l'entrée du port de ce nom. Lat. 13° 21' 40" S.—Long. 4° 8' 50" 95 E. de l'observatoire de Rio-de-Janeiro. Visible à la distance de 24 à 28 milles. Révolution d'1^m, 15^s de lumière brillante et 45^s d'éclipse. La tour a 91^m,8 de hauteur au dessus du niveau de la mer.

Pointe de Santo Antonio : à l'entrée du port de la capitale. Lat. 13° 0' 11" S. — Long. 4° 32' 4",75 E. de l'observatoire de Rio-de-Janeiro. Visible a la distance de 15 milles. Révolution de 5^m, durant laquelle il apparaît 3 lumières, l'une rougeâtre et les deux autres plus ou moins brillantes. Chaque phase de lumière est suivie d'une éclipse, et elles se succèdent de 100 en 100^s. La tour a 40^m au dessus du niveau de la mer.

Ile de Santa Barbara (archipel des Abrolhos). Lat. 45° 26' 30" S.—Long. 4° 30' 56" E. de Rio-de-Janeiro. Situé sur le point culminant de l'île, ce phare se compose d'une tour en fonte, élévée sur la roche et entourée d'une maison de forme polygonale en fer galvanisé. Le foyer lumineux est à 51^m,81 au dessus du niveau moyen des marées et sa lumière qui est vive et brillante, visible à la distance de 17 milles et demi. Elle à une révolution de 3^m avec éclipses de minute en minute.

ALAGÒAS. *Port de Maceió.* Lat. 9° 39' 50" S.—Long. 7° 28' 21" O. de Rio-de-Janeiro. La lumière, de couleur naturelle, est à 55^m,68 au dessus du niveau de la marée haute, et visible à la distance de 22 milles.

PERNAMBOUC. *Recife.* Lat. 8°, 3' 30" S.—Long. 8° 16, 48" E. de l'observatoire de Rio-de-Janeiro. Révolution de 5^m. comprenant 3^m de lumière intense, 1^m 30^s de lumière amortie et 30^s d'éclipse. Visible à la distance de 15 à 20 milles. Hauteur : 21^m,45 au-dessus du niveau de la mer.

RIO-GRANDE DU NORD. *Fort des Saints Rois Mages* (*Santos Reis Magos*.) Lat. 5° 45' S.—Long. 7° 56' 30" E. de Rio-de-Janeiro. Visible à la distance de 9 milles. Foyer lumineux à environ 17^m au-dessus de la surface de l'eau dans les marées ordinaires. Lumière fixe.

CEARÁ. *Pointe de Mucuripe* à 4 milles du port de la capitale. Lat. 3° 41' 10"' S.—Long. 4° 34' 36" E. de l'observatoire de Rio-de-Janeiro. Visible par un temps clair à la distance de 10 milles. 8 lumières fixes et de couleur naturelle. Haut. : 36^m, 36 au-dessus du niveau de la mer.

MARAGNON. *Ile de Santa Anna.* Lat. 2° 15' 55" S.—Long. 0° 30' 15" O. de Rio-de-Janeiro. Visible à la distance de 20 milles. Révolution avec éclipses de 32^s.

Cette province compte un autre phare à *Itacolomy* et trois plus petits, l'un dans la ville d'Alcantara et les autres dans les forts de São Marcos et de la Barre.

PARÁ. *Phare des salines,* sur la *pointe* d'Atalaia. Lat. 0° 34' S.—Long. 4° 28' 0" E. de Rio-de-Janeiro. Visible à la distance de 17 milles.

De la police.

La police au Brésil est à la charge du ministère de la justice et a une organisation spéciale, avec des attributions définies par la loi. Elle est exercée dans la capitale de l'Empire et dans celle de chaque province par un chef, nommé par le pouvoir exécutif, et tiré de la classe des magistrats.

Ce chef a un secrétaire et un bureau pour les affaires à sa charge.

Il y a dans chaque municipe (règle générale) un délégué, dans chaque circonscription paroissiale un subdélégué, et dans chaque quartier *(quarteirão)* un inspecteur.

La plupart de ces emplois sont gratuits, et tous à la nomination des agents du pouvoir exécutif.

Des finances.

L'administration des recettes et des dépenses est confiée à un tribunal sous la dénomination de Trésor National.

Ce tribunal est composé de hauts fonctionnaires ; il est présidé par le ministre des finances.

La suprême direction et la surveillance de la recette et de la dépense, la perception, la distribution et la comptabilité des deniers publics, sont ses principales attributions; il décide aussi les questions administratives qui y ont rapport et défend en toute occasion les intérêts du trésor.

Dans ce but, une trésorerie et différents bureaux lui sont subordonnés dans chaque province, ainsi que des agents spéciaux dans chaque municipe.

Le ministre des finances est obligé à chaque session législative, de présenter à la chambre des députés, aussitôt après sa réunion, une balance générale de la recette et de la dépense du trésor national pendant l'année précédente, ainsi que le budget des dépenses de l'année future, et du montant de toutes les contributions et rentes publiques.

Les causes du trésor national jouissent d'une juridiction privilégiée.

Le paiement du capital et des intérêts de la dette publique intérieure, fondée par la loi, et représentée par des bons, nommés *apolices*, est à la charge d'une administration indépendante du trésor national, et portant le nom de caisse d'amortisation. Elle est dirigée par un comité composé de l'inspecteur général de la caisse, de cinq capitalistes nationaux, possesseurs d'apolices et présidé par le ministre des finances.

Revenu de l'État.

Le revenu général de l'Empire, qui dans l'année financière de 1831 à 1832 (la première du règne actuel) montait à 11,171:527$040, et dans celle de 1840 à 1841, (la première de la majorité du souverain actuel), à 16,310:577$708 s'est élevé progressivement à 59,467:675$163, chiffre qu'il a atteint dans l'année financière de 1864 à 1865.

Les revenus provinciaux sont évalués dans tout l'Empire à environ treize mille contos, et les revenus municipaux à environ trois mille contos.

La recette publique comprend la recette municipale, la recette provinciale et la recette générale.

La première est décrétée par les assemblées provinciales sur la proposition des chambres municipales (conseils municipaux), et perçue par les procureurs et agents de ces dernières corporations, afin de subvenir aux dépenses municipales.

La seconde est décrétée par l'assemblée de chaque province avec la sanction du président, pour subvenir aux dépenses provinciales, et perçue par les trésoreries, collecteurs et bureaux de rentes, barrières et agences établies à cette fin par la dite assemblée.

La troisième est décrétée par une loi du pouvoir législatif général, et perçue par les douanes, recettes, bureaux de rentes, collecteurs et autres employés du fisc.

Il y a dans la capitale de l'empire et dans les provinces maritimes 16 douanes. Les impôts perçus par elles en

1865, montent à la somme de 43,427:938$031, où la douane de Rio-de-Janeiro entre pour près de 20,000:000$000 , terme moyen de sa perception dans l'espace des derniers cinq ans de 1860 à 1865.

Viennent ensuite la douane de Bahia avec une moyenne de plus de 6,000:000$ et celle de Pernambouc avec plus de 5,000:000$.

Le régime fiscal de nos douanes et leur tarif ont souffert des censures tant à l'intérieur qu'en dehors de l'empire ; mais la vérité est que notre législation dans cette partie est analogue à celles des autres nations de l'Europe, et spécialement à celle de France ; toutefois le gouvernement et les chambres du Brésil reconnaissent qu'il y a des améliorations désirables dans le procès fiscal de nos douanes, et que le tarif contient des inégalités et omissions qui doivent être réparées. Ce double sujet a mérité dans les dernières années la sérieuse attention du gouvernement.

Cependant nous devons faire observer que notre tarif est plutôt fiscal que protecteur, car la faveur qu'il concède à quelques industries nationales consiste plutôt dans l'exemption et la réduction des droits pour les matières premières que dans l'augmentation des taxes sur les produits similaires étrangers.

Il s'agit aujourd'hui pour améliorer les finances de l'État, de créer de nouveaux impôts et d'augmenter quelques-uns des existants ; il a déjà été offert un projet de loi dans ce sens par la 1re commission du budget de la chambre des députés, où, suivant la Constitution, cette mesure doit avoir son principe. Les impôts projetés n'atteignent pas l'importation ni l'exportation, et la commission dit dans son exposé de motifs qu'il ne peut convenir d'élever d'une manière générale le tarif douanier et qu'au contraire, aussitôt que notre situation financière sera plus favorable, tant les droits d'importation que ceux d'exportation devront être réduits.

Commerce.

La législation commerciale de l'Empire, modelée sur celle des pays les plus avancés, se compose d'un Code et d'autres actes du pouvoir législatif, pour la bonne exécution desquels le gouvernement a expédié des réglements, décrets et avis à différentes époques.

Le commerce du Brésil qui, jusqu'en 1808, date de l'ouverture de ses ports à toutes les nations amies, était fort limité, s'est progressivement développé.

C'est ainsi que la valeur de l'importation et de l'exportation qui en 1806 montait à 22,600:000$, est arrivée dans l'année financière de 1864—1865 à 272,662:627$, celle du cabotage atteignant le chiffre de 41,295:491$, et l'une et l'autre formant ainsi un total de 313,958:118$.

Les diverses nations du globe ont concouru dans les proportions suivantes pour le résultat que présente le commerce de long cours:

PAYS QUI ONT CONCOURU POUR L'IMPORTATION EN 1864—65	VALEUR EN RÉIS	%
Grande-Bretagne.	63.538:015$	48,29
France.	30.646:087$	23,29
Républiques de la Plata.	11.700:203$	8,89
Etats-Unis.	6.325:937$	4,81
Portugal. . ·	6.289:431$	4,78
Villes Anséatiques . . . . . . · . . . . . •	4.941:910$	3,74
Autres Etats. . . . . ·	8.152:574$	6,20
	131.594:157$	100,00
PAYS QUI ONT CONSOMME' LES PRODUITS DU BRESIL EN 1864—65	VALEUR EN RÉIS	%
Grande-Bretagne.	59.498:604$	42,18
France.	18.826:611$	13,35
Etats-Unis	18.530:865$	13,14
Portugal. . . . . ·	7.422:964$	5,26
Républiques de la Plata.	5.496:902$	3,89
Autres Etats	31.292:524$	22,18
	141.068:470$	100,00

La navigation au long cours dans l'exercice de 1864-1865, calculée au terme moyen des entrées et des sorties, a été faite par 3,069 navires de 1,144,549 tonneaux de port.

Celle du cabotage a été faite par 3,137 navires de 641,950 tonneaux de port, portant 44,911 personnes.

La navigation de l'intérieur s'est faite sur 8,108 navires et embarcations de diverses grandeurs, du port de 405,591 tonneaux, et portant 45,360 personnes.

Sont employés dans la navigation de cabotage de la côte et des fleuves du Brésil, 106 vapeurs avec la force de 8,775 chevaux et 22,992 tonneaux de port, et 2,081 hommes d'équipage.

Les provinces du Brésil qui ont des relations de commerce extérieur sont celles de Rio-de-Janeiro, Per-nambouc, Bahia, S. Pedro de Rio Grande du Sud, Maragnon, Pará, S. Paul, Alagôas, Parahyba, Ceará, Sergipe, Paraná, Sainte Catherine, Rio Grande du Nord, Piauhy, Espirito Santo et Mato Grosso.

Il y a au Brésil 43,653 maisons de commerce, outre 4,807 exemptes d'impôts à savoir:

<pre>
    Brésiliennes 25,068
    Portugaises   14,449
    D'autres nations   4,136
</pre>

Les denrées qui ont constitué les parts les plus considérables de l'exportation brésilienne, dans l'année de 1864 — 1865 calculées par la valeur officielle et par conséquent au dessous de leur valeur réelle, sont les suivantes :

Café.

Il conserve encore la première place entre nos produits. Le mal qui pendant quelques années a attaqué avec intensité les plantations de café a disparu ; et quoique les récoltes qui ont précédé immédiatement la dernière n'aient pas été aussi avantageuses que les antérieures, cependant le valeur officielle de son exportation s'est élevée à 64,144:555$.

Coton.

La valeur officielle de cette denrée dans l'exportation, est montée à 31,558:635$000. Sa culture qui depuis quelques années paraissait avoir diminué, continue à prospérer dans les provinces du Nord et s'étend dans celles du Sud, où l'on a reconnu que même certaines situations qui ne produisent ni le café ni la canne, lui sont favorables. C'est ainsi que la valeur officielle de son exportation n'étant pas arrivée en 1862-63 à 8 mille contos de réis, est montée dans l'année financière suivante à près de 17 mille contos et dans celle de 1863-64 à plus de 30 mille.

Sucre.

Le sucre dans la culture et la fabrication duquel il y a eu des améliorations remarquables, garde sa place malgré l'extension qu'a prise la plantation du coton et du café dans quelques provinces où l'on cultivait principalement la canne. La valeur de son exportation a été de 16,282:124$000.

Cuirs secs et salés.

C'est la principale branche d'exportation de la province de S. Pedro de Rio Grande du Sud. La valeur en est montée à 7,521:848$000.

Tabac à fumer.

La valeur de son exportation est montée à 2,912:597$. C'est un des produits auxquels convient le mieux le sol du Brésil. Celui de la province de Bahia, de Borba dans celle de l'Amazone, du Mato Grosso, de quelques endroits de la province de Minas Geraes, et de la province de S. Paul est d'excellente qualité.

Dans l'année 1862-1863 on en a exporté pour la valeur de 6,202:010$000.

La différence entre les deux chiffres provient de l'augmentation qu'a subi la consommation de ce produit à l'intérieur.

Cacáo.

Le cacáo, exporté dans la valeur de 1,352:132$000 naît

spontanément dans la province du Pará , et y est cultivé ainsi que dans celle de Bahia.

Herbe du Paraguay. (Matte.)

Ce produit a été exporté dans la valeur de 1,236:699$.
Il vient spontanément dans les provinces les plus méri-
dionales de l'Empire.

Eau-de-vie.

Sa valeur dans l'exportation n'a été que de 787:787$
car la plus grande partie de cette denrée est consommée dans le pays.

Poil d'animaux, crin et laine.

La valeur de l'exportation de ces marchandises, préparées en diverses provinces a été de 561:588$000.

Gomme élastique.

La gomme élastique dont la valeur exportée a
été de 3,688:053$000, provient de la sève de la *serin-
gueira* qui naît et croit spontanément dans les provinces du Nord, surtout dans celles du Pará et de l'Amazones.

Elle contribue au Pará pour un tiers de la rente provinciale. Depuis l'exercice de 1830 à 1840 jusqu'à celui
de 1863 à 1864, on a exporté de ce port, de la gomme
élastique pour la valeur de 34,996:137$748.

Jacarandá (Palissandre).

Ce bois a été exporté dans la valeur de 995:787$000.—
Les forêts où il se rencontre le plus abondamment sont
situées dans les provinces de Rio Grande du Nord, Pernambouc, Espirito-Santo, Rio-de-Janeiro et Minas Geraes.
Cette dernière l'exporte par le fleuve Mucury.

Or et diamants.

La valeur de leur exportation est montée à 6,152:625$.

Denrées non classifiées.

Celle de l'exportation d'autres denrées non classifiées,
a été de 3,893:540$000.

Objects de consommation alimentaire.

Parmi les produits consommés pour la plus grande

partie dans le pays, les principaux sont le sucre, l'eau-de-vie, le tabac, le matte, le bétail vivant, le *xarque*, diverses viandes salées, le lard, le fromage, le maïs, les haricots, le riz, les farines, différentes gommes et les pommes de terres du pays.

Le café consommé dans le pays monte à un cinquième de la production totale.

Commerce de cabotage.

Quoique les ports du Brésil aient été ouverts en 1808 au commerce de toutes les nations amies ; le cabotage a cependant été réservé exclusivement pour les navires nationaux, et ce n'était que par exception, moyennant une permission spéciale et avec des restrictions, que les navires étrangers pouvaient faire le service de transport des côtes.

Dernièrement le gouvernement, autorisé par la loi du 9 septembre 1862, a permis par un décret du 27 mars 1866 que, jusqu'à la fin de décembre 1867, les navires étrangers transportassent d'un port à l'autre toute espèce de marchandises, en observant dans ce service les règlements du fisc.

L'autorisation de la loi étant ample, le gouvernement s'occupe à recueillir des informations pour régler définitivement ce service.

Bourses.

En vertu d'un règlement approuvé par le gouvernement, les négociants de Rio-de-Janeiro élisent, le premier jour non férié du mois de décembre de chaque année, une commission de neuf membres, à laquelle il appartient de délibérer sur les affaires qui intéressent généralement le commerce, et de faire aux pouvoirs de l'État et aux autorités les représentations nécessaires.

La commission se compose actuellement de deux membres brésiliens, deux anglais, un portugais, un espagnol, un français, un allemand et un américain.

Il existe des commissions semblables dans les capi-

tales des provinces de Pará, Pernambouc, Bahia et
S. Pedro de Rio Grande du Sud.

Poids et mesures.

Il existe une loi dont le but est de rendre les poids
et mesures uniformes dans tout l'Empire, par l'adop-
tion du système métrique français; elle commencera à
être obligatoire à partir de 1872.

Le gouvernement a expédié diverses ordonnances
pour son exécution; il a acquis des modèles du systême métrique dûment étalonnés, et a chargé des personnes compétentes, du travail de la conversion dans
ce système, des poids et mesures en usage maintenant
dans l'Empire.

**Système métrologique de l'Empire du Brésil en usage
dans les transactions commerciales, comparé avec le
système métrique français.**

CHANGE AU PAIR

1$000 rs. du Brésil = à 27 deniers sterling = à 2 francs 74 cent.

BRÉSIL.   FRANCE.

MESURES DE POIDS.

Grão	Égal à	4,979	Centigrammes
Oitava, égale à 72 grãos. . . .	Égal à	3,585	Grammes
Onça, égale à 8 oitavas	Égal à	28,683	Grammes
Marco, égal à 8 onças.	Égal à	229,464	Grammes
Arratel, égal à 16 onças. . .	Égal à	458,928	Grammes
Arroba, égale à 32 arrateis . .	Égal à	14,685	Kilogrammes
Quintal, égal à 4 arrobas. . .	Égal à	58,742	Kilogrammes
Tonelada, égale à 54 arrobas . .	Égal à	793,028	Kilogrammes

MESURES DE DENRÉES SÈCHES.

Selamim.	Égal à	0,431	Litres
Maquia, égale à 2 selamins. . .	Égal à	0,862	Litres
Quarta, égale à 4 maquias . . .	Égal à	3,450	Litres
Alqueire, égal à 4 quartas . . .	Égal à	13,800	Litres
Moio, égal à 60 alqueires. . . .	Égal à	2,280	Hectolitres

MESURES DE LIQUIDES.

Quartilho	Égal à	0,353	Litres
Canada, égale à 4 quartilhos . .	Égal à	1,412	Litres
Almude, égal à 12 canadas. . .	Égal à	16,950	Litres
Tonel, égal à 50 almudes. . . .	Égal à	8,475	Hectolitres

MESURES D'ETENDUE.

Linha	Égal à	0,00229	Mètres
Pollegada, égale à 12 linhas . .	Égal à	0,0275	Mètres
Palmo, égal à 8 pollegadas. . .	Égal à	0,22	Mètres
Vara, égale à 5 palmos	Égal à	1,1	Mètres
Braça, égale à 2 varas	Égal à	2,2	Mètres

Sociétés de banque anonymes.

A Rio-de-Janeiro:

La banque du Brésil, créée en vertu de la loi du 5 Juillet 1853, avec le capital de 30,000:000$, qui en 1862 a été élevé à 33,000:000$, est le plus grand établissement de crédit que l'Empire possède. La circulation des ses billets ayant cours dans les administrations publiques, s'est élevée en octobre de 1866 à 86:000:000$000, y compris celles de ses succursales établies dans les provinces de S. Paul, Minas-Geraes, S. Pedro do Rio Grande du Sud, Bahia, Pernambouc, Maragnon et Pará.

La réserve métallique de la banque s'élevait alors à 25,000:000$; et le porte-feuille de la banque centrale à 83,000:000$.

Depuis le 14 septembre 1864, la banque du Brésil a été autorisée, par décret du gouvernement impérial, à suspendre le change de ses billets en or. La grande crise de 1864, immobilisant les capitaux de l'établissement, a motivé cette mesure indispensable à sa sûreté.

La loi du 12 Septembre de 1866 l'a réformée en lui ôtant le droit d'émission, et la transformant en banque d'escompte et d'emprunts sur hypothèques.

La même loi lui a accordé un délai de vingt ans pour retirer ses billets.

Son capital de 33,000:000$, divisé en 165,000 actions de 200$, est entièrement réalisé.

Son fonds de réserve est de 4.703:357$578.

Le dernier semestre a donné un dividende de 12 % par an.

Banque rurale et hypothécaire.— Créée par un Décret du 30 mars 1853; a un capital réalisé de 8,000:000$ divisé en 40,000 actions de 200$.

Son capital a été ensuite élevé, mais il n'est pas réalisé.

Fonds de réserve, 1,382:340$317. Dividende pour le dernier semestre, 7 % par an.

The London and Brazilian Bank Limited. — Cette banque vient de Londres, où ont été organisés ses statuts et où elle a émis ses actions.

Ses statuts ayant été présentés au gouvernement impérial, celui-ci, par un Décret du 2 octobre 1862, a permis sous certaines conditions, les opérations indiquées dans les dits statuts.

Son capital, de 13,333:333$330, n'est réalisé que jusqu'à la valeur de 5,200:000$.

Le dernier dividende a donné 5 % par an.

The English Bank of Rio-de-Janeiro. (Autrefois Brazilian and Portuguese Bank Limited.) — Ses statuts ont été organisés à Londres, où la banque a sa principale direction.

Le Décret du 28 décembre 1863, lui a permis de faire les opérations mentionnées dans ses statuts, sous les conditions qui y sont exprimées.

Son capital, de 8,888:888$888, partagé en 50,000 actions de la valeur de 177$777 chacune, n'a été réalisé qu'à moitié, toutes les actions étant émises.

Dividende du dernier semestre, 3 % par an.

Banque Commerciale de Rio-de-Janeiro. — Créée par Décret du 6 avril 1866.

Capital de la banque, 12,000:000$ divisé en 60,000 actions, desquelles sont émises seulement 30,000.

Capital réalisé, 1,200:000$ correspondant à la première entrée de 40$ de chaque action émise.

Dividende du dernier semestre, 9 % par an.

Toutes ces banques, à l'exception de la banque du Brésil, à laquelle il est défendu de faire des opérations de change à l'extérieur, tirent sur les principales places de l'Europe.

Dans la province de Rio-de-Janeiro :

Banque de Campos. — Créée en 1863, avec le capital de 1,000:000$, dont elle a réalisé environ 300:000$.

Dans la province de Bahia :

Banque de Bahia.—Créée en 1858, avec le capital de 8,000:000$ dont la moitié réalisée.

Cette banque fait des opérations d'escompte et de dépôts, et peut émettre jusqu'à 2,832:760$ garantis par une somme égale en apolices de la dette publique et actions de chemins de fer subventionnés par l'Etat.

Caisse commerciale de Bahia.—Créée avec un capital de 2,000:000$, qui n'est pas encore réalisé.

Caisse « Réserve mercantile »—Créée en 1866, avec le capital de 4,000:000$, lequel n'est realisé qu'en partie.

Société du commerce.—Créée en 1860, avec le capital de 8,000:000$ dont la plus grande partie est réalisée.

Caisse hypothécaire. — Créée en 1861, avec le capital de 1.200:000$, qui est encore à compléter.

Dans la province de Pernambouc :

Banque de Pernambouc.—Elle a été créée en 1857 avec le capital de 1,200:000$, qui est entièrement réalisé.

Elle peut émettre jusqu'à concurrence de 1,486:000$ sous la garantie d'une somme égale en apolices de la dette publique et actions des chemins de fer sub-ventionnés par l'État.

Dans la province de S. Pedro de Rio Grande du Sud :

Banque de Rio Grande du Sud. — Créée, en 1857, avec le capital de 1,000:000$, non encore réalisé. Elle a été banque d'émission; aujourd'hui, elle est simplement banque d'escompte et de dépôts.

Dans la province d'Alagôas :

Caisse Commerciale des Alagôas. — Créée en 1861, avec le capitale de 500:000$, qui n'est pas encore totalement réalisé.

Dans la province de Maragnon :

Banque de Maragnon. — Créée en 1857, avec le capitale de 1,000:000$ qui n'est pas encore tout-à-fait réalisé.

Cette banque a la faculté d'émettre jusqu'à concurrence de 513:300$, sous la garantie d'apolices de la dette publique et d'actions des chemins de fer subventionnés par l'État.

Caisses économiques.

En 1860, on a créée dans la capitale, avec la garantie de l'État, une caisse économique et un mont de piété, dans le but de faire profiter les petites épargnes des déposants, et de prêter sur gages à un intérêt modique.

Elle est administrée par un conseil nommé par le gouvernement.

Dans les provinces de Bahia, Minas et autres, il y a des établissement semblables, mais purement particuliers.

Compagnies d'assurances.

Il y a dans la capitale diverses compagnies nationales d'assurances maritimes, terrestres, contre les incendies, et sur la vie ; des compagnies étrangères ont des agences dans cette capitale, et dans celles de quelques provinces.

Industrie.

Il y a au Brésil une entière liberté d'industrie, garantie par la Constitution, en tant qu'elle n'est pas contraire aux bonnes mœurs, à la sûreté et à la santé publique. Les industries peuvent être exercées, soit individuellement, soit au moyen d'associations.

Aucune loi ou privilège ne les restreint, si ce n'est dans les cas exceptionnels de privilège exclusif en faveur des inventions ou de l'introduction d'une industrie nouvelle.

Bien que le Brésil ne soit pas précisément un pays industriel, son industrie manufacturière a cependant fait des progrès en différentes branches.

De nombreuses et importantes fabriques existent dans la capitale et dans beaucoup de provinces ; une partie d'entre elles sont à la vapeur et elles occupent un nombreux personnel.

Quelques unes peuvent rivaliser, par leur mécanisme et la perfection de leurs produits, avec celles des pays plus avancés. La preuve de cette assertion se trouve dans un grand nombre des produits industriels envoyés à l'exposition de Paris.

L'État a parfois subventionné quelques fabriques des plus importantes; et les a toujours aidées de sa protection.

Pour les fabriques privilégiées ou aidées, il y a un inspecteur général, qui a toujours été choisi parmi les conseillers d'État.

Les personnes employées dans les fabriques de tissus de coton, sont exemptées du recrutement, en nombre déterminé par le gouvernement.

Tous les produits de ces mêmes fabriques sont exempts de droits dans le transport d'une province à l'autre, ainsi que des droits d'exportation à l'étranger.

Les machines ou les pièces de machines importées pour l'usage des fabriques, sont souvent exemptées des droits d'importation par décision du gouvernement.

Ces faveurs, cependant, ne sont accordées que pour dix ans.

Les fabriques de tissus de coton *Santo Aleixo*, celle de filage —*Santa Thereza* dans la province de Rio-de-Janeiro; celles de *Todos os Santos, Nossa Senhora do Amparo, Santo Antonio do Queimado, Modelo* et *Conceição* dans la province de Bahia; celle de *Fernão Velho* dans celle d'Alagôas; et celle de *Canna do Reino* dans celle de Minas-Geraes, occupent près de 800 ouvriers; et emploient 15,000 fuseaux et 400 métiers. Leurs machines sont en général mûes par l'eau, dont la force utilisée est de 300 chevaux. Elles produisent annuellement près de 4,000,000 de mètres de toiles et 126,000 kilog. de fil en peloton pour la valeur total de 2,100:000$.

Les privilèges d'invention ne peuvent être accordés par le gouvernement que pour 20 ans. Au delà de ce terme, la concession a besoin d'un acte législatif.

Le gouvernement a par fois concédé, comme récompense, un privilège exclusif aux introducteurs de branches d'industries utiles et importantes ; mais cette concession doit être approuvée par le pouvoir législatif.

Les effets du brevet d'invention cessent :

S'il est prouvé que l'on a manqué à la vérité , ou qu'on a été coupable de négligence, en cachant une chose essentielle dans l'exposition ou la déclaration qu'on a faites pour obtenir le brevet.

Si l'on prouve à celui qui se dit inventeur, que l'invention qu'il a présentée comme sienne avait déjà été l'objet d'un autre décret.

Si le privilégié n'a pas mis l'invention en pratique dans le délai de deux ans, à partir du jour où il a obtenu le brevet.

Si l'inventeur a obtenu un brevet pour la même invention , en pays étranger ;

Si la denrée manufacturée ou fabriquée a été reconnue nuisible pour le public , ou contraire aux lois.

Si l'on prouve que le privilégié, faisait usage de son invention avant la concession du privilège.

Agriculture.

L'agriculture constitue la principale source de la richesse nationale, et la plus grande partie de la population y est employée.

La nature semble avoir destiné le Brésil à être un des premiers pays agricoles du monde. Encore couvert dans sa plus grande étendue de magnifiques forêts vierges , son sol conserve sa primitive fertilité, qui récompense généreusement tout travail de l'homme. Sa conformation topographique, ses climats variés parfois dans le territoire d'une même province, la force presque partout égale et constante de sa végétation rendent ses terrains aptes en plus ou moins grande échelle, à la culture de toutes les plantes du globe.

C'est ainsi, que dans presque toutes les provinces du Sud; tandis que dans certains endroits , le café , la canne à sucre, le coton et le tabac prospèrent comme ils peuvent prospérer dans les pays les plus favorables à leur production, et que le thé , le cacao, la vanille , et toutes les plantes asiatiques y viennent aussi; d'autres parties de la même province se prêtent à la plantation de toute sorte d'arbres fruitiers, de céréales et de légumes d'Europe. Il y a en effet des provinces où l'on cultive le café et la canne à sucre, et où l'on plante aussi avec de bons résultats le blé, l'orge, les pommiers, les poiriers et les pêchers.

Outre les principaux objets d'exportation, le Brésil en produit beaucoup d'autres pour sa consommation ; tels que: d'excellents fromages , dans les provinces du Nord et du Sud, du beurre, du lard, une grande variété de fruits, différentes qualités de pommes de terre du pays, et de plantes à oignon.

La vrai pomme de terre connue vulgairement sous le nom de — *Batata ingleza* — se cultive déjà sur une plus grande échelle, approvisionne les marchés et n'est point inférieure á celle que l'on importe.

L'horticulture proprement dite et le jardinage ont fait de grands progrès depuis plusieurs années, dans la Capitale de l'Empire, et dans celles des provinces de Bahia, Pernambouc, S. Pedro de Rio Grande du Sud et autres, ainsi que dans les colonies.

Il en est de même de la culture des plantes exotiques, des greffes, et du mode de transplantation.

La culture et la préparation du café, du sucre, et des principales denrées de production nationale, se sont considérablement améliorées par l'introduction d'importantes

machines , et instruments de labour; aussi bien que
par la préparation et le perfectionnement des séchoirs,
et des moyens de transport.

Bien que la routine soit invétérée et alimentée par la
fertilité naturelle des terres vierges, elle commence à être
combattue avantageusement par des sociétés auxiliatrices
de l'agriculture établies dans la capitale et dans les provinces ; par différents écrits, et enfin par l'intérêt même
des propriétaires mis en éveil par l'exemple et l'expérience des agriculteurs et planteurs plus intelligents.

Des instituts créés par le gouvernement, et placés sous
son inspection, dans la capitale de l'Empire et dans celles
des provinces de Bahia, Pernambouc, Sergipe et S. Pedro
de Rio Grande du Sud, ayant des revenus propres et aidés
par des commissions municipales , travaillent au développement de l'agriculture.

On songe à fonder le crédit rural ; la législation hypothécaire a dernièrement été réformée dans ce but.
Tout cela réuni à la construction de nouvelles routes, à
l'amélioration de celles qui existent, à la plus grande
extension donnée à la navigation fluviale et côtière, à
l'enseignement professionnel pour l'établissement duquel
on fait des tentatives dans la capitale, et dans diverses
provinces, et á l'introduction de colons honnêtes et indus-
trieux que les pouvoirs de l'Etat ne cessent d'encourager ;
tout cela aménera sans doute une meilleure distribution
de la propriété rurale , et l'affermira sur de nouvelles
bases; élevant ainsi l'agriculture au Brésil au point de
perfection auquel elle a droit d'atteindre.

La répétition des expositions nationales et internationales concourra sans doute beaucoup à ce résultat. En
outre les instituts agricoles ont l'obligation d'encourager,
avec l'aide du gouvernement, des expositions partielles,
destinées à des produits agricoles de nature définie à
l'avance; en distribuant des récompenses pécuniaires et
autres aux agriculteurs qui se seront le plus signalés

dans ces luttes du travail intelligent. Une proposition relative à l'établissement d'expositions de ce genre dans la capitale est actuellement soumise à l'examen de l'Institut Impérial d'agriculture de Rio.

Cet Institut dont l'existence remonte à peu d'années, a comme capital un fonds de plus de 250:000$, pour la fondation duquel le Chef de l'Etat a contribué en prenant sur sa dotation la somme de 108:000$; il a en outre une subvention du trésor, à la charge d'entretenir et d'améliorer le Jardin Botanique, qui était auparavant maintenu aux frais et sous la direction du gouvernement.

S. M. l'Empereur a l'habitude d'honorer les séances de l'Institut de son auguste présence et de son encouragement constant.

Les autres Instituts sont présidés par les présidents des provinces respectives.

Chacun d'eux a un fonds auquel le Chef de l'Etat a aussi contribué par des dons pris sur la liste civile.

Celui de Pernambouc a été dernièrement aidé par l'assemblée législative de la province qui a voté la somme de 100:000$ de réis pour l'achat de terres destinées à fonder une plantation normale ou modèle ; et la subvention annuelle de 25:000$ pour les frais d'entretien.

Communications maritimes et fluviales.

Navigation à la vapeur.

L'Etat subventionne 14 compagnies nationales destinées au service de la navigation maritime et fluviale de l'Empire, et dont les dépenses se montent annuellement à 2,723:000$.

Le gouvernement impérial, dûment autorisé par le pouvoir législatif, a contracté avec la compagnie « United-States and Brazil Mail Steam Ship » un service mensuel de paquebots à vapeur entre le Brésil et les États-Unis ;

moyennant la subvention annuelle de 200:000$000, ou 16:666$666 par voyage d'allée et venue, pendant 10 ans à partir du jour où s'est réalisé le premier voyage.

Cette subvention est payée à Rio-de-Janeiro, en monnaie courante du Brésil.

Courrier.

Le courrier général de terre et de mer, dont la direction générale est dans le municipe neutre, a des ramifications dans tout l'Empire au moyen d'administrations dans les capitales des provinces et d'agences dans les villes, dans presque toutes les paroisses et dans quelques districts importants.

- Il y a deux compagnies anglaises; l'une entretient un service de paquebots à vapeur, qui vont et viennent une fois par mois, entre les ports de Rio-de-Janeiro et Southampton, avec relâche à Bahia, Pernambouc, S. Vincent et Lisbonne; et entre ceux de Rio-de-Janeiro et Buenos-Ayres avec relâche à Montevidéo. Les vapeurs de l'autre font dans les mêmes conditions la navigation entre Liverpool, Rio-de-Janeiro et Buenos-Ayres, touchant aux ports ci-dessus indiqués; mais n'offrent pas la même exactitude dans les jours de départ et d'arrivée.

Il y a aussi une compagnie française de navigation à vapeur, pour aller et venir, une fois par mois, entre les ports de Rio-de-Janeiro et Bordeaux, avec relâche à Bahia, Pernambouc, Gorée et Lisbonne, et ceux de Rio-de-Janeiro et Buenos-Ayres avec relâche à Montevidéo.

Tous ces vapeurs reçoivent passagers et marchandises et jouissent des exemptions et priviléges accordés aux paquebots.

Une autre Compagnie française a des lignes à service régulier quoiqu'à voile, du Hâvre à Rio-de-Janeiro deux fois par mois; et de Marseille à Rio-de-Janeiro, une fois par mois, 17 navires sont employés à ce service.

Voies de communication terretres.

Chemins de fer.

Chemin de fer de D. Pedro II.

Ce chemin doit relier les provinces de Rio-de-Janeiro, de S. Paul et Minas; il est livré au commerce depuis la capitale jusqu'à la station do Commercio, sur les bords de la Parahyba.

La 1re section, depuis la capitale jusqu'à Belem, sur terrain plat, a 62,7 kilomètres d'étendue.

La 2me section, qui traverse une chaîne escarpée, est une œuvre monumentale, tant par le grand nombre de tunels, que par les porportions des déblais et remblais; elle a 46,2 kilomètres d'étendue.

La 3me section, qui suit, en le descendant, le cours de la Parahyba, a 151,7 kilomètres jusqu'à Porto Novo do Cunha; mais elle n'est livrée au parcours que sur une étendue de 38,4 kilomètres.

La 4me section, qui doit remonter la Parahyba, a 154,9 kilomètres jusqu'à la Cachoeira; elle n'est pas encore en construction, mais les plans sont déjà faits et approuvés.

En tout 167,3 kilomètres du chemin sont livrés au trafic.

Ils ont coûté environ 27,000:000$.

Le chemin a commencé à être construit par une Companhie brésilienne, avec un capital de 38,000:000$ auquel était garanti un intérêt de 7 %.

Son revenu moyen annuel est de 1,200:000$, et sa dépense de 800:000$.

Aujourd'hui il appartient à l'État.

L'autorisation pour le prolongement de la voie ferrée à travers la province de Minas jusqu'au bassin du fleuve S. Francisco, dépend de la résolution du pouvoir législatif.

Une commission d'ingénieurs procède aux études nécessaires pour le choix du meilleur tracé.

Chemin de fer de Bahia.

Ce chemin commence dans la ville de Bahia ; sa destination est de traverser la province jusqu'au cours du fleuve S. Francisco.

Une companhie anglaise en est concessionnaire.

Le capital de deux millions de livres sterling, employé dans la partie déjà construite de la ligne, a une garantie de 7 % d'intérèt.

La partie déjà construite et livrée au commerce, commence à Bahia, et se termine à Alagoinhas, sur une étendue de 183,5 kilomètres.

La recette moyenne annuelle est de 250:000$.

Les frais annuels sont de 350:000$.

On s'occupe d'améliorer cette situation, en construisant des chemins de roulage qui convergent aux stations de la voie ferrée.

Le terrain depuis Alagoinhas jusqu'au fleuve S. Francisco, que doit traverser le prolongement de ce chemin, a été exploré par l'ingénieur Vignolles.

Chemin de fer de Pernambouc.

Il a pour but de faire communiquer le port du Récife avec l'intérieur de la province et le fleuve S. Francisco.

Une compagnie anglaise en est concessionnaire.

Le capital de 1,200,000 livres sterling, employé dans la partie déjà construite de la ligne, a 7 % de garantie.

La partie déjà achevée et livrée au commerce va des Cinco Pontas, près de la ville du Récife, à la station d'Una, sur le bord de la rivière du même nom.

Il a 126,9 kilomètres d'étendue.

Sa recette moyenne annuelle est de 450:000$.

La dépense moyenne annuelle est de 300:000$

Son trafic augmente constamment.

Chemin de fer de S. Paul.

Il est destiné à relier le port de Santos à l'intérieur de la province.

Il appartient à une compagnie auglaise; le capital a 7 % de garantie.

Au capital de 2,000,000 livres sterling, il faut ajouter l'intérêt respectif payé aux actionnaires durant la construction de la route, de sorte qu'on calcule que le capital garanti s'élèvera à 2,700,000 livres sterling.

Le chemin déjà fait va de Santos à Jundiahy, et a une étendue de 139 kilomètres.

Il a été inauguré et livré au parcours le 16 février de cette année.

Le terrain entre Jundiahy et Campinas, que doit traverser le prolongement de ce chemin, a été exploré par les ingénieurs Fox et Bennaton.

Chemin de fer de Cantagallo.

Il dessert une partie de l'intérieur de la province de Rio-de-Janeiro.

Il commence à Villa Nova, port du fleuve Macacú navigable à la vapeur jusque là, et il doit arriver à Nova-Friburgo, avec une étendue de 98,2 kilomètres.

La 1re section seule est terminée, sur une étendue de 49,1 kilomètres, jusqu'à Cachoeira, au pied de la serra de Nova Friburgo.

Il appartient à une compagnie nationale, à laquelle sont garantis 7 % par le gouvernement provincial.

Sa recette moyenne annuelle est de 200:000$; la dédépense de 180:000$

Chemin de fer de Mauá.

Il unit le port de Mauá, dans la baie de Rio-de-Janeiro, au pied de la chaîne de montagnes de Pétropolis appelée aussi d'Estrella.

Il appartient à une compagnie brésilienne, qui l'a construite sans garantie d'intérêts ni autre faveur pécuniaire quelconque du gouvernement.

Il a 17,5 kilomètres d'étendue.

Il sert au transport des produits qui passent par la route *Union et Industrie*, à laquelle il est lié par la route de voitures appelée *Serra de Petropolis*, construite par le même système que celle-là, et également très remarquable par sa perfection et ses coûteux travaux d'art.

Sa recette moyenne annuelle est de 550:000$, la dépense de 300:000$

Récapitulation.

Il existe donc une étendue de 601,3 kilomètres de chemin de fer déja en exploitation à savoir :

D. Pedro II. . . .	147,3 kilomètres.	
S. Paul	139	»
Bahia.	123,5	»
Pernambouc	124,9	»
Cantagallo . . .	49,1	»
Mauá.	17,5	»
Recette générale	2,650:000$000	
Dépense idem	1,930:000$000	
Solde	720:000$000	

Il existe des contrats faits pour d'autres chemins de fer dans les provinces de Ceará, Parahyba, Pernambouc, Bahia et S. Paul.

Routes de roulage.

La route —Union et Industrie— depuis Pétropolis jusqu'à Juiz de Fóra, dans la province de Minas, est une route macadamisée, construite avec le plus grand soin, et remarquable par la perfection de son tracé et de ses travaux.

Elle a 146,8 kilomètres d'étendue.

On estime la recette brute à 1,700:000 et la dépense à 1,300:000.

Route de Graciosa.

Elle relie le port d'Antonina, dans la province du Paraná, à Coritiba, capitale de la même province.

Construite aux frais du gouvernement, elle n'est pas encore terminée; mais est dejá en grande partie parcourue par des voitures.

Outre ces routes, il y en a d'autres de roulage plus ou moins importantes dans différentes provinces.

Les explorations pour l'ouverture de nouvelles routes continuent.

Dernièrement ont été explorés dans ce but :

Par l'ingénieur Thomas Denon Lander, le terrain entre la barre du fleuve Camocí et les villes de Granja et Ipú, dans la province du Ceará.

Par l'ingénieur Sébastien Rodrigues Braga Junior, le terrain entre la province de Sainte Catherine et Porto Alegre, dans celle de S. Pedro de Rio Grande du Sud, pour la construction d'une voie ferrée.

Par l'ingénieur W. Smith, le terrain entre Jaguarão, Rio Grande et Pelotas, dans la province de S. Pedro, aussi pour une voie ferrée.

On a fait encore des explorations pour une route qui mettrait en communication les provinces du Pará et de Goyaz, et pour celle qui se dirigeant vers le Peperiguassú relierait la province du Paraná avec celle de Corrientes dans la Confédération Argentine.

Télégraphe électrique.

Il y a 14 ans qu'on commença au Brésil l'établissement des lignes télégraphiques pour le service du gouvernement dans la capitale de l'Empire.

En 1863, les sus-dites lignes furent reliées aux forteresses de la barre de Rio-de-Janeiro au moyen de cables sousmarins; on établit ensuite jusqu'au municipe de Cabo Frio une ligne qui rend au commerce des services importants par la transmission des avis maritimes.

Vers la fin de 1865, on décréta l'établissement d'une ligne qui reliant la capitale à la province de S. Pedro du Rio Grande du Sud, profiterait ainsi à toute la côte de la province de Rio-de-Janeiro, à l'important port commercial de Santos, et à la côte des provinces de S. Paul et de Sainte Catherine, sur une étendue de 1,450 kilomètres.

Presque toute cette ligne est aujourd'hui en activité. Elle a eu à traverser 16 baies et barres de fleuves, et pour l'établir, il a fallu lutter avec toutes sortes de difficultés, les chaînes de montagnes du parcours étant couvertes de bois vierges dépourvus d'habitants civilisés, et où l'on court risque d'être attaqué par les sauvages.

C'est une ligne double, et aux points extrêmes, Rio-de-Janeiro et Porto-Alegre, ainsi qu'aux points intermédiaires de Santos et Sainte Catherine fonctionnent des appareils de Morse doubles. Aux autres points intermédiaires on emploie les appareils électro-magnétiques de Siemens.

On lutte avec des embarras, sinon plus grands, au moins égaux pour la conservation et l'entretien de ces lignes, à cause des grandes étendues de terres inhabitées, des difficultés du transport et du manque de certaines ressources; cependant on triomphe de ces obstacles.

Immigration et colonisation.

Comme il est généralement reconnu qu'une des principales nécessités du Brésil, est l'augmentation de sa population; les pouvoirs de l'Etat s'efforcent d'arriver à ce desideratum, soit en facilitant la venue d'émigrants laborieux et de bonnes mœurs, moyennant certains avantages; soit en prenant des mesures pour qu'ils ne souffrent ni privations, ni vexations, à leur arrivée ; et pour qu'ils aient qui les guide et les aide dans leurs premiers pas.

C'est ainsi que, outre les exemptions et autres avantages accordés aux navires qui transportent les émigrants, le gouvernement garantit à ceux-ci :

1.º Le débarquement libre de droits de leurs bagages ainsi que des instruments et machines qu'ils apportent pour leur labeur.

2.º Le paiement au compte de l'État, au bénéfice exclusif des émigrants, de la différence entre le prix du passage d'Europe aux ports de l'Empire et celui qu'on a coutume de payer pour aller d'Europe aux État-Unis. Les consulats de Hambourg, de Brème, d'Anvers et du Hâvre sont revêtus pour cela des pouvoirs nécessaires.

3.º Leur admission dans une hôtellerie de la capitale, sous l'inspection d'un agent officiel, dans laquelle ils peuvent être logés et nourris pour des prix modiques marqués dans un tableau approuvé par le ministre de l'agriculture, du commerce, et de travaux publics.

4.º Une agence officielle de colonisation, de laquelle ils peuvent obtenir avec la plus grande facilité, les éclaircissements dont ils auraient besoin avant de se diriger vers leur destination. De semblables informations leur sont aussi données par la direction générale des terres publiques, qui les recommande à ses délégués dans les provinces vers lesquelles ils se dirigent, ou au défaut de ceux-ci, à une personne compétente pour les acheminer convenablement.

5.º Le passage gratuit de Rio-de-Janeiro pour la province ou la localité qu'ils choisiraient, à ceux qui préféreraient s'établir comme agriculteurs en achetant des terres à l'État.

6.º Le mesurage, la démarcation et la description des lots de terres qu'ils désireraient ; et un titre de proprieté définitive aussitôt qu'ils ont satisfait au paiement respectif.

7.º Le prix d'un réal par brasse carrée (4ᵐ,9), y compris celui du mesurage et de la démarcation, si l'on paie comptant ; et le délai de 5 ans, à terme, à ceux qui préféreraient payer ainsi, moyennant 6 % d'intérêt par an.

8.º Toute facilité, pour se naturaliser citoyens brésiliens, et l'exemption du service militaire.

Outre les faveurs accordées aux émigrants en général, qui viendraient d'eux-mêmes s'établir au Brésil, en achetant des terres; le gouvernement assure aux associations, aux commissaires ou représentants des familles d'émigrants qui se proposent de venir au Brésil former des établissements coloniaux par agglomération, les avantages suivants.

1.º Réserver dans les provinces ou localités par eux choisies, l'étendue de terres dévolues dont on sera convenu, le gouvernement avançant les dépenses de l'arpentage, de la démarcation, et de la description des terres.

2.º Le prix d'un demi-réal la brasse carrée (4ᵐ,9) auquel on ajoutera le montant des dépenses du mesurage, mentionné dans le numéro précédent.

3.º La remise d'un titre provisoire à une personne compétente, lorsque le lieu destiné à l'établissement de la colonie aura été choisi; dans lequel seront désignées au moins approximativement les limites respectives.

Ce titre sera remplacé par un autre définitif de pleine propriété, aussitôt qu'aura été payé au trésor national ou à la trésorerie respective, le prix des terres choisies.

4.º Le droit pour l'association, l'entrepreneur ou le représentant de l'émigration ; de désigner comme il leur paraîtra plus convenable la portion de terrain qui doit revenir à chaque famille.

5.° Faire établir aux frais de l'État des constructions provisoires pour recevoir et loger les émigrants dans l'endroit qui aura été désigné.

Le gouvernement s'engage en outre à payer le fret du navire qui transportera au Brésil plus de 100 émigrants ; ou à faire l'avance des passages et des vivres jusqu'au lieu de leur destination ; pourvu que l'association, le commissaire ou le représentant de l'immigration s'engage moyennant une caution convenable, à rembourser dans un délai raisonnable.

Le paiement du prix des terres et de l'avance des dépenses du mesurage et de la démarcation sera effectué en cinq ans, en trois termes égaux, à compter de la fin de la seconde année de l'établissement des premières familles.

Les terres et les améliorations qui s'y font restent hypothéquées au gouvernement jusqu'au remboursement réel ; lequel peut être effectué avant ce terme, si cela convient aux intéressés.

Si les émigrants venaient des État-Unis, le prix des passages serait réglé d'après le tarif annexé au contrat passé avec la compagnie de navigation—United States and Brasil Mail Steam Ship Company.

Le gouvernement, persuadé que pendant les premiers temps, la colonisation bien dirigée, doit être un des moyens les plus efficaces pour obtenir une immigration spontanée en plus grande échelle, et en moins de temps, s'occupe sérieusement d'encourager le développement des colonies fondées dans différentes provinces.

Dans ce but, il a constamment cherché à améliorer les conditions de l'existence et l'avenir des colons ; soit dans ce qui touche à l'administration coloniale et à ses améliorations matérielles , soit dans ce qui concerne les secours spirituels, l'instruction primaire , et l'éducation religieuse des enfants, tout en respectant invariablement la liberté de conscience des colons.

Il s'est en même temps occupé de régler les dépenses coloniales et de faciliter aux habitants , dès les premiers jours de leur arrivée , les moyens de gagner leur subsistance par leur travail, tant qu'ils ne peuvent la tirer de la culture des terres.

Dans chaque colonie le gouvernement fait préparer des lots de terres , mesurés et délimités pour l'établissement de nouveaux colons.

Quelques-unes de ces colonies commencent à répondre aux vues du gouvernement , en servant de centre d'attraction aux immigrants qui viennent s'y établir à leurs frais; attirés par les invitations de leurs parents et compatriotes , et les nouvelles qu'ils reçoivent de leur prospérité.

Le gouvernement a dernièrement réuni dans un seul règlement les statuts par lesquels doivent être gouvernées les colonies de l'État qui s'organiseraient dorénavant; aussi bien que celles qui existent déjà, dans les parties qui leur seront applicables.

Parmi les améliorations importantes que consacre ce règlement, il faut mentionner la nouvelle forme donnée à l'administration des colonies : désormais les colons eux-mêmes y prendront part, représentés par six d'entr'eux qui sont nommés tous les trois ans et constituent, avec le médecin de la colonie et sous la présidence du Directeur, un espèce de Conseil communal chargé de veiller aux intérêts particuliers de la colonie tels que : construction et réparation des édifices destinés au culte et à l'enseignement; ouverture des routes et chemins coloniaux ; secours ordinaires et avances d'argent aux colons indigents ; acquisition et distribution d'animaux de bonnes races, de plantes et de semences.

C'est ce comité qui organise le budget annuel des dépenses de la colonie, règle son revenu, et intervient par son vote dans toutes les affaires purement coloniales.

Le même règlement pourvoit à la réception et au premier établissement des colons dans un édifice spécial, et ordonne d'avancer la nourriture durant les dix premiers jours à ceux qui la réclameraient; accordant gratuitement la somme de 20$ à chaque individu isolé, et à chaque chef de famille un don égal par chaque personne de dix à cinquante ans, qui serait à sa charge ; ainsi que les graines nécessaires aux premières plantations, les instruments aratoires; et aux colons qui le désireraient, des moyens de travail durant les premiers six mois.

Il y a dans la province de Sainte-Catherine cinq colonies à la charge de l'État : la plus importante est celle de Blumenau, elle a une population de 6,947 âmes.

Dans celle de Paraná il y en a une qui compte 348 individus.

Dans celle de S. Paul, dans le municipe de Cananéa, une de 268 habitants.

Dans celle de Minas-Geraes, sur le fleuve Mucury, une de 875 habitants.

Dans celle d'Espirito Santo, trois comptant 2,526 habitants. Total : 10,964 individus.

Le gouvernement subventionne en outre dans la province de Sainte-Catherine, la colonie de D. Francisca, l'une de celles qui donnent le plus d'espérances, et qui compte 4,263 colons; deux dans la province de S. Pedro de Rio Grande du Sud de 3,205 âmes; une dans celle de Minas-Geraes de 1,239 âmes, Total : 8,707 colons.

Il y a dans la province de Maragnon, 6 colonies particulières non subventionnées par le gouvernement, comptant 887 personnes.

Dans la province de S. Pedro de Rio Grande du Sud, outre la très-importante et ancienne colonie de S. Léopold, qui compte près de 16,000 habitants, mais étant aujourd'hui indépendante a perdu ce caractère; il y a cinq colonies fondées avec l'aide des recettes provinciales, qui comptent 5,513 individus; et deux du même genre dans la province de Sainte-Catherine avec 718 habitants.

Le total de la population coloniale, non compris celle de S. Léopold, se monte à 26,789 habitants, desquels 10,964 appartiennent aux colonies de l'État.

En y comprenant les colons de S. Léopold, ce nombre s'élève à 42,789 individus.

L'étendue totale des terres cultivées par les colons est calculée à 96,195,075 brasses carrées.

L'importation, non compris quelques colonies, d'où les éclaircissements ne nous sont pas arrivés à temps, est évaluée d'après les documents officiels à 150:000$; et l'exportation à plus de 300:000$, non compris celle de la colonie de S. Léopold.

Dans l'intention de faciliter l'achat des terres aux émigrants qui voudraient avoir des propriétés rurales, le gouvernement continue à faire mesurer et à marquer les limites des terrains non occupés dans des localités appropriées à l'agriculture et à la colonisation.

Dans la province de S. Pedro de Rio Grande du Sud, Sainte Catherine, Paraná, S. Paul, Espirito Santo, Alagoas et Pará, il y a déjà une étendue de 701,250,000 brasses carrées, sur lesquelles pourront s'établir plus de 27,000 familles, ou plus de 138,000 individus, en comptant cinq individus par famille. Il y a en outre dans les districts des colonies de l'État, non comprises celles de

Mucury et Blumenau, environ 850 lots mesurés et délimités, disponibles pour de nouveaux colons, et qui peuvent être distribués à 850 familles, ou 4,250 individus.

Pour la division du domaine public, il y a dans la capitale un bureau général des terres publiques, et dans les provinces d'autres bureaux de même nature, qui lui sont subordonnés.

L'arpentage et la démarcation des terres, et tout ce qui concerne ce service, est réglé par une loi, d'après le système des États-Unis, modifié suivant les nécessités du Brésil.

Les terres, mesurées et délimitées, sont vendues en lots de 250,000 brasses carrées, en demi lots, et en quart de lots, à l'enchère ou autrement, selon qu'il paraît plus convenable au gouvernement, au prix minime d'un demi réal à deux réaux par brasse carrée (4^m,9).

Des étrangers.

Les étrangers sont accueillis avec bienveillance au Brésil, leurs droits y sont respectés; et dans leurs relations civiles, ils sont protégés par les lois.

Les écoles d'instruction primaire sont gratuitement ouvertes à eux et à leurs enfants, ainsi qu'aux nationaux.

Ils sont de même admis dans les colléges publics, et dans les facultés d'enseignement supérieur.

Ils voyagent dans tout l'Empire avec la même liberté que le citoyen brésilien. Ils peuvent profiter de la garantie de l'habeas-corpus. Les prescriptions légales gardées, il leur est permis de fonder et d'exercer librement toute industrie, qui ne s'oppose pas aux bonnes mœurs, à la santé et à la sûreté publiques; de posséder des biens fonds, de faire usage et de jouir de leur propriété avec la même plénitude que les citoyens. Ils jouissent de la plus grande liberté de conscience, et ne peuvent jamais être poursuivis pour motif de religion, en tant qu'ils respectent celle de l'État.

Les droits de leurs enfants nés dans l'Empire, ont encore dernièrement appelé l'attention spéciale des pouvoirs de l'État: il a été établi que le droit qui règle l'état civil des étrangers résidant au Brésil, et non employés au service de leur nation, pourrait aussi être appliqué à l'état civil des enfants de ces mêmes étrangers nés dans l'Empire, mais durant leur minorité seulement. En atteignant leur majorité, ils entrent dans l'exercice des droits de citoyen brésilien.

La brésilienne mariée à un étranger partage sa condition, de même que l'étrangère mariée à un brésilien suit la condition de son mari.

La loi garantit les effets civils des mariages entre non catholiques célébrés selon la religion qu'ils professent, dans le pays ou au-dehors.

Des étrangers naturalisés.

La naturalisation s'obtient actuellement au Brésil avec une grande facilité.

La loi qui réglait cette matière, exigeait de l'étranger qui sollicitait cet avantage quatre années de résidence; plus de 21 ans; la jouissance des droits civils dans son pays; une déclaration préalable, de l'intention de se naturaliser faite devant la municipalité de l'endroit, avant de commencer à compter les quatre années; une déclaration de ses principes religieux; la preuve de posséder des biens fonds, ou d'exercer quelque profession, ou d'avoir part à quelque établissement industriel. Cette loi a été modifiée quant au temps de la résidence qui a été réduit à deux ans. De plus, ceux qui sont mariés à des brésiliennes, qui ont inventé quelque industrie, qui ont adopté un brésilien, qui ont pris part à une campagne au service du Brésil; les hommes remarquables par leurs talens, ou considérés comme bien méritants ; et les enfants des étrangers déjà naturalisés, n'ont besoin d'aucune autre formalité qu'une déclaration devant la municipalité du lieu de leur résidence.

Si l'étranger vient au Brésil comme immigrant ou colon, pour acheter des terres à l'État afin de s'y établir, ou s'il vient à ses frais exercer quelque industrie dans le pays, ou bien encore aux dépens du trésor pour être employé dans des établissements agricoles, les travaux publics ou la formation de colonies ; il est naturalisé au bout de 2 ans, ou avant, s'il est jugé digne de cette faveur. On lui passe et lui enregistre gratuitement un titre de naturalisation à la charge de prêter serment de fidélité à la Constitution et aux lois de l'Empire, devant le président de la province, une municipalité, ou un Juge de paix.

Les immigrants et colons naturalisés, sont exempts du service militaire ; moins celui de la garde nationale dans l'intérieur du municipe.

En outre, le pouvoir législatif a depuis des années fréquemment exempté des clauses exigées par les lois sur la naturalisation ; et autorisé le gouvernement à l'accorder, moyennant une simple pétition, sans tenir compte des conditions ci-dessus mentionnées.

C'est ainsi que sur 244 étrangers, sans compter les colons, qui se sont naturalisés dans ces deux dernières années, 201 ont obtenu leurs lettres de naturalisation en vertu de décrets du pouvoir législatif qui les exemptaient des formalités ordinaires.

L'étranger naturalisé est aussitôt considéré citoyen brésilien ; il entre en jouissance de tous les droits civils et politiques, qui appartiennent à ceux qui sont nés dans le pays, avec les seules exceptions, établies par la Constitution, à l'égard des charges de régent de l'Empire, de ministre d'État, et de député à l'assemblée générale.

Héritages des étrangers.

Les successions des étrangers qui meurent au Brésil, suivent en général la même marche, et sont réglées par les mêmes lois et les mêmes autorités qui interviennent dans celles des nationaux, si toute fois il n'y a pas de convention consulaire ; car alors celle-ci fait loi.

Il y a des conventions consulaires avec la France, la Suisse, l'Italie, l'Espagne et le Portugal.

L'autorité des consuls est admise aussi dans les cas et de la manière déterminés par le décret du 8 Novembre 1851, en vertu d'un simple accord qui établit la réciprocité au moyen de notes reversales.

Culture intellectuelle.

Instruction primaire et secondaire.

L'instruction primaire et secondaire du municipe de la capitale de l'Empire, est à la charge de l'assemblée générale et du gouvernement.

Elle est inspectée : par le ministre de l'empire, un inspecteur général, un conseil directeur, et des délégués de district.

L'exercice du professorat dépend de l'autorisation du gouvernement ; le candidat doit prouver : sa majorité légale (21 ans pour enseigner, et 25 pour diriger un collége), sa moralité et sa capacité.

Les femmes mariées doivent, en outre, exhiber leur contrat de mariage, ou l'extrait mortuaire de leurs maris, si elles sont veuves ; et dans le cas de séparation, la sentence par laquelle celle-ci a été prononcée.

Ces conditions sont exigées tant pour le professorat public que pour le professorat particulier.

Les professeurs adjoints, ceux qui ont été approuvés par les académies de l'empire dans les cours supérieurs, ceux qui sont ou ont été professeurs publics, les bacheliers ès-lettres par le collége de D. Pedro II, ceux qui exhibent des diplômes des académies étrangères, dûment légalisés ; enfin les nationaux et les étrangers connus pour aptes à l'enseignement, peuvent être dispensés par le gouvernement, des preuves de capacité professorale.

Les écoles publiques d'instruction primaire sont de premier et de second ordre.

Dans celles de premier ordre, l'enseignement se borne à l'instruction morale et religieuse ; à la lecture, à l'écriture ; anx notions essentielles de la grammaire, aux principes élémentaires de l'arithmétique ; et au système des poids et mesures du municipe.

Celles du second ordre comprennent: toute l'arithmétique avec ses applications pratiques ; la lecture expliquée de l'Evangile et la connaissance de l'histoire sainte ; les éléments de l'histoire et de la géographie, principalement du Brésil ; les principes des sciences physiques et de l'histoire naturelle applicables aux usages de la vie; la géométrie élémentaire, l'arpentage ; le dessin linéaire, des notions de musique et des exercices de chant ; la gymnastique ; l'enseignement plus développé du système des poids et mesures du municipe de la capitale, comparé avec celui des provinces et des autres nations; et celui du système métrique français, qui fait partie intégrante de tout l'enseignement primaire.

Il y a une classe de professeurs qui sous la dénomination d'adjoints, aident les professeurs publics dans leurs travaux scolaires, et se préparent à l'enseignement.

La nomination aux chaires d'instruction primaire et aux emplois d'adjoints est toujours faite au moyen d'un concours.

Le directeur de tout établissement particulier d'instruction primaire, secondaire ou mixte , doit prouver sa moralité et sa capacité professorale.

Les directeurs ou directrices des colléges d'instruction primaire, même lorsqu'ils n'exercent pas le professorat, doivent prouver leur capacité en subissant un examen sur la doctrine chrétienne , l'histoire sainte , la lecture et l'écriture , la grammaire portugaise , l'arthmétique et le système des poids et mesures de l'Empire. Pour les directrices des colléges d'instruction secondaire l'examen comprend la lecture , l'écriture , l'arithmétique , la géographie , le français ou l'anglais ; et pour les directeurs l'arithmétique, la géographie, le français ou l'anglais, le latin et la philosophie.

Le gouvernement peut dispenser des examens les directeurs de colléges qui se trouveraient dans le même cas que ceux qui en sont dispensés pour le professorat; et des preuves de moralité, ceux qui jouissent d'une bonne réputation et sont généralement connus.

Ils doivent encore, avant d'ouvrir leur établissement, présenter le programme des études et un projet de règlement intérieur ; l'indication de la localité, des arrangements, et de la situation de la maison, les noms et les diplômes des professeurs.

Les directeurs de colléges qui ne professeraient pas la religion catholique apostolique et romaine sont obligés à entretenir un prêtre pour les élèves catholiques.

Ils peuvent adopter pour l'enseignement de leurs élèves les abrégés et les méthodes qu'ils voudront, pourvu qu'ils ne soient pas expressément défendus.

Les élèves des deux sexes ne sont pas admis dans la même établissement d'instruction ; et dans ceux du sexe féminin, il ne peut demeurer aucune personne de l'autre sexe, âgée de plus de 10 ans; excepté le mari de la directrice.

L'enseignement public primaire est gratuit, et d'après le règlement en vigueur il doit devenir obligatoire, dès que le gouvernement le jugera opportun.

L'État dépense annuellement environ 120:000$ pour 42 écoles d'instruction primaire dans le municipe de la capitale de l'empire, desquelles 25 sont du sexe masculin et 17 du sexe féminin ; on ne comprend pas dans ce chiffre les dépenses d'inspection.

Le système simultané généralement adopté dans les établissements particuliers d'instruction primaire et secondaire, et d'autres causes qui changeront avec le temps, rendent difficile l'organisation d'une statistique complète de l'instruction.

Le résultat auquel on a pu arriver, et qui est beaucoup en deçà de la réalité, est le suivant :

PROVINCES	ÉLÈVES		
	Masculins	Feminins	TOTAL
Alagôas	2,888	1,231	4,119
Amazones	412	52	464
Bahia	7,709	2,453	10,162
Capitale de l'Empire (municipe de la) . .	4,775	3,659	8,434
Ceará	3,852	1,355	5,207
Espirito-Santo	934	114	1,048
Goyaz	1,176	389	1,565
Minas-Geraes	14,705	2,204	16,909
Maragnon	3,557	10,35	4,592
Mato-Grosso (*)			
Pará	3,828	10,076	4,904
Paraná	1,975	526	2,501
Parahyba	1,975	509	2,484
Pernambouc	5,332	1,514	6,846
Piauhy	1,014	37	1,051
Rio Janeiro	5,924	2,452	8,376
Rio Grande du Nord	1,206	300	1,505
Rio Grande du Sud	6,293	3,793	10,086
Sainte Catherine	1,674	681	2,355
S. Paul	7,882	3,796	11,678
Sergipe	2,154	1,043	3,197
Somma	79,264	28,219	107,483

(*) Le résultat de cette province n'est pas connu en raison des circonstances spéciales dans lesquelles elle se trouve.

L'instruction publique secondaire se donne dans le municipe de la capitale de l'Empire dans le collége de Pedro II, qui se divise en deux établissements— l'Internat et l'Externat.

La plupart des élèves paient une pension trimestrielle mais si modique que le gouvernement dépense pour l'entretien de ces deux établissements la somme annuelle de près de 120:000$.

On élève en permanence aux frais du gouvernement dans l'Internat 25 pensionnaires, et dans l'Externat 25 demi-pensionnaires, indépendamment d'un nombre indéterminé d'externes gratuits, dont le chiffre est monté dans de certaines années à 116.

L'internat aussi bien que l'externat ont un recteur, chargé de la direction et de l'inspection des classes, ainsi que de la police de l'établissement; plus un vice-recteur, un chapelain et d'autres employés.

Les professeurs sont nommés par le gouvernement, après un concours.

Le cours des études est divisé en sept années pour les classes suivantes :

Histoire sainte, grammaire portugaise et latine ; latin, français, anglais, grec, géographie générale et cosmographie, histoire générale, chorographie et histoire du Brésil, rhétorique, poétique, littérature et grammaire philosophique, philosophie, mathématiques élémentaires, éléments de physique et de chimie, éléments d'histoire naturelle, allemand, italien, dessin, musique, danse et gymnastique.

Outre vingt-deux professeurs, il y a des répétiteurs pour aider les élèves à étudier et à préparer leurs leçons.

Les deux établissements ont été fréquentés l'année dernière par 327 élèves, desquels 16 ont été reçus bacheliers ès-lettres.

Le nombre des élèves des établissements particuliers d'instruction secondaire du municipe de la capitale, est évalué à 2,718, et à 4,771 celui des établissements semblables dans les provinces, ce qui donne un total de 7,816.

Ce chiffre est au-dessous de la réalité ; car il ne comprend pas les élèves des établissements particuliers de quelques provinces, d'où n'ont pu venir à temps les éclaircissements nécessaires sur le mouvement scolaire de l'année dernière.

L'instruction primaire et secondaire dans les provinces est réglée par l'assemblée législative de chaque province et le président.

Dans tous ces établissements on cherche plus ou moins à uniformiser l'enseignement, en prenant pour base les règlements de la capitale de l'empire.

Facultés de médecine.

Il y a deux facultés de médecine, l'une dans la capitale de l'Empire et l'autre dans la province de Bahia, toutes deux régies par le même plan d'études qui comprend six années et les matières suivantes : la physique en général, particulièrement dans ses applications à la médecine, la chimie, la minéralogie, l'anatomie descriptive (démonstrations et dissections anatomiques), la botanique, la zoologie, la chimie organique, la physiologie, l'anatomie générale, la pathologie interne, la pathologie externe, la clinique interne et externe, les accouchements, les maladies des femmes enceintes et des nouveaux-nés, l'anatomie topographique, la médecine opératoire, les appareils, la matière médicale, la thérapeutique, l'hygiène, l'histoire de la médecine, la médecine légale, la pharmacie avec la fréquentation d'un laboratoire pharmaceutique.

Toutes ces matières sont enseignées par 21 professeurs. Il y a en outre 15 compétiteurs, qui remplacent les professeurs en cas d'empêchement, et qui s'occupent de travaux pratiques. Les uns et les autres sont nommés par le gouvernement, au moyen d'un concours.

Les facultés ont un cours spécial de pharmacie, et un d'obstétrique.

Le 1er est de 3 années et comprend les études suivantes: la physique, la chimie, la minéralogie, la chimie organique, la botanique, la matière médicale et pharmacie.

Le cours d'obstétrique est formé par la chaire d'accouchement du cours médical, et par la clinique correspondante, à l'hôpital de la Miséricorde.

Chaque faculté possède: un laboratoire de chimie, un cabinet de physique, un d'histoire naturelle, un d'anatomie, un de matière médicale, un arsenal chirurgical, un laboratoire pharmaceutique et les amphithéâtres indispensables pour les leçons et démonstrations.

Les jardins botaniques situés dans le voisinage des facultés, suppléent au manque de jardins botaniques spécialement destinés à chacune d'elles.

Chaque faculté est dirigée et administrée par un Directeur et une assemblée composée des professeurs de la faculté ; elle a une secrétairerie pour sa correspondance et une bibliothèque.

Dans la faculté de médecine de la capitale, 183 étudiants ont pris leurs inscriptions dans l'année 1865 pour le cours médical, et 45 pour le cours pharmaceutique.

Dans le premier cours, 23 étudiants ont été reçus docteurs; 10 ont terminé le second et ont obtenu leur diplôme.

Dans la faculté de Bahia, 151 étudiants ont pris leurs inscriptions pour le cours médical; 22 pour le cours pharmaceutique.

14 ont été reçus docteurs dans le 1er ; 4 ont obtenu leur diplôme dans le second.

Les docteurs ou bacheliers en médecine et en chirurgie autorisés à guérir en vertu de diplômes des Académies ou Universités étrangères, doivent passer un examen devant l'une ou l'autre des facultés s'ils veulent exercer leur profession dans l'Empire.

Il faut pour être admis à cet examen: présenter des diplômes ou titres originaux, et à leur défaut, des documents authentiques qui les remplacent , moyennant l'autorisation du gouvernement; la preuve de leur identité ; et des documents qui attestent la moralité du prétendant.

Ces titres ou documents doivent être reconnus par les autorités brésiliennes résidantes dans le pays où ils ont été passés.

Les professeurs effectifs ou en retraite des Universités, facultés, ou écoles de médecine reconnues par les gouvernements respectifs, sont dispensés de cet examen, du moment qu'ils prouvent cette qualité devant l'une des facultés brésiliennes, au moyen de certificats des agents diplomatiques, et à leur défaut, des consuls brésiliens résidants dans les pays où ils auraient professé.

Les candidats qui veulent prendre leurs inscriptions pour le cours médical, doivent avoir été approuvés en latin , français, anglais , histoire et géographie , philosophie rationnelle et morale, arithmétique, géométrie et algèbre jusqu'aux équations du premier dégré.

Pour le cours de pharmacie: en français, arithmétique et géométrie.

Pour le cours d'obstétrique , en lecture , écriture , les quatre règles de l'arithmétique et français.

Le gouvernement dépense pour les deux facultés la somme annuelle de 211:770$.

Facultés de droit.

Il y a pour l'enseignement des sciences sociales et juridiques, deux facultés de droit: l'une à S. Paul, capitale de la province de ce nom ; l'autre au Recife , capitale de la province de Pernambouc.

Elles sont toutes deux régies par les mêmes statuts.

Un cours d'études préparatoires indispensables pour l'inscription au cours supérieur, a été annexé à chaque faculté. Ces études préparatoires sont: le français, l'anglais, le latin, l'arithmétique, la géométrie. l'histoire, la rhétorique et la philosophie.

Le cours supérieur est divisé en 5 années et onze chaires, comprenant: le droit naturel, le droit public universel; l'analyse de la Constitution de l'Empire, le droit des gens, la diplomatie, les éléments du droit romain, le droit public ecclésiastique, le droit civil national, avec analyse et confrontation du droit romain; le droit criminel, y compris le militaire; le droit maritime et commercial, l'herméneutique juridique, la procédure civile et criminelle, y compris la procédure militaire; la pratique du barreau, l'économie politique et le droit administratif.

Chaque faculté de droit est immédiatement subordonnée à un directeur, auquel appartient l'inspection générale des études et qui outre ses autres attributions, doit présider l'assemblée des professeurs, laquelle est chargée de ce qui concerne l'économie et la discipline de la faculté.

Les facultés ont une secrétairerie pour leur correspondance, et une bibliothèque.

Dans l'année 1865, 375 étudiants ont pris leurs inscriptions pour le cours supérieur, et 207 pour le cours préparatoire : 60 des premiers ont été reçus bacheliers, titre qui rend apte à la carrière de la magistrature et à la profession d'avocat ; 1 a été reçu docteur.

Au Récife, 440 étudiants ont pris leurs inscriptions; 90 ont été reçus bacheliers; 1 docteur.

Le cours préparatoire a été fréquenté par 525 étudiants.

Il y a dans les deux facultés, outre le grade de bachelier, celui de docteur pour lequel il faut non seulement avoir étudié et avoir été approuvé dans les 5 années du cours supérieur, mais encore soutenir des thèses sur chacune des matières ci-dessus mentionnées.

Ce grade rend apte à l'enseignement des cours supérieurs dans les mêmes facultés.

Chacune d'elles a 11 professeurs cathédrants, et six substituts; les uns et les autres nommés par le gouvernement, au moyen d'un concours.

La dépense annuelle des deux écoles de droit, monte à 155:300$.

Instruction militaire.

Les études militaires se font dans les établissements suivants:

1.º Les écoles régimentaires; 2.º les écoles préparatoires : 3.º l'école militaire ; 4.º l'école centrale.

Tous ces établissements sont sujets à la discipline militaire et subordonnés au ministère de la guerre.

Écoles régimentaires.

Les écoles régimentaires, destinées à former des sous-officiers pour le service des corps de l'armée, comprennent les matières suivantes pour toutes les armes : lecture. calligraphie, doctrine chrétienne, les quatre règles sur les nombres entiers, les fractions ordinaires et décimales, la métrologie, le dessin linéaire, les principales prescriptions de la législation pénale militaire, les devoirs du soldat. du caporal, du fourrier, du sergent, dans toutes les circonstances du service de paix et de guerre; et de plus pour chaque arme, son instruction pratique réglée d'après les programmes organisés par le conseil d'instruction de l'école militaire.

Écoles préparatoires.

Les écoles préparatoires comprennent l'étude des doctrines exigées pour la matricule des cours militaires supérieurs, et l'instruction pratique élémentaire des différentes armes. Leur cours dure deux ans, pendant lesquels on étudie la grammaire portugaise et française, l'histoire et la géographie, surtout celles du Brésil, l'arithmétique, l'algèbre élémentaire, la géométrie, la trigonométrie, le dessin linéaire, la géométrie pratique et l'administration des compagnies et des corps.

École militaire.

L'école militaire a un cours de trois ans ; on y enseigne l'algèbre supérieure, la géométrie analytique, la physique expérimentale, précédée des notions de mécanique, la chimie inorganique et ses applications à la pyrotechnie militaire, le dessin topographique, la topographie et les reconnaissances sur le terrain, la tactique, la stratégie, la castramétation, l'histoire militaire, la fortification passagère et les notions de fortification permanente, les notions élémentaires de balistique, les principes du droit des gens, les éléments du droit naturel et du droit public dans leurs relations avec le service militaire, la législation militaire, le dessin des projections, la géométrie descriptive, comprenant l'étude sur les plans cotés et son application aux défilements ; le calcul différentiel et intégral, la mécanique, la balistique théorique et pratique, la technologie militaire, l'artillerie, les principaux systèmes de fortification permanente, l'attaque et la défense des places, les mines militaires, le dessin des fortifications et des machines de guerre, le maniement des armes, la gymnastique, la natation et les exercices pratiques.

Les deux premières années forment le cours de la cavalerie et de l'infanterie, les trois ensemble celui de l'artillerie.

Pour l'état-major et le génie il y a outre ces trois ans, un cours complémentaire fait à l'école centrale, lequel comprend pour l'état-major : l'étude et l'exercice pratique du dessin géographique, l'astronomie, la topographie, la géodésie, la botanique, la zoologie et les éléments de la chimie organique ; et pour le génie , l'étude et les exercices pratiques de la mécanique appliquée aux constructions, les principes de l'architecture civile , les propriétés et les résistances des matériaux de construction, des notions sur le cours des fleuves et le mouvement des eaux dans les canaux et les aqueducs , la navigation intérieure naturelle et artificielle , les routes , les ponts, les chemins de fer et les télégraphes, la minéralogie et la géologie, le dessin d'architecture, l'arrangement et la décoration des édifices civils et militaires et l'exécution des projets.

L'école militaire est dirigée par un commandant, officier général qui doit avoir appartenu à quelqu'une des armes spéciales, et ne pas être employé dans l'enseignement; et par un commandant en second, officier supérieur: aidés par un ou deux adjudants, officiers de l'armée, et par un secrétaire chargé de la correspondance.

Le personnel de l'enseignement se compose de 8 professeurs, quatre répétiteurs, et un ou deux adjoints de professeurs.

Il existe une école générale de tir, subordonnée à l'école militaire ; elle est à Campo Grande, près de la capitale.

Dans cette école, qui a été fréquentée avec avantage par un nombre déjà considerable d'élèves, on enseigne les matières suivantes :

La nomenclature des diverses bouches à feu de l'artillerie, de leurs affûts, avant-trains, caissons, chariots, harnachements, forges, et autre matériel : la nomenclature, l'emploi et la fabrication des différents projectiles, la nomenclature et le service des différentes machines de force, employées pour monter et démonter les pièces, les moyens pratiques d'évaluer les distances: la nomenclature et l'emploi des divers instruments pour arracher et mettre les fusées, ainsi que pour vérifier et pointer les différentes bouches à feu:

la théorie et la pratique du tir des différentes bouches
à feu ainsi que des fusées à la congrève pour le tir
direct, curviligne et à ricochet : la graduation des fusées
pour les différentes distances et les trajectoires corres-
pondantes; l'évaluation de la force balistique de la poudre par les différents moyens connus.

Il y a une longue ligne de tir pour l'enseignement
théorique et pratique, et on a fait adopter provisoirement le cours de l'école de St. Omer, par Panot.

Le personnel de l'école de tir de Campo Grande se compose d'un commandant, 1 adjudant, 1 instructeur général, 2 instructeurs adjoints, 1 secrétaire et un quartier-
maître.

Depuis le commencement de la guerre actuelle cette
école a cessé de fonctionner faute de personnel.

École Centrale.

Cet établissement s'occupe principalement de l'enseignement des mathématiques et des sciences physiques et
naturelles; son cours dure six ans et comprend les matières suivantes : l'algèbre, la géométrie, la trigonométrie rectiligne et sphérique, le dessin linéaire et topographique ;
les notions de topographie, la géométrie analytique , la
théorie générale des projections, le calcul différentiel et
intégral , la mécanique , la physique expérimentale , la
résolution graphique des problèmes de géometrie descriptive et de leurs applications à la théorie des ombres; la chimie inorganique et son analyse ; le dessin
des machines; l'astronomie, la topographie, la géodésie,
la botanique et la zoologie; des notions de chimie organique, le dessin géographique , la mécanique appliquée
aux constructions, l'architecture civile : la théorie du régime des fleuves, le mouvement des eaux dans les canaux,
la navigation et les routes; les ponts; les chemins de
fer; les télégraphes , la minéralogie; la géologie; le
dessin d'architecture; l'arrangement et la décoration des

édifices civils et militaires et l'exécution des projets;
l'hydrodynamique appliquée; les moteurs et les machines
hydrauliques, les améliorations des rivières, relativement
à la navigation et aux inondations, les canaux navigables,
la canalisation et la dérivation des eaux; les puits ar-
tésiens, la sûreté et la conservation des ports; la désob-
struction des bancs et des mouillages; l'économie
politique, la statistique, et les principes du droit administratif: le dessin des constructions et des machines hydrauliques; et des exercices pratiques durant les vacances.

L'école a deux cours pour les étudiants civils: l'un
d'ingénieur civil, l'autre d'ingénieur géographe.

Celui là se compose de l'étude de toutes les matières
ci-dessus mentionnées et des exercices pratiques correspondants. Celui-ci comprend l'étude des quatre premières
années du cours général, lesquelles renferment: l'algèbre, la géométrie analytique et la théorie générale des
projections; les éléments du calcul différentiel et intégral: la mécanique, la trigonométrie rectiligne et sphérique; l'astronomie topographique; la géodésie, la physique expérimentale; la chimie inorganique; la botanique;
a zoologie: des notions de chimie organique; la solution
graphique des problèmes de géométrie descriptive et de
leurs applications à la théorie des ombres; le dessin
linéaire et topographique; le dessin des machines et le
dessin géographique, des exercices pratiques; la pratique
de l'Observatoire; des opérations géodésiques.

L'école est subordonnée à un directeur, qui doit être
officier général, sortir d'une des armes spéciales, et ne
pas faire partie du professorat. Il est secondé par deux
adjudants, un desquels doit être officier supérieur d'une
arme spéciale et un secrétaire chargé de la correspondance.

Le personnel de l'enseignement se compose de onze
professeurs cathédratiques, cinq répétiteurs, deux professeurs de dessin, deux adjoints aux professeurs de
dessin, et plusieurs co-adjudants des répétiteurs.

Elle possède une bibliothèque, un cabinet de physique, un laboratoire de chimie, un cabinet de minéralogie, une salle de modèles des constructions les plus importantes et des machines.

Les professeurs sont nommés par le gouvernement au moyen d'un concours.

L'Observatoire Astronomique Impérial dépend de l'école centrale, et a pour but l'enseignement de l'astronomie pratique aux élèves de la 4e année de la dite école, et la publication des observations astronomiques et météorologiques. C'est là que se règlent les chronomètres des départements de la guerre et de la marine, et il signale journellement le temps moyen. Il a publié un travail important sur les tables météorologiques avec les différentes courbes.

Il est situé sur une hauteur de la ville de Rio-de-Janeiro; ses employés ont été souvent envoyés en commission pour faire des études et des observations sur différents points de l'empire.

On publie dans les journaux quotidiens les faits météorologiques observés le jour précédent.

Il y a aussi un observatoire dans la capitale de la province de Pernambouc.

Des expéditions scientifiques nationales et étrangères se sont utilement occupées de cette matière en divers endroits de l'empire.

L'instruction militaire coûte au trésor public la somme annuelle de 302:890$500.

École de marine.

L'école de marine comprend dans un même établissement internat et externat : on y enseigne un cours théorique et pratique des matières nautiques et des sciences accessoires, dont la connaissance est indispensable à ceux qui embrassent la vie maritime.

Ce cours est de quatre ans ; il comprend : le français, l'anglais, l'algèbre, la géométrie, la trigonométrie, le calcul, l'astronomie avec observations pratiques, la balistique, la physique, la chimie, la tactique navale, l'histoire de la navigation, les travaux hydrographiques, la topographie, l'appareil et la manœuvre avec exercices pratiques; des études sur les machines à vapeur, appliquées à la navigation; la construction navale, le dessin, la gymnastique et la natation.

L'enseignement des matières de la 4me année, qui comprend la tactique navale, l'histoire de la navigation, des exercices pratiques et réguliers d'observations astronomiques, spécialement pour la détermination des longitudes en mer ; des exercices d'artillerie, des travaux hydrographiques et le dessin, comprenant les détails pratiques de la construction navale avec application au service de guerre ; est fait sur un navire armé en guerre, et durant un voyage de long cours.

On n'admet à l'école de marine que les aspirants au poste de garde-marine et ceux qui obtiennent du gouvernement une permission spéciale.

Tous les ans, durant les vacances, les aspirants approuvés dans leurs examens font des voyages d'instruction sur un ou plusieurs navires de guerre.

Le personnel administratif de l'école de marine se compose d'un directeur, officier général de l'armée navale, un vice-directeur, officier supérieur; un chapelain, un chirurgien et d'autres employés.

Le professorat se compose de cinq professeurs, cinq compétiteurs ; six professeurs et deux adjoints de professeurs de dessin ; tous nommés par le gouvernement, au moyen d'un concours; d'un maître d'armes et de gymnastique ; et d'un maître de natation.

Le conseil d'instruction composé du directeur et du vice-directeur, des professeurs et de deux compétiteurs les plus anciens, est chargé de délibérer sur tout ce qui a rapport à l'instruction et à l'enseignement pratique et théorique des élèves.

Ceux-ci, aussitôt qu'ils ont fini la 3me année, sont nommés gardes-marine; et le gouvernement accorde les honneurs du grade d'enseigne, à deux d'entr'eux qui auraient eu une conduite irréprochable et se seraient tous les ans distingués dans leurs études.

L'école de marine a une bibliothèque, un cabinet de physique et un autre de chimie.

L'année passée, les classes de l'école de marine ont été fréquentées par 94 élèves, dont 71 aspirants et 23 étudiants civils.

16 élèves ont terminé leur cours d'aspirants, et sont passé gardes-marine.

L'école de marine coûte annuellement la somme de 115:429$800.

École pratique d'artillerie de marine.

De cette école, destinée principalement à créer des artilleurs avec les connaissances nécessaires pour pouvoir remplir à bord des navires de la flotte les emplois de chefs de pièces, de gardes-magasin d'artillerie, et de chargeurs de pièces; il est déjà sorti un grand nombre d'artilleurs assez instruits pour exercer les fonctions de chefs de pièce et de chargeurs.

Le personnel de l'école se compose du directeur et de son adjudant, d'un officier de marine qui a le titre de professeur d'artillerie pratique; et de 150 soldats, caporaux, et sous officiers de la marine impériale et du bataillon naval.

On donne à l'école l'instruction pratique de l'artillerie, ainsi que des armes à feu et armes blanches employées dans le service de la marine.

Les soldats de l'école vont deux fois par mois, accompagnés par leur professeurs respectifs, assister aux travaux du laboratoire pyrotechnique de la marine, pour s'instruire dans la manipulation des artifices indispensables au service du bord.

Il y a dans la province de Bahia, une école de pilotage.

Institut Commercial de Rio-de-Janeiro.

Les matières enseignées à l'institut commercial de la capitale forment un cours de quatre ans et sont les suivantes: français, anglais, allemand, arithmétique appliquée aux opérations commerciales, algèbre jusqu'aux équations du 2ᵉ degré, géométrie plane et de l'espace, géographie et statistique commerciale, droit commercial et législation des douanes et des consulats, comparée avec celle des places qui entretiennent le commerce le plus actif avec le Brésil, et tenue des livres.

L'institut est inspecté par le ministre de l'empire, par l'intermédiaire d'un commissaire du gouvernement et par le directeur.

Les questions les plus importantes, concernant l'établissement en général, soit pour l'enseignement soit pour la discipline, sont examinées par un comité composé des professeurs, nommés par le gouvernement au moyen d'un concours, et présidé par le directeur.

Dans la dernière année, 53 élèves se sont fait inscrire pour le cours de l'institut, et deux ont terminé le cours et obtenu leur diplôme.

Sa dépense annuelle est de 18:000$.

Institut impérial des jeunes aveugles.

Cet établissement consiste en un internat, où l'on donne aux jeunes aveugles des deux sexes, outre l'instruction primaire et secondaire, l'éducation compatible avec leur âge et leurs aptitudes.

Il est présidé par un directeur nommé par le gouvernement et subordonné au ministre de l'empire, qui exerce son inspection au moyen d'un commissaire du gouvernement; il a en plus, un chapelain, un médecin et d'autres employés.

Le cours d'études comprend huit années; on y enseigne : la lecture , l'écriture, le catéchisme , l'explication de l'évangile, la musique vocale et instrumentale, les règles de contre point et d'instrumentation , la grammaire nationale , le français , l'arithmétique . l'algèbre jusqu'à l'équation du 2me degré, la géométrie, les principes généraux de la mécanique, la physique et la chimie, l'histoire et la géographie anciennes et modernes, l'histoire et la géographie nationales . les arts et métiers mécaniques.

On a adopté, pour l'enseignement de ces matières, la méthode de gros points de Mr. Braille.

L'institut possède une bibliothéque d'environ 1,000 volumes, et en outre une typographie, où sont imprimés par les élèves quelques abrégés, et leurs propres compositions, par la méthode mentionnée: il y a aussi un atelier de reliure.

Les élèves pauvres, destinés aux professions mécaniques, reçoivent dans l'établissement ou au dehors, dans des ateliers spéciaux . l'enseignement pratique de l'art ou du métier pour lequel ils montrent le plus de vocation.

Les leçons sont données par six professeurs nommés par le gouvernement, les quels ont chacun plus d'une chaire: ils sont secondés par quatre répétiteurs dont trois sont élèves de l'institut.

Il est sorti de cet établissement des élèves qui jouent de plusieurs instruments . et qui vivent des talents qu'ils y ont acquis.

L'année passée . le nombre des élèves s'est élevé à 30 , dont 24 élevés aux frais de l'État ; la dépense faite par le gouvernement, a été de 35:979$000.

Institut des sourds-muets.

C'est un internat créé dans le but de donner aux sourds-muets des deux sexes, l'instruction qu'ils sont susceptibles de recevoir. Il compte actuellement 13 eléves du sexe masculin et 3 du sexe féminin.

On y enseigne : la morale et la religion , la langue nationale, l'arithmétique et l'algèbre, l'histoire et la géographie, la calligraphie, le dessin, l'articulation artificielle et la lecture par le mouvement des lévres; ou y ajoute pour les jeunes filles les travaux à l'aiguille et la broderie.

L'établissement est confié à un directeur et une diretrice, qui enseignent toutes les matières, à l'exception de dessin, pour lequel il y a un maître spécial ; ils sont toutefois aidés par quatre répétiteurs; dont trois sont élèves de l'Institut, et qui s'occupent aussi des autres services de l'établissement.

L'institut a un atelier de menuiserie ; on y enseigne aussi les métiers de tailleur et de cordonnier.

Le gouvernement vient en aide à cet institut par la somme annuelle de 16:000$000.

Académie des beaux-arts.

Son but est l'enseignement des beaux-arts. Son personnel se compose d'un directeur et de professeurs effectifs et honoraires.

Le cours d'études est divisé en cinq sections:

D'architecture; de sculpture; de peinture; des sciences accessoires; et de musique.

La 1e section comprend les classes de: dessin géométrique ; dessin d'ornement ; et architecture civile.

La 2e section les classes de : sculpture d'ornement ; gravure des médailles et des pierres précieuses; et statuaire.

La 3e section les classes de : dessin de figures; paysage ;

fleurs et animaux ; peinture historique, et modèle vivant.

La 4e section les chaires de : mathématiques appliquées; anatomie et physiologie des passions ; histoire des arts; esthétique ; et archéologie.

La 5e section est formée par le conservatoire de musique.

L'enseignement a été divisé en deux cours, l'un diurne, l'autre nocturne.

Dans celui-ci on enseigne : le dessin industriel, d'ornement et de figures ; la sculpture d'ornement et de figures ; les mathématiques élémentaires, y compris l'arithmétique et la géométrie pratique, les éléments de mécanique ; le modèle vivant.

Le cours nocturne a été créé comme école industrielle, pour être mise à profit, comme elle l'a effectivement été, par des ouvriers.

Les professeurs effectifs sont nommés par le gouvernement, moyennant un concours; les professeurs honoraires le sont par le corps académique à la majorité absolue des voix, sur la proposition du directeur ou de trois membres, et sont en suite approuvés par le gouvernement.

Ils ne peuvent entrer en possession de leurs charges, sans présenter au corps académique un travail fait par eux, lequel reste à l'établissement.

Les professeurs honoraires sont obligés, quand ils sont désignés par le directeur, à remplacer les effectifs en cas d'empêchement.

Il y a aussi une classe de membres correspondants, composée d'artistes distingués résidant hors de la Capitale.

Les classes de l'académie ont été fréquentées l'année dernière par 216 élèves, desquels 48 ont obtenu des prix.

Tous les ans on fait durant trois jours, dans le salon de la Pinacothèque, une exposition publique des travaux des diverses classes; après laquelle on **procède à** la distribution des prix.

De deux en deux ans il y a une exposition générale de tous les travaux artistiques exécutés dans la Capitale et dans les provinces ; laquelle dure quinze jours.

Tous les artistes nationaux ou étrangers ont droit d'exposer leurs travaux, du moment qu'il sont acceptés par le jury académique.

Il y a un prix extraordinaire pour l'élève brésilien le plus distingué : lequel consiste en une pension annuelle pour étudier en Europe, pendant six ans, s'il est peintre d'histoire, sculpteur ou architecte ; et pendant quatre s'il est graveur ou paysagiste.

L'académie possède une bibliothèque, une pinacothèque et une secrétairerie pour son service.

La dépense annuelle de l'académie est de 37:300$.

Conservatoire de musique.

Bien que cet établissement soit une section de l'Académie des beaux-arts, il est cependant gouverné par un directeur spécial, avec un réglement qui lui est propre ; réside dans un édifice séparé, et a un revenu à lui.

L'enseignement, complètement gratuit pour les deux sexes, se compose : des éléments de musique et de solfége et des notions générales de chant pour le sexe masculin, des même matières pour le sexe féminin ; du chant pour les deux sexes ; des règles d'accompagnement et d'orgue ; des instruments à cordes ; et des instruments à vent.

Des classes de composition et autres, seront créées dès que les ressources du conservatoire le permettront et que les progrès de l'enseignement l'exigeront.

L'administration du conservatoire se compose d'un directeur, un trésorier, et un secrétaire chargé de la correspondance.

Il est sorti de cet établissement beaucoup de bons

élèves ; quelques uns privés de fortune y ont acquis les moyens de subsistance dont ils disposent aujour-d'hui.

Bibliothèques.

La bibliothèque nationale occupe un vaste édifice, et possède 66,000 volumes, parmi lesquels des ouvrages de grande valeur.

Celle de la marine possède près de 2,800 cartes, différents plans et environ 10,000 volumes ; dans ces chiffres sont comprises 23 bibliothèques spéciales de navires de guerre.

Il y a en outre dans la capitale , d'autres bibliothèques appartenant à des sociétés particulières, dont quelques-unes sont très-intéressantes.

Dans les capitales des provinces de Bahia, Pernambouc , S. Paul , Ceará et autres , il y a aussi des bibliothèques publiques, entretenues sur les revenus provinciaux,

Imprimerie.

Capitale de l'Empire.

Feuilles quotidiennes.

Jornal do Commercio, (46me année); tire plus de 13.000 exemplaires par jour.

Occupe 200 employés.

Dépense annuellement 6,600 rames de papier du plus grand format, (chaque feuille donne deux exemplaires) dont le poids est de 377,000 kilogrammes et 660 kilogrammes d'encre.

Correio Mercantil. (34me année).

Occupe 120 employés.

Diario do Rio (47me année).

Diario official (3me année).

On publie périodiquement une feuille destinée aux sujets religieux (*O Apostolo*); une brochure qui s'occupe exclusivement de sujets ayant trait à l'histoire nationale (*Brasil Historico*) ; diverses feuilles politiques, quelques journaux illustrés et des Revues de sociétés littéraires et industrielles; et annuellement un *Almanak administratif, mercantile, et industriel de la capitale et province de Rio-de-Janeiro*, lequel a atteint sa 24me année.

Le *Diario do Rio* donne aussi une feuille en français, au départ des paquebots transaltantiques.

On publie dans la même langue *l'Impartial et l'Estafette*. journaux littéraires: en anglais *the Anglo-Brazilian Times* , qui traite principalement des questions relatives à la colonisation et à l'immigration; et le *Rio Commercial Journal* consacré aux sujets commerciaux.

Les feuilles suivantes sont publiées dans les provinces :

Amazonas.

Voz do Amazonas (2me année).

Amazonas. (1re année).

Pará.

Diario do Grão-Pará, (14me année).

Jornal do Amazonas, (8me année).

Maragnon.

Coalição, (5me année).

Publicador Maranhense.

Piauhy.

Moderação, (3me année).

Ceará.

Pedro II, (27me année).

Cearense. (21me année).

Tribuna Catholica, (2me année

Constitucional.

Rio Grande du Nord.

Correio Natalense.

Parahyba.

Publicador, (6me année).

Diario da Parahyba.

Pernambuco.

Diario de Pernambuco, (43me année).

C'est le journal le plus répandu dans le nord de l'Empire ; il rivalise avec les journaux de grand format de la capitale.

Correio do Recife, (3me année).
Jornal do Recife.

Sergipe.

Correio Sergipense.
Jornal de Sergipe.

Bahia.

Jornal da Bahia, (13me année).
Diario, (12me année).
Interesse Publico, (2me année).
Commercial, (1re année).
Pharol, (3me année).

Rio-de-Janeiro.

Patria, (12me année).
Mercantil, (11me année).
Germania, (2me année) en allemand.
Paiz, (année 3o).
Monitor Campista, (30me année).
Sentinella.
Conservador.
Parahybano, (4me année).

S. Paulo.

Correio Paulistano.
Diario de S. Paulo.
Revista Commercial.
Aracoyaba.
Iris Bananalense.
A Verdade.
Popular.
Echo Popular.
Progresso.

C. F.

Parahyb 1
Esperança.

Paraná.

Commercial do Paraná. (6me année).
Phenix, (1re année).
Desenove de Dezembro.

Santa Catharina.

Despertador.
Mercantil.
Colonie-Zeitung (en allemand).

S. Pedro do Rio Grande do Sul.

Diario do Rio Grande, (20me année).
Echo do Sul, (13me année).
Commercial, (11me année).
Artista, (5me année).
Jornal do Commercio, (4me année).
Rio-Grandense, (2me année).
Deutsche-Zeitung (en allemand).

Minas-Geraes.

Diario de Minas.
Constitucional, (2me année).
Sapucahy.

Goyaz.

Correio Official.

Matto-Grosso.

Cuyabano.

L'État maintient aussi une typographie nationale, où l'on publie le *Diario Official,* et où l'on imprime d'ordinaire les rapports et autres documents officiels. Elle a deux presses mécaniques et treize presses à main.

Il y a également un atelier d'estampe et d'impression où l'on imprime les apolices de la dette publique, les lettres de change, les connaissements, les timbres poste, et le papier timbré.

Sociétés scientifiques litteraires et industrielles.

Dans la capitale de l'Empire :

Sociétés nationales.

L'Académie Impériale de Médecine, l'Institut Historique, Géographique et Ethnographique ; l'Institut de l'Ordre des Avocats Brésiliens , l'Institut Polytechnique , l'Institut Pharmaceutique de Rio-de-Janeiro, l'Institut des Bacheliers ès-lettres, l'Athenée littéraire, les Essais littéraires, la Bibliothéque Fluminense, la Société Auxiliatrice de l'Industrie Nationale, et le Lycée des Arts et Métiers.

Ce Lycée est destiné à mettre l'instruction à la portée des artistes; en leur faisant un cours nocturne.

L'Institut Historique et Géographique publie par tri-mestres, une Revue qui dure depuis 28 ans; il a rendu beaucoup de bons services à l'étude de l'histoire et de la géographie du Brésil. Il tient ses séances deux fois par mois; elles sont toujours honorées de la présence de S. M. l'Empereur.

Sa bibliothèque entr'autres ouvrages de grand prix, possède la bibliothèque américaine, réunie par le Dr. Martius, auteur de la Flore Brésilienne.

La Société Auxiliatrice de l'Industrie Nationale publie tous les mois une brochure de quelques pages. Cette société, dont les séances ont souvent été honorées de la présence de S. M. l'Empereur, est consultée par le gouvernement sur beaucoup d'affaires concernant l'industrie et l'agriculture du pays.

L'Académie Impériale de Médecine tient régulièrement ses séances, dans les quelles se discutent d'important sujéts relatifs à l'hygiène et à la santé publique. Le ministre de l'Empire en est le président honoraire. Elle publie depuis 36 ans une Revue qui ayant commencé sous le titre de *Semanario da Saude Publica,* prit en-suite celui de *Revista Medica Fluminense,* puis celui de

Revista Medica Brasileira, et s'intitule enfin maintenant *Annaes de Medicina Brasiliense.*

Dans les provinces de Maragnon, Pernambouc, Bahia, S. Paul et autres, il y a de semblables associations; quelques unes publient d'intéressantes Revues.

Sociétés étrangères.

Cabinet de lecture anglais, Société Germanique (Cabinet de lecture allemand), *Retiro litterario* portugais et Cabinet de lecture portugais.

Musée national.

Le musée national, établi dans la capitale, est formé de quatre sections: 1° d'anatomie comparée et de zoologie; 2° de botanique, agriculture et arts mécaniques; 3° de minéralogie, géologie et sciences physiques; 4° de numismatique, arts libéraux, archéologie, usages et mœurs des nations modernes.

Chaque section a un directeur et un adjoint; l'un des quatre directeurs, désigné par le gouvernement, est le directeur général du musée.

Les sections de minéralogie et de zoologie sont les plus complètes; celle de numismatique devient aussi très-importante, et dans la partie ethnographique, relativement au Brésil elle possède beaucoup d'objets rares d'un grand intérêt pour la science.

Il y a dans la salle d'archéologie, une belle collection de vases et d'objets d'art d'un grand prix tirés des ruines de Pompéia, offerte par S. M. l'Impératrice du Brésil.

Le musée national échange les doubles de sa collection contre ceux des musées étrangers.

Sociétés philanthropiques, établies dans la capitale.

Nationales. — Sociétés : de bienfaisance brésilienne, Union bienfaisante commerce et arts, Union et bienfaisance, Bienfaisante et humanitaire *Rio Grandense*, Pharmaceutique brésilienne, Auxiliatrice des arts mécaniques libéraux et bienfaisante, Philanthropique des artistes, Typographie Fluminense, Musicale de bienfaisance, Caisse municipale de bienfaisance, Bienfaisance Parfaite Amitié.

Etrangères. — Sociétés : Française de secours mutuels, Anglaise de bienfaisance, Allemande de bienfaisance, Américaine de bienfaisance, Belge de bienfaisance, Portugaise de bienfaisance, Portugaise amante de la monarchie et bienfaisante, Caisse de secours de D. Pedro V, Madrepora, et Philanthropique Suisse.

Dans presque toutes les capitales des provinces et autres villes populeuses, il y a de semblables sociétés nationales et étrangères, qui distribuent des secours à leurs associés.

Etablissements de charité.

Le principal établissement de charité de l'Empire est la Santa Casa da Misericordia de Rio-de-Janeiro ; elle a un revenu considérable consistant en maisons et fonds publics.

Elle a à sa charge l'hôpital, l'administration des enfants trouvés, l'asyle des orphelines, et l'hospice des fous.

La recette ordinaire de ces différents établissements est montée l'année dernière à 831:058$850 ; et la dépense, aussi ordinaire à 608:332$314.

Tous les pauvres, quelles que soient leur nationalité et leur religion, y sont traités gratuitement avec le plus grand soin ; et non seulement les pauvres, mais les personnes employées dans la vie maritime, quelle que soit leur condition , ont aussi droit à être traitées gratuitement à l'hôpital, auquel ont été adjugés à cet effet l'impôt sur les vins , et celui sur les dépêches maritimes, perçus à la douane, et qui dans le dernier exercice ont rendu 99:663$345.

Au commencement de l'année , il existait à l'hôpital 1,001 malades; dans le cours de l'année, il en est entré 11,220, pour la plupart étrangers. La mortalité est de 13 %.

Pour les équipages des navires qui arrivent à Rio-de-Janeiro attaqués de maladies épidémiques ou contagieuses, il y a un hôpital, dans un lieu très-sain , éloigné de la ville, où les malades sont traités avec le plus grand soin.

Dans les capitales de presque toutes les provinces , ainsi que dans les villes les plus peuplées, il existe des maisons de charité; les principales sont celles : de S. Luiz de Maranhão, Recife, Bahia, Ste Catherine, S. Pedro de Rio Grande du Sud, Porto-Alegre, S. Paul, Santos, Ouro Preto et S. João d'El-Rei.

Dans la Capitale, les ordres religieux de S. Francisco de Paula, Nossa Senhora do Monte do Carmo, S. Francisco da Penitencia , et do Bom Jesus do Calvario , ont des hôpitaux avec toutes les commodités nécessaires pour le traitement de leurs frères malades.

La Société Portugaise de Bienfaisance possède un bel hôpital, où sont traités gratuitement les malades de cette nation.

Théâtres.

Il y a dans la Capitale un théâtre lyrique , qui n'est point en activité pour le moment; et trois dramatiques, desquels deux sont en activité; outre divers lieux de divertissements publics.

Il y a aussi des théâtres dramatiques dans les capitales de presque toutes les provinces et dans beaucoup d'autres villes populeuses.

Eclairage public.

La Capitale de l'Empire est éclairée au gaz.

Ce service est fait par une compagnie anglaise à laquelle ont été transférés les droits et obligations constituant le contrat passé en 1851 avec le Baron de Mauá.

Le nombre des *combusteurs* est de plus de 5,000, et la dépense se monte à près de 600 contos par an.

Les villes du Recife et de Bahia sont aussi éclairées au gaz, et les travaux nécessaires pour appliquer le même mode d'éclairage aux capitales des provinces de Pará, Maragnon et Ceará sont en voie d'exécution.

Hôtel de la Monnaie.

Il est établi dans la capitale de l'Empire et dépend du ministère des finances. On vient de construir, pour y transférer cet établissement un grand édifice que réunit toutes les conditions convenables. L'administrateur de la monnaie a le titre de *provedor*. Les machines qui servent à fondre et à frapper sont mûes à la vapeur et construites d'après les systèmes les plus perfectionés.

On emploie aujourd'hui dans les épreuves de l'or 200 milligrammes.

L'affinage est fait dans des vases de platine de la dernière invention.

Depuis Juillet 1840 jusqu'à Juillet 1864, on y a frappé 38,808,890 monnaies d'or, et 13,765,553,500 d'argent, faisant un total de 52,574,443,500, outre beaucoup de médailles métalliques.

En 1866, on a frappé pour 940:760$ d'or, et 1,334:666$ d'argent. Total : 2,275:426$.

Cet établissement possède la collection des monnaies

frappées dans les anciens établissements monétaires du pays, ainsi que 572 monnaies d'or, d'argent et de cuivre étrangères.

Il compte aussi 83 matrices de médailles nationales et 1,027 médailles étrangères.

Il a aussi une école de peinture à l'huile, de sculpture en plâtre et de gravure.

Chaque atelier a sa bibliothèque.

Maison de Correction.

Il y a dans la Capitale de l'empire, et dans celles de la plupart des provinces, des maisons de correction et de détention, pour les détenus et les condamnés.

Celle de la Capitale dont la construction n'est pas encore achevée, comprend un rayon de 200 cellules, et un autre qui contient les ateliers, et dépendances de l'établissement. On a suivi dans sa construction et son organisation le systéme d'Auburn.

Les condamnés travaillent à leur profit aux métiers de charpentiers, tailleurs, carriers, cordonniers, relieurs, et autres. Il y a dans la maison une boulangerie, une buanderie, et une carrière à la charge de l'administration.

Différents objets qui y ont été faits et que l'on a envoyés à l'Exposition universelle, prouvent la perfection du travail et la bonne direction de l'établissement.

Municipe de la Capitale de l'Empire.

Le municipe de la Capitale de l'Empire (appelé aussi municipe neutre ou municine de la Capitale), a une organisation administrative spéciale.

Les affaires qui dans les provinces sont à la charge des assemblées provinciales et des présidents, sont dans le municipe neutre, de la compétence de l'assemblée générale et du gouvernement, auquel est subordonnée la municipalité. En conséquence il appartient au gouvernement d'approuver provisoirement les ordonnances municipales, lorsque l'assemblée générale n'est pas réunie ; de fixer annuellement la recette et la dépense du municipe sur la proposition de la municipalité, et de décider des recours auxquels peuvent donner lieu les résolutions de celle-ci.

La recette municipale provient, dans la Capitale: des impôts municipaux ; des revenus des terrains qui appartiennent à la municipalité ; du produit des amendes, infligées pour délits de police ou infractions aux règlements ; du fermage de certains terrains maritimes ; des autorisations accordées pour ouvrir des magasins, et pour d'autres branches d'industries y compris les spectacles et autres divertissements publics ; des sommes concédées par le gouvernement pour certains services ; de l'augmentation votée sur l'impôt de la dîme urbaine, pour le pavage en parallélipipèdes ; et enfin d'un article voté tous les ans par le pouvoir législatif, pour les travaux particuliers du municipe.

La recette de l'année courante, non compris le dernier article, a été évaluée à 670:430$590, et la dépense à une somme égale.

Les biens-fonds de la municipalité comprennent, outre l'édifice qui lui sert de palais et d'autres propriétés urbaines, des *sesmarias* (terrains) qui lui ont été concédés à différentes époques, les marchés et les abattoirs. Elle possède en outre des apolices de la dette publique.

Certains impôts qui dans les provinces font partie des revenus municipaux, sont dans le municipe neutre, considérés comme généraux et ont produit l'année passée plus de 1,500:000$.

En compensation, le gouvernement prend à son compte certaines dépenses, qui dans les provinces sont à la charge des revenus provinciaux ou municipaux ; telles que l'éclairage public, l'approvisionnement d'eau potable, la maison de correction, la force de police proprement dite et d'autres.

La ville de Saint-Sébastien de Rio-de-Janeiro (capitale de l'Empire) compte onze paroisses.

Elles renferment, en outre des églises paroissiales, 69 églises secondaires ou chapelles, dans lesquelles on célèbre régulièrement les offices divins.

· Quelques églises se distinguent par leur magnificence.

Il y a 7 couvents, 6 tiers-ordres et deux maisons de prières, fondées et entretenues par les communantés épiscopale anglaise et évangélique allemande.

Le municipe comprend en outre 8 paroisses en dehors de la ville.

Il y a deux districts de délégués de police qui comprennent tout le municipe.

La ville a 14 subdélégués et 16 juges de paix.

Dans les paroisses en dehors de la ville, il y a huit districts de subdélégués et neuf de juges de paix.

La ville renferme dans son périmètre 78 édifices publics, 19,470 maisons, dont 6,015 à plusieurs étages, 1,096 à un étage, et 12,359 rez-de-chaussée : 5,575 maisons de commerce, y compris 12 *trapiches* (entrepôts de la douane), 1,585 ateliers et 493 fabriques.

Le commerce emploie 55,570 individus, dont le cinquième sont nationaux, et les fabriques et ateliers 41,560, les deux tiers nationaux.

Il y a dans les limites de la ville un jardin public où l'on trouve beaucoup de plantes exotiques ; et dans les environs un autre qui est annexé à l'Institut Impérial d'Agriculture *Fluminense*, mais destiné aussi à la recréation de la population.

Sur les places publiques stationnent journellement 614 voitures de louage.

Quelques places sont plantées d'arbres, et presque toutes les rues sont bien pavées.

Au centre de la place de la Constituição, plantée en jardin, s'élève une magnifique statue équestre du fondateur de l'Empire.

La population du municipe est évaluée à 600,000 habitants, dont 520,000 dans la ville, et 80,000 au dehors.

La salubrité du climat est prouvée par le tableau suivant de statistique mortuaire dans les sept années ci-dessous mentionnées.

1859.	9,389
1860.	11,018
1861.	8,586
1862.	8,634
1863.	9,407
1864.	8,159
1865.	9,600
	64,793

La mortalité totale a été durant cette période dans la raison de 1,78 %; durant l'année 1860 où elle a été la plus grande cette proportion s'est élevée à 2,6 %.

Durant la même période il n'a règné aucune épidémie.

La ville de Rio-de-Janeiro a 7 forteresses et fortifications qui défendent l'entrée de la baie et l'intérieur de son port; en outre deux autres qui sont en voie de construction.

Il y a pour tous les environs, jusqu'à la distance d'environ deux lieues, un grand nombre de diligences à prix modiques; et on a aussi le projet de reconstruire le chemin de fer pour le transport des passagers jusqu'au pied de la montagne de la Tijuca, ainsi que d'en établir de nouveaux jusqu'auprès du jardin botanique; les uns et les autres comprendront une étendue de près de deux lieues.

Une route construite dernièrement, avec des travaux d'art d'un grand prix. offre un chemin facile et sûr à toute sorte de véhicules jusqu'au delà du haut de la montagne de la Tijuca. l'un des lieux les plus pittoresques et les plus salutaires du municipe.

Une autre , reliant ce point au jardin botanique présentera les mêmes facilités aussitôt que sa pente aura été améliorée en quelques endroits.

Botafogo, S. Christophe et d'autres environs jouissent de la navigation à vapeur plusieurs fois par jour à heures fixes. D'autres vapeurs circulent de demi-heure en demi-heure entre le municipe neutre et la capitale de la province de Rio-de-Janeiro ; d'autres enfin partent tous les jours pour les îles de Paquetá , Governador, et différents points de la province.

La capitale de l'empire est pourvue d'eau par diverses sources qui naissent sur des montagnes granitiques á un peu plus d'une lieue de distance de son point central. Ces eaux , recueillies à une hauteur de plus de 240^m, audessus du niveau de la mer, fournissent en 24 heures un volume supérieur à 36,000,000 de litres.

Dans ces mêmes montagnes naissent d'autres sources que l'on a le projet de mettre à profit , et qui réunies à celles déjà canalisées produiront en 24 heures un volume d'eau de plus de 80,000,000 de litres.

Toutes ces eaux sont d'une pureté remarquable et leur température presque invariable aux points où elles sont recueillies.

Les conduits employés tant à leur dérivation qu'à leur distribution ont une longueur totale de 215 kilom., 749^m,3. Ils se composent de rigoles en pierres, de tuyaux en fer et en plomb.

L'aqueduc , appelé *Carioca*, exécuté il y a plus d'un siècle , est le plus remarquable de tous ces ouvrages. Il a un développement de plus de 8 kilom. et, à l'endroit où il passe de la montagne de S. Thereza à celle de S. Antonio sur un double ordre d'arcades à voûtes entières, il mesure une hauteur maximum de 17^m,6 au-dessus du niveau du sol.

Les égoûts pour le service de propreté des rues et des maisons sont l'objet d'un contrat célébré avec la compagnie anglaise — *Rio-de-Janeiro, City Improvements*.— Leurs ouvrages de canalisation, qui sont faits d'après le système le plus perfectionné, et comprennent une étendue de 36 milles anglais, sont presqu'achevés.

Expositions industrielles,

La première exposition brésilienne a été inaugurée avec une grande solemnité par S. M. l'Empereur, le 2 Décembre 1861, anniversaire de la naissance de l'Auguste Empereur, et a duré jusqu'au 16 Janvier 1862.

On y a exposé 9,862 produits appartenant à 1,136 exposants; elle a été visitée les jours d'entrées payantes par 18,453 personnes.

La deuxième exposition a été pareillement inaugurée par S. M. l'Empereur, le 19 Octobre 1866, jour de sa fête, et a duré jusqu'au 16 Décembre de la même année.

On y a exposé 20,128 produits appartenant à 2,374 exposants : elle a été visitée les jours d'entrées payantes, par 53,538 personnes.

Dans la deuxième exposition, il y a donc une différence en plus, de 10,266 produits, 1,238 exposants et 35,085 visiteurs.

Les deux expositions ont été ordonnées par le Gouvernement Impérial; et toutes les dépenses en ont été au compte de l'État.

On doit surtout, à l'intérêt que S. M. l'Empereur a témoigné pour cette institution, à la protection spéciale qu'il lui a prodiguée ; le résultat auquel on est parvenu dans ces deux tentatives.

La première fois on a envoyé à l'exposition universelle de Londres 1,495 objets.

Cette fois on envoie à l'exposition universelle de Paris 3,558 objets, appartenant à 684 exposants, comme on le voit par le catalogue ci-joint. Le gouvernement brésilien a accepté l'invitation de S. M. I. et R. apostolique pour concourir à l'exposition universelle de Vienne en 1870.

Sans doute (si Dieu le permet), la troisième exposition montrera mieux le degré de richesse, et les progrès industriels de ce pays fortuné.

COMMISSION DIRECTRICE DE L'EXPOSITION NATIONALE.

PRÉSIDENT

JOSÉ ILDEFONSO DE SOUZA RAMOS, du conseil de S. M. l'Empereur, Sénateur de l'Empire, bachelier en sciences sociales et juridiques, commandeur de l'ordre du Christ, chevalier de celui de la Rose, vice-président du conseil fiscal de l'Institut Impérial *Fluminense* d'Agriculture, membre de l'Institut Historique et Géographique du Brésil, et de la Société Auxiliatrice de l'Industrie Nationale, ex-ministre d'état.

VICE-PRÉSIDENT

LUIZ PEDREIRA DO COUTO FERRAZ, du conseil de S. M. l'Empereur, son conseiller d'état, chambellan de S. M. l'Impératrice, docteur en sciences sociales et juridiques, professeur de la faculté de droit de S. Paul, officier de l'ordre impérial du Cruzeiro, et de l'ordre de la Rose, chevalier de celui du Christ, inspecteur général de la caisse d'amortissement, président de l'Institut Impérial *Fluminense* d'Agriculture, 1er vice-président de l'Institut Historique et Géographique du Brésil, membre de la Société Auxiliatrice de l'Industrie Nationale, commissaire du gouvernement dans plusieurs instituts, ex-ministre d'état.

1er SECRÉTAIRE

ANTONIO JOSÉ DE SOUZA REGO, docteur en médecine, bachalier ès-lettres, officier de la secrétairerie d'état des finances, président de la section de commerce et moyens de transport de la Société Auxiliatrice de l'Industrie Nationale, et membre du conseil directeur de l'instruction publique de la province de Rio-de-Janeiro.

2me SECRÉTAIRE

JOSÉ PEREIRA REGO JUNIOR, bachalier ès-lettres, secrétaire général de la Société Auxiliatrice de l'Industrie Nationale.

MEMBRES.

Manoel Ferreira Lagos, commandeur de l'Ordre de la Rose, chevalier de celui du Christ, de celui de Notre Dame da Conceição de Villa Viçosa de Portugal, et de l'Ordre Impérial Turc du Medjidié de 3me classe, premier officier de la secrétairerie d'état des affaires étrangères, directeur de la section d'anatomie comparée et de zoologie du musée national, et membre de l'Institut Historique et Géographique, du conseil fiscal de l'Institut Impérial Fluminense d'Agriculture, et de la Société Auxiliatrice de l'Industrie Nationale.

Matheus da Cunha, chevalier de l'Ordre de la Rose, bachelier ès-lettres et en sciences physiques et mathématiques, stéréomètre de la douane de Rio-de-Janeiro, membre du conseil de la Société Auxiliatrice de l'Industrie Nationale, et membre effectif de l'Institut Polytechnique Brésilien.

Rapahel Archanjo Galvão fils, bachelier en sciences physiques et mathématiques et ingénieur civil, directeur des constructions de la douane de Rio-de-Janeiro, membre effectif de l'Institut Polytechnique Brésilien et de la Société Auxiliatrice de l'Industrie Nationale.

Gabriel Militão de Villa-Nova Machado, chevalier de l'Ordre de la Rose, docteur en mathématiques, capitaine de l'état-major de l'artillerie, professeur de l'école centrale, membre effectif de l'Institut Polytechnique, et de la Société Auxiliatrice de l'Industrie Nationale.

Joaquim Antonio de Azevedo, officier de l'Ordre de la Rose, second vice-président de la Société Auxiliatrice de l'Industrie Nationale, membre de la direction de l'Institut Impérial *Fluminense* d'Agriculture.

COMMISSION BRÉSILIENNE A L'EXPOSITION UNIVERSELLE DE PARIS.

PRÉSIDENT.

Baron do Penedo, du conseil de S. M. l'Empereur, envoyé extraordinaire et ministre plénipotentiaire du Brésil à la cour de Londres, D. C. L. par l'Université d'Oxford, Grand Dignitaire de l'Ordre de la Rose, chevalier de l'Ordre du Christ, Grand Croix des Ordres du Christ de Portugal, de S. Grégoire le Grand, de François I, et de l'Ordre Impérial du Medjidié de 1re classe.

MEMBRES.

Vicomte de Barbacena, Grand de l'Empire, Dignitaire de l'Ordre de la Rose, commandeur de celui du Christ, membre de la direction de l'Impérial Institut *Fluminense* d'Agriculture.

José Ribeiro da Silva, ministre résident en disponibilité, officier de l'ordre de la Rose, Grand Croix des Ordres de François I de Naples et de Ste-Anne de Russie, de deuxième classe.

Julio Constancio Villeneuve, chargé d'affaires du Brésil en Suisse, commandeur de l'Ordre du Christ, décoré de l'Ordre du Medjidié de 5ᵐᵉ classe, et commandeur de 2ᵉ classe de l'Ordre de la Maison Ducale Ernestine de Saxe.

Manoel de Araujo Porto-Alegre, consul général du Brésil à Lisbonne, Officier de l'Ordre de la Rose, chevalier de celui du Christ, professeur en retraite de l'école centrale et de l'Académie Impériale des Beaux Arts, membre de l'Institut Historique et Géographique du Brésil.

Manoel Ferreira Lagos, membre de la commission directrice.

(C. F.)   j

Marianno Procopio Ferreira Lage, Officier de l'Ordre de la Rose, Colonel de la Garde nationale et Directeur-Président de la Compagnie « Union et Industrie ».

AUXILIAIRES DE LA COMMISSION.

João Martins da Silva Coutinho, officier de l'ordre de la Rose, bachelier en sciences physiques et mathématiques.

Miguel Antonio da Silva, bachelier en sciences physiques et mathématiques, capitaine du génie, répétiteur de l'école centrale.

José de Saldanha da Gama Filho, bachelier en sciences physiques et mathématiques, répétiteur suppléant à l'école centrale, gentilhomme du palais (*moço fidalgo*).

Dionysio Gonçalves Martins, docteur en mathématiques.

Francisco Manoel Chaves Pinheiro, chevalier de l'ordre de la Rose, professeur de statuaire à l'académie des Beaux-Arts.

TABLE DES MATIÈRES

Avertissement	Pag.	3
Situation et étendue du Brésil		5
Surface		5
Topographie		6
Cordillières		6
Caps		7
Iles		8
Ports		8
Lacs		8
Fleuves		9
Climat		14
Température		15
Pluies		16
Vents		17
Minéraux		18
Pierres précieuses		18
Quartz et ses variétés		18
Or		19
Argent		20
Cuivre		20
Étain		20
Plomb		20
Antimoine		21
Arsenic		21
Fer		21
Roches		23
Calcaires		23
Argiles		24
Charbon de terre		24

Lignites . . . . Pag.   25
Graphite.   25
Soufre.   25
Sels   25
Eaux minérales   26
Végétation.   26
Animaux.   28
Population   29
Constitution du Brésil   30
Du gouvernement et de la dynastie de l'Empire.   30
De la religion de l'État   31
Des pouvoirs politiques et de la représentation
    nationale   33
Du pouvoir législatif   33
De la chambre des députés   35
Du sénat.   36
Du pouvoir modérateur   36
Du pouvoir exécutif.   37
Du pouvoir judiciaire   38
Conseil d'État   39
Du ministère public   40
De l'administration des provinces.   40
Des présidents.   40
Des assemblées provinciales.   41
Des municipalités.   41
Droits des Brésiliens   42
Liberté individuelle.   42
Liberté d'opinion.   42
Liberté de conscience   42
Liberté de voyager et de résider.   43
Liberté d'industrie   43
Droit de sûreté individuelle.   43
Droit d'égalité   44
Droit de propriété en général   45
Droit de propriété des inventions.   45

Secret des lettres. . . . . Pag. 45

Droit de plainte et outres garanties.. 45

Force publique 46

Armée. 46

Marine de guerre. 47

Arsenaux de guerre. 48

Fabrique de poudre 50

Législation militaire. 51

Recrutement. 51

Arsenaux de marine. 51

Phares 52

De la police 55

Des finances 55

Revenu de l'État. 56

Commerce 57

Café 59

Coton. 60

Sucre. 60

Cuirs secs et salés 60

Tabac à fumer. 60

Cacáo. 60

Herva Matte 61

Eaux de vie 61

Poil d'animaux, crin et laine. 61

Gomme élastique. 61

Jacarandá (pallissandre) 61

Or et diamants. 61

Denrées non classifiées. 61

Objets de consommation alimentaire 61

Commerce de cabotage. 62

Bourses 62

Poids et mesures. 63

Systême métrologique de l'Empire du Brésil en usage dans les transactions commerciales, comparé avec le systême métrique français. 63

Sociétés de banque anonymes 64
Caisses économiques. 67
Compagnies d'assurances 67
Industrie 67
Agriculture. 69
Communications maritimes et fluviales 72
Navigation à la vapeur 72
Courrier. 73
Voies de communications terrestres. 74
Chemins de fer. 74
Chemin de fer de D. Pedro II 74
Chemin de fer de Bahia 75
Chemin de fer de Pernambouc. 75
Chemin de fer de S. Paul. 76
Chemin de fer de Cantagallo 76
Chemin de fer de Mauá 76
Récapitulation. 77
Route de roulage : Union et Industrie 77
Route de roulage de Graciosa 78
Telégraphe éléctrique 78
Immigration et colonisation. 79
Des étrangers. 86
Des étrangers naturalisés. 87
Héritages des étrangers 89
Instruction primaire et secondaire 89
Facultés de Médecine 94
Facultés de Droit 96
Instruction militaire. 98
Ecoles régimentaires. 98
Ecoles préparatoires. 98
Ecole militaire 99
Ecole centrale. 101

Ecole de marine . . . . Pag. 103
Ecole pratique d'artillerie de marine. 105
Institut Commercial de Rio-de-Janeiro 106
Institut Impérial des enfants aveugles . . . 106
Institut des sourds-muets 108
Académie des Beaux-Arts. 108
Conservatoire de musique. 110
Bibliothèques 111
Imprimerie. 111
Publications périodiques 111
Sociétés scientifiques, littéraires et industrielles . 115
Sociétés nationales 115
Sociétés étrangères 116
Musée national 116
Sociétés philanthropiques établies dans la Capitale. 117
Etablissements de charité. 117
Théâtres 118
Eclairage public. 119
Hôtel de la monnaie 119
Maison de correction 120
Municipe de la capitale de l'Empire 120
Tableau de la estatistique mortuaire des années
    de 1859 á 1865 123
Expositions industrielles. 125
Commission directrice de l'Exposition nationale. 127
Commission brésilienne à l'Exposition Universelle
    de Paris 129
Co-adjudants (auxiliaires) 130
Carte chorographique de l'Empire du Brésil.

CATALOGUE

DES

OBJETS ENVOYÉS

À

L'EXPOSITION UNIVERSELLE

DE PARIS EN 1867

APERÇU DES GROUPES

PREMIER GROUPE. — OEuvres d'art.

Pages.

Classe I.—Peintures à l'huile. **1**

Classe II.—Peintures diverses et dessins. **1**

Classe III.—Sculptures et gravures sur médailles. **2**

Classe V.—Gravures et lithographies **2**

SECOND GROUPE. — Matériel et application des arts liberaux.

Classe VI.—Produits d'imprimerie et de librairie **3**

Classe VII.—Objets de papeterie, reliures, matériel des arts de la peinture et du dessin. **3**

Classe VIII.—Application du dessin et de la plastique aux arts usuels **5**

Classe IX.—Épreuves et appareils de photographie **5**

Classe X.—Instruments de musique. **6**

Classe XI.—Appareils et instruments de l'art médical . . . **6**

Classe XII.—Instruments de précision et matériel de l'enseignement des sciences. **7**

Classe XIII.—Cartes et appareils de géographie et de cosmographie **12**

TROISIÈME GROUPE. — Meubles et autres objets destinés à l'habitation.

Classe XIV.—Meubles de luxe. **12**
Classe XVI.—Cristaux et verrerie de luxe **13**
Classe XVII.—Fayence et autres poteries **13**
Classe XVIII.—Tissus d'ameublement **13**
Classe XX.—Coutellerie **14**
Classe XXI.—Orfévrerie **14**
Classe XXV.—Parfumerie. **14**
Classe XXVI—Objets de maroquinerie, de tabletterie et de
    vannerie. **15**

QUATRIÈME GROUPE. — Vêtements (tissus compris) et autres objets portés par la personne.

Classe XXVII.—Fils et tissus de coton. **17**
Classe XXVIII.—Fils et tissus de lin **19**
Classe XXX.—Tissus de laine cardée. **20**
Classe XXXIII.—Dentelles, broderies et passementeries. . . **20**
Classe XXXIV.—Articles de lingerie; objets accessoires du
    vêtement. **22**
Classe XXXV.—Vêtements des deux sexes. **23**
Classe XXXVII.—Armes portatives. **25**
Classe XXXVIII.—Objets de voyage et de campement. . . **25**
Classe XXXIX.—Bimbeloterie **25**

CINQUIÈME GROUPE. — Produits (bruts et ouvrés) des industries extractives.

Classe XL.—Produits de l'exploitation des mines et de la
    métallurgie. **26**
Classe XLI.—Produits des exploitations et des industries fores-
    tières **33**
Classe XLII.—Produits de la chasse, de la pêche et des cueillettes **59**
Classe XLIII.—Produits agricoles (non alimentaires) de facile
    conservation. **86**

Classe **XLIV.**—Produits chimiques et pharmaceutiques. . . **116**
        Eaux minérales **135**
Classe **XLV.**—Spécimens des procédés chimiques de blanchiment, de teinture, d'impression et d'apprêts. **141**
Classe **XLVI.**—Cuirs et peaux **143**

SIXIÈME GROUPE. — Instruments et procédés des arts usuels.

Classe **XLVIII.**—Matériel et procédés des exploitations rurales et forestières. **144**
Classe **XLIX.**—Engins et instruments de la chasse, de la pêche et des cueillettes **144**
Classe **L.**—Matériel et procédés des usines agricoles et des industries alimentaires **145**
Classe **LI.**—Matériel des arts chimiques, de la pharmacie, de la tannerie. **145**
Classe **LIII.**—Machines et appareils de la mécanique générale. **145**
Classe **LV.**—Matériel et procédés du filage et de la corderie. **146**
Classe **LVII.**—Matériel et procédés de la couture et de la confection des vêtements **149**
Classe **LIX.**—Matériel et procédés de la papéterie, des teintures et des impressions **149**
Classe **LX.**—Machines, instruments et procédés usités dans divers travaux **149**
Classe **LXII.**—Bourellerie et de sellerie. **150**
Classe **LXIV.**—Matériel et procédés de la télégraphie . . . **151**
Classe **LXV.**—Matériel et procédés du génie civil, des travaux publics et de l'architecture **151**
Classe **LXVI.**—Matériel de la navigation et du sauvetage . . **151**

SEPTIÈME GROUPE. — Aliments (frais ou conservés) à divers degrés de préparation.

Classe **LXVII.**—Céréales et autres produits farineux comestibles, avec leurs dérivés. **152**
Classe **LXVIII.**—Produits de la boulangerie et de la pâtisserie. **164**

Classe **LXIX.**—Corps gras alimentaires. 16⁴

Classe **LXX.**—Viandes et poissons 166

Classe **LXXI.**—Légumes et fruits. 168

Classe **LXXII.**—Condiments et stimulants ; sucres et produits
de la confiserie 171

Classe **LXXIII.**—Boissons fermentées 192

DIXIÈME GROUPE. — Objets spécialement exposés en vue d'améliorer la condition physique et morale de la populatation.

Classe **LXXXIX.**—Matériel et méthodes de l'enseignement des
enfants 201

PREMIER GROUPE.

OEUVRES D'ART.

CLASSE I

Peintures à l'huile.

MUNICIPE DE LA CAPITALE DE L'EMPIRE.

1 Henri Nicolas Vinet. (Capitale.)
Tableau à l'huile (paysage). Halte de muletiers sur la route de Macahé, près de la ville de Sainte Marie Madeleine.

2 Victor Meirelles de Lima. (Capitale.)
Un tableau historique représentant Moëma morte.

Suivant le poême épique intitulé *Caramurú*, Moëma jeune indigène du voisinage de Bahia devint amoureuse de Diogo Alvares Corrêa, surnommé Caramurú, l'un des premiers portugais qui s'établirent au Brésil. Celui-ci s'étant rembarqué pour l'Europe, égarée par le désespoir elle se mit à la nage et suivit le navire jusqu'à ce qu'épuisée elle trouvât la mort dans les flots. L'artiste a représenté son corps ramené sur la plage par les ondes.

CLASSE II

Peintures diverses et dessins.

MUNICIPE DE LA CAPITALE DE L'EMPIRE.

3 Antonio José da Rocha. (Capitale.)
Deux miniatures sur ivoire.

4 José Thomaz da Costa Guimarães. (Capitale.)
Miniature sur ivoire.

5 Leopoldo Heck. (Capitale.)
Portrait de S. M. D. Pedro II fait à la plume sur parchemin.
Dessin à la plume (copie de Tony Johannot.)
Portrait d'une petite fille, dessin à la plume.

6 Mariano José d'Almeida. (Capitale.)
Dessin à la plume.

CLASSE III

Sculptures et gravures sur médailles.

MUNICIPE DE LA CAPITALE DE L'EMPIRE.

7 **Hôtel de la Monnaie.** (Capitale.)
Médaille de S. M. l'Impératrice du Brésil, auguste protectrice de l'enfance abandonnée.
Médaille du chemin de fer de D. Pedro II.
Médaille de Notre Dame de la Piété.
Médaille, projet de récompense militaire.
Médaille commémorative de l'exposition nationale de 1861.
Médaille à calendrier pour 1867.
Médaille commémorative de la naissance de S. A. le Prince D. Pedro.
Médaille dédiée à l'armée et à la flotte du Brésil.
Médaille du prix de 2me classe de l'exposition nationale de 1866.
Médaille du projet de monnaie.
Médaillon en plâtre de S. A. I. la Princesse D. Isabelle.
Médaillon en plâtre de S. A. I. la Princesse D. Léopoldine.
Médaillon en plâtre de S. A. R. Monseigneur le Comte d'Eu.
Médaillon en plâtre de S. A. R. Monseigneur le Duc de Saxe.
Médaillon en plâtre du professeur Agassis.

8 **F. M. Chaves Pinheiro.** (Capitale.)
Statue équestre de S. M. l'Empereur entrant dans Uruguayana (moulée en plâtre).

9 **Miguel Bolgiano & C^a.** (Capitale.)
Armes Impériales en marbre de Carrare.

CLASSE V.

Gravures et lithographies.

MUNICIPE DE LA CAPITALE DE L'EMPIRE.

10 **Fleiuss Irmãos & Linde.** (Capitale.)
Lithographies encadrées (vues du chemin de fer de D. Pedro II).

11 **José Joaquim da Costa Pereira Braga.** (Capitale.)
Chromo-lithographie.

12 **Leopoldo Heck.** (Capitale.)
Cadre contenant des spécimens de lithographie.

SECOND GROUPE

MATÉRIEL ET APPLICATIONS DES ARTS LIBÉRAUX.

CLASSE VI

Produits d'imprimerie et de librairie.

PROVINCE DE MARAGNON.

13 B. de Mattos.
Livres imprimés, brochés.

14 Charles Seidel.
Livres imprimés, reliés.

15 Ignacio José Ferreira.
Livre imprimé, relié.

16 José Maria Correia de Frias.
Livre imprimé, broché.

17 José Mathias.
Livres imprimés brochés.

MUNICIPE DE LA CAPITALE DE L'EMPIRE.

18 E. & H. Laemmert. (Capitale.)
Livres imprimés, reliés.
Histoire naturelle en 2 volumes.
1 Catalogue de la librairie de la susdite maison.

19 Institut Impérial Artistique. (Capitale.)
Livre imprimé.

20 José Joaquim da Costa Pereira Braga. (Capitale.)
Tableau typographique.

21 Lourenço Winter. (Capitale.)
Livres imprimés.

22 Julio Constancio Villeneuve. (Capitale.)
Jornal do Commercio (collection).

CLASSE VII

Objets de papeterie, reliures, matériel des arts de la peinture et du dessin.

PROVINCE DE PARÁ.

23 Francisco da Costa Junior.
Livres à copier les lettres.

24 Antonio Custodio Monteiro. (Capitale.)
Encre à écrire, violette.
Encre en grosses bouteilles.
Encre en demi-bouteilles.
Encre noire à copier, en bouteilles.

25 Maison de correction de la capitale.

Reliures.

1 Album à riche reliure en veau avec des camées galvanisés.
1 Album, reliure entière.
1 Album avec couverture en bois macatiára.
1 Album, couverture en bois de Gonçalo-Alves.
1 Livre de reliure entière dorée.
7 Volumes imprimés, demi-reliures.
2 Registres en papier imprimé, à savoir :
8 Volumes de papier blanc grand format, cartonnés et brochés.
1 de reliure entière.
1 de demi-reliure.

26 João Fernandes Clapp. (Capitale.)
Encre à écrire, noire.
Encre à écrire, violette.

27 Jorge Leuzinger. (Capitale.)
Livres rayés pour le Commerce, reliés.

28 José Antonio Gomes. (Capitale.)
Encre à écrire, noire.
Encre à écrire, violette.

29 J. B. Lombaerts. (Capitale.)

Reliures.

Album, *Brésil Pittoresque.*
L'Enfer du Dante.
Constitution Belge
L'Autographe.
Livre de prières.
2 Régistres.
La Dame aux Camélias.

30 Manoel do Rego Viveiros. (Capitale.)
Encre à écrire, rouge.
Encre à écrire, noire.
Encre à écrire, violette.

PROVINCE DE S. PAUL.

31 Jorge Seckler.
Album avec couverture en bois.

PROVINCE DE RIO GRANDE DU SUD.

32 Emilio Widemann.
Livres en blanc pour le Commerce (Journal).

CLASSE VIII

Application du dessin et de la plastique aux arts usuels.

MUNICIPE DE LA CAPITALE DE L'EMPIRE.

33 José Berna. (Capitale.)
Couronne Impériale en plâtre.
Couronne Impériale en carton-pierre doré.

34 Raymundo Odoni. (Capitale.)
Spécimens de dessin sur verre, avec appareils nécessaires pour graver.

CLASSE IX.

Épreuves et appareils de photographie.

MUNICIPE DE LA CAPITALE DE L'EMPIRE.

35 Carneiro & Gaspar. (Capitale.)
Photographies (portraits).

36 E. J. Van Nyvel. (Capitale.)
Photographies (portraits).

37 J. Insley Pacheco. (Capitale.)
Photographies (portraits).
Photographies coloriées (portraits).

38 Jorge Leuzinger. (Capitale.)

Photographies.
Panorama de la ville de Rio-de-Janeiro.
Panorama de la ville de Nitheroy.
Panorama de l'île das Cobras.
Vues de la ville de Rio Janeiro.
Vues de la Tijuca.
Albums avec petites photographies.
Photographies des ateliers de l'établissement.

39 José Ferreira Guimarães & C. Capitale.
1 Grand portrait (photographie).
2 Cadres avec 36 photographies diverses.

40 Modesto Augusto da Silva Ribeiro. Capitale.
1 Cadre contenant des photographies cartes de visite.
3 Passe-partout (portraits).

41 **Stahl & Wahnschaffe.** (Capitale.)
Photographies (paysages).

CLASSE X

Instruments de musique.

PROVINCE DE CEARÁ.

42 **Commission provinciale.**
Clarinette en bois de *carnaúba*.
Guitarre en bois de *carnaúba*.

CLASSE XI

Appareils et instruments de l'art médical.

MUNICIPE DE LA CAPITALE DE L'EMPIRE.

43 **J. B. Blanchard.**
Orthopédie.

1.º Appareil orthopédique fonccionnant sur neuf articulations pour les diverses difformités des pieds et des jambes, inventé et fabriqué dans cette capitale par J. B. Blanchard.

Chirurgie.

2.º Instrument *brise-pierre* de la vessie après l'opération de la *Taille*, d'après l'idée de M. le Dr. Albino Moreira da Costa Lima, fabriqué pour la première fois dans cette capitale par J. B. Blanchard.

3.º Amygdalotome modifié selon l'idée de M. le Dr. Bustamante Sá, chirurgien de l'hôpital de la Miséricorde et fabriqué dans cette capitale pour la première fois, par J. B. Blanchard.

4.º Dilatateur à trois valves pour les rétrécissements du rectum inventé et fabriqué à Rio-de-Janeiro pour lacpremière fois, par J. B. Blanchard, et employé avec sucès par différents chirurgiens de cette capitale.

5.º Aiguilles pour sutures métalliques, inventées et fabriquées dans cette capitale en 1864, par J. B. Blanchard, et employées avec succès par la plupart des chirurgiens de Rio-de-Janeiro dans un grand nombre d'opérations variées.

6.º Une caisse d'instruments pour l'opération de l'Ovariotomie fabriqués à Rio-de-Janeiro, par J. B. Blanchard, selon les derniers modèles adoptés en France.

7.º Porte-lacet obstétrique.

8.º Appareil (pince) pour luxations des doigts et des orteils.

9.º Instruments pour couper des épingles dans les régions profondes, surtout dans des cas d'inflammation violente après les opérations; inventé et fabriqué à Rio-de-Janeiro, par J. B. Blanchard.

10. Pince pour ligatures, torsion des artères et porte-épingles.

11. Collection de bistouris achevés et non-achevés.

12. Collection d'aiguilles, érignes et couteaux pour les opérations des yeux.

13. Inciseur pour la fistule lacrimale.

14. Urétrotome, opérant d'avant en arrière, et d'arrière en avant.

15. Sondes exploratrices en baleine.

16. Sondes de baleine en spirale, pour explorer les rétrécissements de l'urétre.

Instruments pour dentistes.

17. Daviers pour l'extraction des dents, modèle américain.

18. Daviers pour l'extraction des dents, modèle anglais.

19. Clef pour l'extraction des dents.

20. Pinces pour plomber les dents.

21. Porte-lime pour écarter les dents.

22. Scie à couper les dents.

23. Collection d'instruments pour nettoyer et plomber les dents.

24. Leviers pour l'extraction des racines des dents.

CLASSE XII

Instruments de précision et matériel de l'enseignement des sciences.

PROVINCE DE PARÁ.

44 Collége Paraense.
Figures géométriques en bois de la province.

MUNICIPE DE LA CAPITALE DE L'EMPIRE.

45 Hôtel de la monnaie. (Capitale.)
Modèles des poids des monnaies nationales faits en alliage de palladium et argent, six pièces.
Modèles du poids de la monnaie de 2$, faits en palladium pur.

46 José Maria dos Reis. (Capitale.)

N. 1. — Un lorgnon à monture et dessus en or, riche travail à haut relief, représentant d'un côté, la couronne impériale, Leurs MM. D. Pedro et D. Theresa, couronne de tabac et café, globe géographique, télescope, compas et ornements divers. Ce côté symbolise la science.

2me côté. — Lyre, trompette, violon, album de musique, piédestal, sphère avec étoiles et ornements divers. Cette face symbolise la musique. Valeur. . . . 120$

N. 2. — Lorgnon 1er côté. — Vapeur, fardeau, pipe, croix, étoile, Mercure, ancre et divers ornements. Symbolise le commerce.

2me côté.— Moulin à vent, ruche, pelle, râteau, fourche, gerbe de blé, couronne de tabac et café et divers ornements. Symbolise l'agriculture. Valeur . . . 120$

N. 3. — Lorgnon, 1er côté. — Piédestal, roue dentée, marteau, règle, compas, équerre, étoile, Minerve et ornements divers. Symbolise les arts.

2me côté. — Mer, vapeur, Amérique, sphère, couronne de tabac et café, et ornements divers. Symbolise le progrès. Valeur. . . . . 120$

N. 4. — Lorgnon, 1er côté. — Colonne, globe géographique, carte géographique, demi-cercle, compas, télescope, règle, plume, couronne impériale, et ornements divers. Symbolise les sciences.

2me côté. — Minerve sur une colonne, roue dentée, marteau, compas, équerre, règle, sphère semée d'étoiles et ornements divers. Symbolise les arts. Valeur . 120$

N. 5. — 1er côté. — Moulin à vent, ruche, gerbe de blé, houx, pelle, faucille, râteau, fourche, fléau et ornements divers.

2me côté. — Mercure, vapeur, fardeau, pipe, couronne de tabac et café, sphère semée d'étoiles, ancre et ornements divers. Symbolise le commerce. Valeur. . 120$

N. 6. — Lorgnon, 1er côté. — Couronne impériale, D. Pedro I au centre d'un écu, palmier et ornements divers.

2me côté. — Armoiries impériales et ornements divers. Valeur . . . . 120$

N. 7. — Lorgnon, 1er côté. — Pedro et Thereza, une tête d'ange, couronne de tabac et café, et ornements divers.

2me côté.— Hercule rompant des chaînes, une palette pour la peinture et ornements divers. Symbolise la liberté Valeur . . . . 100$

N. 8. — Lorgnon, 1er côté. — Abeille et ornements divers. Symbolise l'industrie.

2ᵐᵉ côté. — Une corbeille de fleurs avec ornements divers. Valeur. . . . . 100$

N. 9. — Lorgnon, 1ᵉʳ côté. — Branches de fleurs avec turquoises, palette à peindre et ornements divers.

2ᵐᵉ côté. — Idem. Valeur . . . . 100$

N. 10. — Lorgnon , 1ᵉʳ côté. — Croix , tête d'ange , sphère semée d'étoile, couronne de tabac et café , et ornements divers.

2ᵐᵉ côte. — D. Pedro I, Amérique et ornements divers. Valeur . . . . 100$

N. 11. — Lorgnon , 1ᵉʳ côté. — Croix , aurore, main faisant la charité et ornements divers. Symbolise la foi, l'espérance et la charité.

2ᵐᵉ côté. — Pedro et Thereza, palmier, palette à peintre, et ornements divers. Valeur. . . . . . . 100$

N. 12. — Lorgnon , 1ᵉʳ côté. — Armoiries impériales, têtes d'ange, lyre et ornements divers.

2ᵐᵉ côté. — D. Pedro II, couronne impériale, palmier, lyre et ornements divers. Valeur . . . . . . 100$

N. 13. — Lorgnon , 1ᵉʳ côté. — Ancre et ornements divers. Symbolise l'espérance.

2ᵐᵉ côté. — Amérique au centre d'une couronne de tabac et café et ornements divers. Valeur. . . . 100$

N. 14. — Lorgnon , 1ᵉʳ côté. — Pedro et Thereza au milieu d'une couronne à cinq étoiles symbolisant la famille impériale et ornements divers.

2ᵐᵉ côté. — Amérique, couronne de tabac et café, lyre et ornements. Valeur . . . . 100$

N. 15. — Lorgnon, 1ᵉʳ côté. — Cerf au bois et mosaïque d'or.

2ᵐᵉ côté.—Cheval au bois et mosaïque d'or. Val. 100$

N. 16. — Lorgnon , 1ᵉʳ côté. — Apollon avec ornements divers.

2ᵐᵉ côté. — Vase de fleurs, lyre et ornements divers. Valeur. . . . . 100$

N. 17. — Lorgnon, tout en mosaïque d'or à cinq couleurs. Valeur . . . . 100$

N. 18. — Lorgnon, tout en mosaïque d'or, vert et jaune. Valeur . . . . 100$

N. 19. Lorgnon , tout en fleurs avec rubis et ornements. Valeur . . . . 100$

N. 20. — Lorgnon, tout en fleurs avec turquoises et ornements. Valeur . . . . 100$

N. 21. — Deux lorgnons pareils, à montures à jour et gravées. Valeur de chacun . . . . 80$

N. 22. — Deux lorgnons pareils, à montures à jour avec

des mosaïques au centre. Valeur de chacun. . . 80$

N. 23.—Trois lorgnons pareils, avec les bords en tresse et le milieu ouvert au burin. Valeur de chacun . 70$

N. 24. — Trois lorgnons pareils et ornements divers. Valeur de chacun . . . . . : . . . . . . 70$

N. A. — Lorgnon transparent avec de petits carreaux en turquoises de . . . . 120$

N. 25. — Cinq paires de lunettes à nez et branches en or, se doublant, enchassées dans le cristal, de la valeur de . . . . 30$

N. 26. Deux paires de lunettes à nez et branches en or, en agrafes, enchassées dans le cristal. Valeur. 30$

N. 27. — Trois paires de lunettes solides en or, à branches enchassés dans le cristal. Valeur . . . 30$

N. 28. — Trois paires de lunettes solides, en or, à branches simples. Valeur . . . . 25$

N. 29. — Quatre paires de lunettes plus fines, en or, à branches en agraffes. Valeur. . . . . 20$

N. 30. Cinq paires de lunettes fines, en or, à branches en agrafes. Valeur. . . . . 20$

N. 31. — Deux paires de lunettes très-fines, en or, à branches en agrafes. Valeur . . . . 20$

N. 32. — Une paire de lunettes fortes, en or, à branches en agrafes du prix de. . . . . 30$

N. 33. Un paire de lunettes fortes, en or, à branches, se doublant pour bureau. Valeur. . . . . . . 20$

N. 34. — Trois pince-nez, à jours, en cristal, à ganse d'or, Valeur . . . . , ... 25$

N. 35. — Quatre pince-nez en or, façon de tresse, Valeur . . . . 20$

N. 36. — Deux pince-nez en or, travail uni. Valeur 18$

N. 37. — Six pince-nez Uruguayana, en cristal, enchassés dans de l'or. Valeur. . . . . 30$

N. 38. — Trois pince-nez Uruguayana, forts en or. Valeur . . . . 25$

N. 39. — Quatre pince-nez Uruguayana, plus fins. Valeur . . . . 20$

N. 40. — Deux pince-nez Uruguayana, très-fins. Valeur . . . . 18$

N. 41. — Deux pince-nez besicles en or. Valeur, 30$

N. 42. — Trois pince-nez se fermant, à ressort, en cristal, à nez d'or enchassé. Valeur . . . . . . 30$

N. 43. — Trois pince-nez se fermant, à ressort, en cristal, nouveau modèle. Valeur . . . . . . 25$

N. 44.—Deux pince-nez en or, façonné en corde (sénateur.) Valeur . . . . 30$

N. 45. — Un pince-nez en or, travail solide. Valeur. . . . . 30$

N. 46.—Un pince-nez en or, travail fin. Valeur 25$

N. 47.—Deux pince-nez en or, travail solide (améliorés) .Valeur . . . . 25$

N. 48.—Un pince-nez en or, travail uni, solide. Valeur. . . . . 25$

N. 49.—Deux pince-nez en or, travail plus fin. Valeur. . . . . 20$

N. 50.—Deux pince-nez en or, travail très fin. Valeur. . . . . 20$

N. 51.—Douze lorgnons en or, de différentes formes. Valeur . . . . 16$

N. 52.—Théodolite répétiteur, système de José Maria dos Reis (invention). Valeur . . . . 350$

N. 53.— Planchette à pied triangulaire, de José Maria dos Reis. Valeur . . . . 100$

N. 54.—Eclimètre à fil à plomb, du colonel de l'armée française M. Bichot, modifié par l'ingénieur M. A., et fabriqué dans les ateliers de José Maria dos Reis. Valeur. . . . . 30$

N. 55. — Boussole-étendard prismatique et azimutale du système de Dollon, perfectionné par José Maria dos Reis. Valeur . . . . 300$

N. 56. — Boussole d'habitacle, pour navires en fer, présentée pour la première fois, par José Maria dos Reis. Valeur . . . . 300$

N. 57.— Boussole d'habitacle, perfectionnée par José Maria dos Reis. Valeur . . . . 260$

N. 58.—Boussole de chambre. Valeur . . . . 50$

Physique.

N. 59.— Gyroscope, perfectionné par José Maria dos Reis. Valeur . . . . 40$

N. 60.—Machine pour graduer les cercles d'instruments de précision, invention de José Maria dos Reis. Valeur . . . . 300$

N. 61.—Hausse d'artillerie, invention de José Maria dos Reis ; appartenant à S. M. l'Empereur.

47 Miguel Couto dos Santos. (Capitale.)
Poids en fer fondu, (système décimal).

48 Urbano Despujols. (Capitale).
Calculateur marin.

CLASSE XIII

Cartes et appareils de géographie et de cosmographie.

MUNICIPE DE LA CAPITALE DE L'EMPIRE.

49 Directeur général du bureau de l'agriculture, commerce et travaux publics. (Capitale.)
Atlas du fleuve S. Francisco.

50 Fleiuss Irmãos & Linde. (Capitale.)
Carte géographique du fleuve de l'Amazones.
Carte géographique de la province de l'Espirito-Santo.
Carte géographique des ports du Brésil.
Travaux hydrauliques de la douane de Rio-de-Janeiro.

TROISIEME GROUPE

MEUBLES ET AUTRES OBJETS DESTINÉS A L'HABITATION.

CLASSE XIV

Meubles de luxe.

MUNICIPE DE LA CAPITALE DE L'EMPIRE.

51 Maison de correction de la capitale.
1 Secrétaire en bois-satin (*páu-setim*).
1 Armoire en bois jaune (*vinhatico*) pour mettre des papiers.
1 Chaise en *jacarandá* sculptée.
1 Chaise en *jacarandá* toute unie.
1 Chaise en acajou, sculptée.

52 Matheus da Cunha. (Capitale.)
Tableau de fleurs en écailles de poisson, venant de la province de Sainte Catherine.

CLASSE XVI.

Cristaux et verrerie de luxe.

PROVINCE DE RIO-DE-JANEIRO.

53 Guilherme Seiber. (Pétropolis.)
Verres taillés.

CLASSE XVII

Fayence et autres poteries.

MUNICIPE DE LA CAPITALE DE L'EMPIRE.

54 Esberard. (Capitale.)
Collection d'objets en terre cuite.

55 Madei Filhos. (Capitale.)
1 Vase à filtre, n. 1, tout en pierre.
1 Vase à filtre, n. 3
1 Vase à filtre à système de sable.
1 Filtre cylindrique en pierre.
1 Filtre à caisse, système à charbon.

PROVINCE DE SAINTE CATHERINE.

56 Commission provinciale.
2 Pots en argille, avec des reliefs.

CLASSE XVIII

Tissus d'ameublements.

PROVINCE DE L'AMAZONES.

57 Torquato Antonio de Souza.
Tapis en écorce de *muiratingueira*.

PROVINCE DE CEARÁ.

58 Commission provinciale.
Nattes de *carnaúba*.

PROVINCE DE BAHIA.

59 Augusto C. Navarro.
Jalousie de *piassaba*.

CLASSE XX

Coutellerie.

MUNICIPE DE LA CAPITALE DE L'EMPIRE.

60 J. B. Blanchard. (Capitale.)
Rasoirs (commencés.)

61 Raymondo Odoui. (Capitale.)
Instruments à repasser les rasoirs.

CLASSE XXI

Orfèvrerie.

MUNICIPE DE LA CAPITALE DE L'EMPIRE.

62 Domingos Farani & Irmão. (Capitale.)
Armes impériales en argent.

63 M. J. Valentim. (Capitale.)
Diverses décorations.

64 Intendance de la Maison Impériale. (Capitale.)
Quatre écussons en argent.

65 Victor Resse. (Capitale.)
Diverses décorations brésiliennes.

PROVINCE DE PARANÁ.

66 Commission provinciale.
Vase garni d'argent pour prendre le thé du **Paraguay**
(matte).

CLASSE XXV

Parfumerie.

PROVINCE DE PERNAMBOUC.

67 Manoel Firmino da Silva.
Eau de Cologne.

PROVINCE DE SERGIPE.

68 Pompilio da França Amaral.
Lait virginal.

MUNICIPE DE LA CAPITALE DE L'EMPIRE.

69 Coutinho Vianna & Bosisio. (Capitale.)
Eau de Cologne.
Eau de lavande.
Eau Philodontine.
Essence de jasmin.
Essence de menthe.
Essence de thym.
Essence d'absinthe.
Essence de musc.
Essence de lavande.
Essence de citron.
Essence de romarin.
Essence d'œillet.
Essence de vervène.
Essence de menthe-poivrée.
Essence de menthe poivrée, colorée.

PROVINCE DE RIO GRANDE DU SUD.

70 F. C. Lang & C.
Savons de toilette, 300 réis la livre.

71 Leão & Alves. (Capitale.)
Huiles parfumées pour les cheveux.
Huile de *babosa* (aloès).
Huile de colza.
Huile de macassar.
Huile de pied de veau.
Savons de toilette en boules et en tablettes.

CLASSE XXVI

Objets de maroquinerie, de tabletterie, et de vannerie.

PROVINCE DE CEARÁ.

72 Commission provinciale.
Service à thé, en bois de *carnaúba*.

PROVINCE DE RIO GRANDE DU NORD.

73 Commission provinciale.
Boîtes en écaille pour bijoux.
Petit coffre recouvert en écaille et garni d'argent.
Petit coffre recouvert en écaille.

PROVINCE DE RIO-DE-JANEIRO ET MUNICIPE DE LA CAPITALE
DE L'EMPIRE.

74 Amaro José Pereira. (Capitale.)
Petites boites d'ivoire sculptées.

75 Carlos Spangenberg. (Petropolis.)
Gobelets de *taquarussú* à reliefs de liége, 10$ chaque.
Ornements en bois de caféier et de *peróba*.

76 Maison de Correction. (Capitale.)
Boîtes en marqueterie de bois du pays.

77 Eduardo Assis dos Santos Barata. (Capitale.)
Tabatières en écaille.

78 Hospice de Pedro II. (Capitale.)
Corbeilles de fleurs.
Vases de fleurs.
Petits objets en perles de verre.

99 Joaquim Antão Fernandes Leão. (Capitale.)
Un vase avec un bouquet de fleurs en écailles, venant
de Sainte Catherine.

80 J. M. P. de Oliveira. (Capitale.)
1 Boîte en acajou pour peinture.
1 Écrain à bijoux.
1 Boîte de fantaisie.
1 Porte-montre.
1 Etui pour bracelet.
2 Etuis pour broche.
2 Etuis pour boucles d'oreilles.
2 Etuis pour boucles d'oreilles, plus petites.
2 Etuis pour épingles.
2 Etuis, idem.
2 Etuis pour bagues.
2 Etuis pour boucles d'oreilles plus grandes.
2 Etuis pour boutons de manchettes.
2 Boîtes-trousses pour chirurgie.

81 Lourenço Macario Domingues. (Capitale.)
Boîtes à couture en marqueterie.

82 D. Maria Luiza Bittencourt. (Capitale.)
Jardinières de fleurs en plumes.

PROVINCE DE PARANÁ.

83 José Candido da Silva Murici.
Verres en bois de sassafras.
Gobelets en bois de *quassia amara*.

PROVINCE DE L'AMAZONES.

84 Antonio Joaquim da Costa & Irmãos.
Balais de *piassába*.

85 Henrique Antony.
Balais de *piassába*.

86 Ignacio do Rego Barros Pessoa.
Balais de *piassába*.

87 João Marcellino Taveira Páo Brasil.
Balais de *piassába*.

88 Joaquim Rodrigues Soares.
Balais de *piassába*.

89 José Ignacio Cardoso.
Balais de *piassába*.

90 Manoel José de Souza Coelho.
Balais de *piassába*.

PROVINCE DE CEARÁ.

91 Commission provinciale.
Balais de *carnaúba* (palmier).

PROVINCE DE BAHIA.

92 Francisco Sampaio Vianna.
Balais de *piassába*.

PROVINCE DE SAINTE CATHERINE.

93 Société Agronomique. *(Dona Francisca.)*
Balais de liane-faisceau *(cipó liaça)*.

QUATRIEME GROUPE

VÊTEMENTS, (TISSUS COMPRIS), ET AUTRES OBJECTS PORTÉS PAR LA PERSONNE.

CLASSE XXVII

Fils et tissus de coton.

PROVINCE DE L'AMAZONES.

94 Antonio Joaquim da Costa & Irmão.
Fil de coton en pelote.

(C. F.)

PROVINCE DE PARÁ.

95 Commission provinciale.
Soutache de coton.

96 Manoel Jorge da Silva Lobo.
Fil de coton.

97 Pedro Honorato Correia de Miranda.
Fil de coton.

PROVINCE DE SERGIPE.

98 José Constantino da Silveira Coelho.
Tissus de coton.

PROVINCE DE BAHIA.

99 Antonio Pedroso d'Albuquerque.
Tissus de coton.

La manufacture dite — *Todos os Santos* — (de tous les saints), appartenant au commandeur Antonio Pedroso d'Albuquerque, fait des progrès continus; elle emploie chaque année un plus grand nombre d'ouvriers, et possède des machines importantes. Le débit des tissus de coton, toiles et mi-toiles à voiles, est considérable, la manufacture suffisant à la consommation locale et faisant en outre de grandes exportations surtout pour les provinces du Nord. Son personnel, ui augmente constamment, est composé d'individus libres, appartenant principalement aux familles du voisinage. On a annexé à la manufacture des ateliers de fonderie, menuiserie, etc., et des écoles pour la jeunesse.

C'est la première manufacture du pays.

100 Manufacture de tissus de coton de Santo Antonio dos Queimados.
Tissus de coton.

PROVINCE DE RIO—DE—JANEIRO ET MUNICIPE DE LA CAPITALE
DE L'EMPIRE.

101 Manoel Ferreira Lagos.
Hamacs à réseaux faits dans le Ceará.

102 Miranda. (Capitale.)
Hamacs à réseaux.

103 Francisco Antonio Alvares de Souza. (Paraty.)
Fil de coton en pelote.

104 José Antonio de Araujo Filgueiras & C. (Magé.)
Tissus de coton :
    Rayé, première qualité.
    Rayé, seconde qualité.

La manufacture de *Santo Aleixo* (de St Alexis) dans la province de Rio-de-Janeiro, municipe de Magé, se trouve établie dans un excellent endroit; elle est pourvue d'eau, et peut être facilement aug_menté au besoin. 170 ouvriers environ, enfants, jeunes gens et adultes, la plupart Portugais et Allemands y sont employés. Cette manufacture consomme à peu près 1,500 *arrobes* (22,034 kilogrammes) de coton, provenant des provinces du Nord. Elle a une école nocturne d'instruction primaire pour la jeunesse des deux sexes.

PROVINCE DE PARANÁ.

105 Feliciano Nepomuceno Prates.
Tissus de coton pour pantalons.

PROVINCE DE MINAS-GERAES.

106 D. Polucena das Chagas Andrade. (Oliveiras.)
Tissus de coton.

PROVINCE DE SAINTE CATHERINE.

107 Francisco José de Oliveira.
Tissu de coton rayé pour pantalons.

PROVINCE DE S. PIERRE DE RIO GRANDE DU SUD.

108 Philippe Jacob Sellbach.
Étoffe de coton.

109 Philippe Keller.
Tissu de coton rayé, blanc.
Tissu de coton rayé, teint.
Tissu de coton rayé, gros.

110 Philippine Lindermeyer.
Fil de coton du pays.

111 Frederico Guilherme Bartholomay & Carlos Buss.
Couvertures de coton.

112 John Proudfoot.
Couvertures de coton.

CLASSE XXVIII

Fils et tissus de lin.

PROVINCE DE S. PIERRE DE RIO GRANDE DU SUD.

113 Baron de Kalden.
Toile de lin,
Grosse toile de lin.

114 Philippe Jacob Sellbach.
Toile de lin.
Fil de lin.

115 Philippe Keller.
Étoffe de lin.
Étoffe de lin de couleur.
Tissu de lin.

116 Frederico Guilherme Bartholomay & Carlos Buss.
Étoffe rayée de fil de lin du pays.
Toile de lin.

117 João Antonio de Andrade.
Coutil de fil de lin du pays.
Sac fait de fil de lin du pays.
Traversin fait de fil de lin du pays.
Toile de lin et de coton.

CLASSE XXX

Tissus de laine cardée.

MUNICIPE DE LA CAPITALE DE L'EMPIRE.

118 Institut Impérial des enfants aveugles. (Capitale.)
Couvertures de laine.

CLASSE XXXIII.

Dentelles, broderies et passementeries.

PROVIVCE DE L'AMAZONES.

119 Amorim & Irmão.
Garniture de fibres de *tucum* pour hamac.

PROVINCE DE PARÁ.

120 Commission provinciale.
Dentelle de fibres de *curauá* (échantillon).

121 Directrice du collége du Tres Saint Cœur de Marie.
Coussin brodé de laine et chenille sur velours.

122 D. Gertrudes Antonia de Mello Branco.
Serviette brodée au point dit de labyrinthe.

PROVINCE DE CEARÁ.

123 Commission provinciale.
Dentelle à bords déchiquetés.
Serviette en crochet.

PROVINCE DE RIO GRANDE DU NORD.

124 Commission provinciale.
Dentelles à bords déchiquetés.
Dentelle à point de labyrinthe.
Serviette à point de labyrinthe et dentelle.
Mouchoir brodé.

PROVINCE DE PARAHYBA DU NORD.

125 Commission provinciale.
Échantillons de dentelles.

126 D. Maria Augusta de Cerqueira Lima Cordeiro.
Échantillons de dentelles.

127 D. Maria da C. Cabral Chaves.
Échantillons de dentelles.

PROVINCE DE PERNAMBOUC.

128 Hospice des Enfants Trouvés. (Recife.)
Chasuble brodée d'or.

129 Collége des Orphelines. (Recife.)
Étole brodée d'or.

MUNICIPE DE LA CAPITALE DE L'EMPIRE.

130 Costa Real & Pinto. (Capitale.)
Une paire d'épaulettes pour S. M. l'Empereur.
Une paire d'épaulettes de Maréchal.
Une paire d'épaulettes d'Officier de marine.
Une paire d'épaulettes de Capitaine de cavalerie.
Une écharpe pour Maréchal.
Quatre paires de passants pour maintenir les épaulettes.

131 Hospice de Pedro II. (Capitale.)
Dentelles.
Grands coussins brodés.
Petits coussins brodés.
Bonnets grecs en velours brodés.

132 Institut Impérial des enfants aveugles. (Capitale.)
Dentelles.
Travaux au crochet.
Serviettes en crochet.

133 D. Maria Carolina Viegas. (Capitale.)
Tableau brodé en chenille.

PROVINCE DE PARANÁ.

134 Feliciano Nepomuceno Prates.
Garnitures de jupon en point de crible.

CLASSE XXXIV

Articles de lingerie : objects accessoires du vêtement.

PROVINCE DE RIO GRANDE DU NORD.

135 Antonio Ferreira Pacheco.
Canne en bois dit de Frère George (*Frey Jorge*).
Canne de *marajá*.

PROVINCE DE RIO-DE-JANEIRO ET MUNICIPE DE LA CAPITALE
DE L'EMPIRE.

136 Carlos Spangenberg. (Petropolis.)
Canne sculptée, n. 1, 280$000
Canne sculptée, n. 2, 35$000
Canne sculptée, n. 3, 25$000
Canne sculptée, n. 4. 15$000
Canne sculptée, n. 5, 10$000
Canne sculptée, n. 6, 8$000
Canne sculptée, n. 7, 6$000
Canne sculptée, n. 8, 3$000
Canne sculptée, n. 9. 2$500
Canne sculptée, n. 10, 2$000
Canne sculptée, n. 11, 1$500
Canne en liane torse, n. 1, 3$000
Canne en liane torse. n, 2, 3$000

137 Cathiard Neveu. (Capitale.)
Parapluies assortis,

138 Institut Impérial des enfants aveugles. (Capitale.)
Bas de coton.
Chemises.

PROVINCE DE SAINTE CATHERINE.

139 Amaro José Pereira.
Serviettes.

140 Manoel Antonio Vieira.
Essuie-mains.

PROVINCE DE S. PIERRE DE RIO GRANDE DU SUD.

141 D. Anna Florinda Ribeiro.
Essuie-mains.

142 Philippe Keller.
Serviettes de fil de lin.

CLASSE XXXV

Vêtements des deux sexes.

PROVINCE DE CEARÁ.

143 Commission provinciale.
Chapeaux de *carnaúba*.

PROVINCE DE BAHIA.

144 Antonio Joaquim da Silva Bastos & C.
Chapeaux pour hommes, de diverses qualités.

MUNICIPE DE LA CAPITALE DE L'EMPIRE.

145 Agostinho Machado & C. (Capitale.)
Chapeaux divers pour hommes.

146 Alvaro d'Armada. (Capitale.)
Chapeaux pour hommes, de diverses qualités.

147 A. M. Moriamé. (Capitale.)
Chaussures pour dames, de différentes qualités.

148 Bernardes & Raith. (Capitale.)
Chapeaux pour hommes, de diverses qualités.

149 Braga Costa & C. (Capitale.)
Chapeaux pour hommes, de diverses qualités.

150 Maison de Correction. (Capitale.)
Équipement complet en usage dans l'armée.
Chaussures pour hommes, de diverses qualités.

151 Costa Braga & C. (Capitale.)
Chapeaux fins de soie, de castor et de lièvre.

152 Philippe Correia de Mesquita Borges. (Capitale.)
Chapeaux pour hommes, de diverses qualités.

153 Gonçalves Braga. (Capitale.)
Chapeaux pour hommes, de diverses qualités.

154 Gonzaga. (Capitale.)
Bas et jaquette faits en poil de mulet.

155 Guilherme Schüch de Capanema. (Capitale.)
Chapeaux de paille *bombonaje* ou de Panamá.

156 Institut Impérial des enfants aveugles. (Capitale.)
Pantoufles en tapisserie.

157 José Antonio de Siqueira. (Capitale.)
Chapeaux pour hommes, de diverses qualités,

158 José Araujo de Cotta. (Capitale.)
Chapeaux pour hommes. de diverses qualités.

159 José Caetano Carreiro. (Capitale.)
Une paire de bottes à la Napoléon, cuir de Russie.
Une paire de bottines en veau.
Quatre paires de bottines de diverses façons.

160 J. Campas & Filho. (Capitale.)
Bottes de vénerie (chasse à courre).
Bottes de vénerie à l'écuyère
Bottes à la Pauliste, ornements à la Benoiton.
Bottes à la Mineira.
Bottes de laquais.
Bottines Balmoral, cuir de Russie et verni
Bottines écossaises jaunes.
Bottines Balmoral, cuir noir de Russie.
Bottines de soie et verni pour bal.
Bottines de chevreau et verni avec boutons.
Bottines de chevreau et veau avec boutons.
Bottines de veau, claqué uni.
Bottines de chevreau, claqué en rond.
Bottines claquées en verni pour uniforme.
Bottines de chevreau à l'anglaise.
Bottines de chevreau cambrées sans couture.
Bottines de chevreau uni.
Bottines en Balmoral de veau.
Bottines claquées uni.
Souliers fins vernis.
Souliers fins de chevreau.
Souliers jaunes pour la campagne.
Souliers modernes à boucles (ville).

161 José Fernandes de Campos Arcos. (Capitale.)
Chapeaux pour hommes, de diverses qualités.

162 J. M. da Cunha & C. (Capitale).
Bottines de mérinos pour dames.

163 Machado & Dias Abreu. (Capitale.)
Chapeaux de castor et de lièvre pour hommes.

164 P. A. Guilherme. (Capitale.)
Chaussures pour dames, de diverses qualités,

165 Pereira de Castro & Irmão. (Capitale.)
Chapeaux pour hommes, de diverses qualités.

166 Roesch Fréres. (Capitale.)
Chaussures pour dames, de différentes qualités.

CLASSE XXXVII

Armes portatives.

MUNICIPE DE LA CAPITALE DE L'EMPIRE.

167 Fabrique d'armes de la Conceição. (Capitale.)
Fusil.
Pistolet.
Revolvers.

CLASSE XXXVIII

Objets de voyage et de campement.

PROVINCE DE PERNAMBOUC.

168 Directeur de la Maison de détention. (Recife.)
Bidons.

MUNICIPE DE LA CAPITALE DE L'EMPIRE.

169 Claudio José de Oliveira. (Capitale.)
Malles de voyage.
170 João Marcellino da Silva & C. (Capitale.)
Une malle vernie.

PROVINCE DE SAINTE CATHERINE.

171 Société agronomique. (Colonie D. Francisca.)
Malles de voyage.

CLASSE XXXIX

Bimbeloterie.

MUNICIPE DE LA CAPITALE DE L'EMPIRE.

172 Eduardo Assis dos Santos Barata. (Capitale.)
Un jeu de trictrac en ivoire.
Idem plus petit.
173 Hospice de Pedro II. (Capitale.)
Poupée habillée.

CINQUIEME GROUPE

PRODUITS (BRUTS ET OUVRÉS) DES INDUSTRIES EXTRACTIVES.

CLASSE XL

Produits de l'exploitation des mines et de la métallurgie.

PROVINCE DE L'AMAZONES.

174 João Marcellino Taveira Páo Brasil.
Pierre à aiguiser.
Pierre ponce (pomite).

175 João Martins da Silva Coutinho.
Terre de la rive gauche de la rivière Maranatuba.

176 Joaquim Leovigilde de Souza Coelho.
Pierre ponce.
Cette pierre flotte sur le Solimões (Haut-Amazones) Elle paraît
venir de la chaîne des Andes; car il n'existe, sur les bords du fleuve, de volcains ni en activité ni éteints,

PROVINCE DE PARÁ.

177 José Verissimo de Mattos.
Pierre ponce.

PROVINCE DE MARAGNON.

178 Antonio Luiz Soares.
Pierre jaune (grés).

PROVINCE DE CEARÁ.

179 Alcino Gomes Brasil.
Fer.

180 Commission provinciale.
Pierre calcaire.
Ocre jaune.
Concrétions ferrugineuses.
Argile buriti.
Pierre savon.

181 Antonio José de Souza.
Soude naturelle.

182 Victor Saillard.
Graphite lavé.
Graphite.

PROVINCE DE RIO GRANDE DU NORD.

183 Commission provinciale.
Amiante.
Minerais de fer.

184 Miguel Rodrigues Vianna.
Souffre natif.

PROVINCE DE LA PARAHYBA DU NORD.

185 João José de Almeida.
Pierre calcaire pour constructions.

186 Luiz Estanisláo Rodrigues Chaves.
Marbre bleu.
Pierre calcaire pour constructions.

PROVINCE DE SERGIPE.

187 Firmino Rodrigues Vieira.
Pierre calcaire bleuâtre.
Pierre calcaire avec des veines de couleur.
Marbre noir.

188 João Baptista Gomes.
Psammite à grain fin pour meules à aiguiser.
Psammite ferrugineuse.

PROVINCE DE BAHIA.

189 Antonio Francisco dos Santos (par l'intermédiaire de João Cezimbra).
Schiste bitumineux.
Existant sur la rive droite du fleuve Maraù, au bord de la mer, dans un endroit accessible aux navires de 800 tonneaux; prix, 8$000 par tonneau, rendu à bord au dit endroit.

La réunion des produits géognostiques de la province de Bahia, plus intéressante qu'abondante, offre néanmoins aux connaisseurs et aux penseurs, des échantillons par lesquels on pourra juger de la constitution de son sol, de la nature des formations, de leur étendue, et surtout du profit que l'industrie en tire déjà et peut venir à en tirer. Ce n'est pas seulement par la collection des pierres calcaires en général, des marbres, du plâtre, du jaspe, des psammites, des couches argileuses en particulier, qu'on peut l'apprécier; celle des combustibles fossiles ou minéraux est également d'une grande valeur industrielle. Les gisements de schistes bitumineux, qui sont très-étendus sur le territoire de cette province, seront incontestablement la source de revenus considérables, moins par le combustible qu'elles donnent, que par les produits que l'industrie moderne en sait extraire, tels que les huiles, les goudrons minéraux, et surtout la *parafine*.

190 Paulo José de Teive e Argollo.
Calcaire saccharoïde.

191 Zeferino José Corrêa.
Jaspe (pierres travaillées).

MUNICIPE DE LA CAPITALE DE L'EMPIRE.

192 Maison de correction da la Capitale.
Demi-lune en fer pour gouvernail de chaloupe.
Croc en fer pour chaloupe.
Marmite en fer blanc à l'usage de l'armée.
Machine en fer blanc pour faire le café.

193 Hotel de la monnaie (Capitale.)
Essai pratique de l'or.
Trois petites lames d'or palladié (alliage naturel.)
22 gros et 24 grains de palladium pur en lame, fil et lingot.

194 Francisco Gonçalves Ramos (Capitale.)
Un grand robinet à ressort.
Un robinet moyen à ressort.
Un petit robinet à ressort.
Un robinet droit à ressort.
Un gros robinet, tête de canard
Un petit robinet, tête de canard.
Trois cuvettes de laiton.
Quatre bassines de cuivre.
Deux haches de fer.
Deux faux de fer.

Une houe de fer.
Une bassine de fer.
Une bêche de fer.

195 Madei Filhos. (Capitale.)
Ouvrages en fer blanc :
1 Machine à faire des glaces.
1 Machine à faire le thé.
1 Machine à faire le café.
1 Machine à faire le thé.
1 Machine à faire le thé.
1 Arrosoir oval pour jardin.
1 Pot à l'eau pour la toilette (modèle anglais.)
1 Pot à l'eau pour la toilette (modèle américain.)
1 Seau pour la toilette.
1 Seau pour la toilette.

196 Miguel Couto dos Santos. (Capitale.)
Faux à défricher.
Couteau pour couper l'herbe.
Sarcloirs pour jardin.
Bêches.
Haches.
Pelles.
Râteau.
Couteau pour les broussailles.
Écusson de fer fondu (Armes Impériales.)
Panneaux de fer fondu.

PROVINCE DE S. PAUL.

197 Claudio José Machado.
Terre à porcelaine.

198 Fabrique impériale de fer de S. Jean d'Ipanema.
Fer fondu.
Fer forgé en barre.
Fer en barre.
Martite.
Magnétite (aimant naturel.)

Les couches de minerai de fer de S. Jean d'Ipanema, dans la province de S. Paul sont étendues et riches.

La fabrique qui y est établie pour fondre et forger ce métal, est située à 2,75 lieues de Sorocaba, et comprend une surface de 0,66 de lieue carrée, outre un petit terrain qu'elle possède sur la route de Tatuhy à une demi lieue de l'établissement.

Fondé en 1810, ses travaux furent commencés par une petite colonie suédoise avec les anciens fourneaux connus sous le nom de — *Stuckofen* — , et ce ne fut qu'en Novembre 1818 qu'on coula pour la première fois le fer fondu dans les hauts fourneaux. Elle en possède deux mesurant 8 mètres de hauteur, et produisant régulièrement 3,000 kilogrammes de fer fondu em 24 heures.

Ses machines sont mues par les eaux de la rivière de S. Jean d'Ipanema, au bord de laquelle elle se trouve, reprises au moyen d'une grande écluse. La force motrice est, durant la saison sèche, de 40 chevaux, et pourrait être considérablement augmentée par quelques constructions.

Les minéraux employés sont le martite et le magnètite, dont la richesse et la pureté sont minéralogiquement connus; ils ont leur centre d'extration à 4,000 mètres des fourneaux.

Le combustible végétal est le seul employé. Non-seulement les terrains de la fabrique sont presque en entier boisés, et il s'y trouve même une certaine étendue de forêt vierge; mais les bois abondent encore dans un rayon de cinq lieues, dans la direction des routes de Campo Largo, Porto Feliz et Tatuhy.

Les échantillons de bois remis à l'exposition, représentent les espèces communément employées comme bois de construction et comme combustible.

Comme fondants on emploie les calcaires et le diorite extraits des couches qui existent dans la localité.

Dans les constructions des édifices et des massifs des fourneaux, ainsi que dans leur revêtement intérieur, on emploie les psammites ou la brique fabriquée avec les argiles indiquées dans la collection qui suit. Ces matériaux se trouvent à peu de mètres des fourneaux.

Il existe probablement peut de localités qui réunissent dans une si petite étendue tant de conditions favorables pour le développement d'une industrie de si grande importance.

199 **abrique Impériale de fer de S. Jean d'Ipanema.**

Ocre.
Ocre réfractaire pour la fabrication des briques.
Ocre réfractaire pour la fabrication des tuiles.
Psammite.
Psammite réfractaire.
Psammite à grain fin.
Diorite.
Porphire.

200 James Johnson.
Pierre de fer.

PROVINCE DE PARANÁ.

201 Antonio Caetano de Oliveira Nhosinho.
Pierres provenant de sources sulfureuses.

202 Commission provinciale.
Pierre calcaire.
Minerai de fer.

203 Florindo Luiz Artigas.
Minerai de fer.

204 José Candido da Silva Murici.
Oxyde de fer.

205 Manoel Antonio Ferreira.
Ardoise.

206 Modesto Gonçalves Cordeiro.
Minerai de fer.

207 Pedro Aloys Scherer.
Sulfure d'antimoine.

208 T. Ochsz.
Minerai de fer.

PROVINCE DE SAINTE CATHERINE.

209 Visconde de Barbacena.
Charbon de terre.

La minéralogie et la géologie de la province de Sainte Catherine sont également intéressantes, soit qu'on les considère sous le point de vue scientifique ou sous le point de vue industriel. Son sol possède des minéraux variés qui peuvent se voir dans les cabinets de nos Musées, et dont quelques-uns, tels que les minerais de fer, attendent de l'emploi de capitaux et d'une exploitation active, la valeur industrielle à laquelle elles ont droit. On y soupçonne l'existence de couches de minerais d'argent, qui furent découvertes dans des temps éloignés; aujourd'hui les vestiges en sont perdus, il n'en reste que la tradition ou des descriptions imparfaites, et on ne peut que supposer leur situation. Mais actuellement, les couches du combustible fossile appelé — Charbon de terre — attirent surtout l'attention des entreprises d'exploitation. Ces gisements réunissent des conditions très-avantageuses, tant sous le rapport de la facilité de l'extraction que sous celui du transport de leurs produits, situés comme ils le sont sur les rives de cours d'eau navigables.

210 Wenceslão Martins da Costa.
Hématite.

211 Wilhelm Hauety.
Hématite.

PROVINCE DE S. PIERRE DE RIO GRANDE DU SUD.

212 Nathaniel Plant.
Charbon de terre.

Ces échantillons ont été extraits des couches où abonde cette qualité de charbon, existantes dans le district de S. Sepé, sur les bords de la rivière Vaccacahy.

Les couches de ce combustible, appelées dans cette province, gisements du Ruisseau des Rats (*Arroio dos Ratos*), sont situées à 2,376 mètres des bords du ruisseau de ce nom, séparées de celui-ci par une plaine et au dessous de terrains ondulés, à 12 kilomètres de la ville de S. Jérôme , laquelle offre un port d'embarquement sur le fleuve Jacuhy; cette ville est à 80 kilomètres de la capitale de la province à laquelle la lie une navigation sûre et non interrompue.

Les sondages faits, la pente douce de la stratification, et la ressemblance du terrain, font présumer que sur la rive droite du fleuve Jacuhy, et dans la partie déjà explorée, il existe sept millions de tonneaux de charbon, à une profondeur qui est insignifiante relativement aux dépôts houillers de l'Europe ; il faut ajouter que les sondages répétés sur la rive gauche de ce fleuve, montrent que la profondeur à laquelle se trouvent les dépôts, continue à être de 56 mètres, au delà de la rive.

Il y a dans la mine du Ruisseau des Rats (*Arroio dos Ratos*), proprement dite , trois puits dont les profondeurs sont respectivement de 54^m, 54,34^m et 57^m, où on a trouvé différentes couches de houille de qualités diverses, et à une profondeur variable.

La profondeur à laquelle descend l'exploitation, étant un élément qu'on ne doit pas perdre de vue quand on veut apprécier les conditions dans lesquelles se trouvent les gisements exploitables; la comparaison entre les mines du Ruisseau des Rats (*Arroio dos Ratos*), et celles du Lancashire, les plus riches de l'Angleterre et du monde, démontrera non seulement la richesse, mais les circonstances avantageuses de celles-là. En effet dans les mines brésiliennes on touve un mètre de bonne houille par 32^m,13 de profondeur; dans les mines anglaises, chaque mètre de couche correspond à 37^m,62 de profondeur dans un des puits principaux; et à 59^{m}4 dans les autres.

La compagnie Jacuhy, qui depuis 8 ans emploie dans ses navires le charbon de la mine de l'Arroio dos Ratos juge que la différence de prix entre ce charbon et celui importé de l'étranger rend avantageux l'emploie du combustible national.

Le terrain qui sépare les mines du port du Ruisseau des Rats (*Arroio dos Ratos*), se prête admirablement à l'établissement d'un *ironway* ou d'un *tram-road*.

CLASSE XLI

Produits des exploitations et des industries forestières.

PROVINCE DE L'AMAZONES.

213 Antonio Monteiro.
Muirapiranga (Cœsalpinia echinata). V. p. 36.

214 Commission provinciale.
Jaboti-pé.
Laurier-plomb.
Sucuúba (Plumeria phagœdœnica, Martius).

Bois de l'arbre du même nom, très-résistant, et employé pour les ouvrages intérieurs, aussi bien que pour ceux exposés à l'air et submergés. Le tronc de cet arbre est haut de 9^m,90 à 17^m,60, et a de 0^m,66 à 1^m,32 dans sa plus grande circonférence.

L'arbre est commun dans les forêts de la province de l'Amazones, et croit dans les lieux secs.

Ucuúba (Myristica surinamensis, Rol.).

Bois de l'arbre du même nom, très-abondant dans les forêts de la province de l'Amazones, et très-estimé par l'utilité de ses fruits, qui contiennent une substance sous-aromatique et molle, dont on fait des chandelles. Le suc de cet arbre est employé en médicine. Son tronc est haut de 4m,40 à 8m,80, et a de 1m,10 à 1m,32 dans sa plus grande circonference.

Ce bois ne convient pas aux ouvrages de longue durée.

215 Domingos José de Carvalho.
Acari-úba.
Itaúba jaune *(Acrodiclidium).*—V. pag. 35.
Muira-tauá.
Bois la reine *(Pau-rainha.—Centrolobium paraense).*
— V. n. 229.
Arari–muirá.
Inamuhí.

Laurier-inamuhí est le nom vulgaire, dans la province de l'Amazones, de l'arbre qui fournit ce bois. Il croit communément au bord des ruisseaux *(igarapés).*

On ne s'en sert que pour les ouvrages intérieurs.

216 João Marcellino Taveira Páo Brasil.
Bois précieux *(Pau-precioso. — Mespilodaphne pretiosa.* Nees). .

217 José Joaquim Palheta.
Anhuiuá.
Anhuiuá blanc.
Anhuiuá noir.
Laurier odorant *(Dicypellium Caryophylliatum).*
Muirapiranga.

218 José Ricardo Zanny Pachinoy.
Caraipé carbonisé.

219 Leonardo Antonio Malcher.
Bois précieux.

220 Manoel de Cupertino Salgado.
Acaricuára.

Ce bois, qui provient de l'arbre du même nom, abondant dans les forêts de la province de l'Amazones, est très-résistant et employé à toute sorte de travaux de construction.

Le tronc de cette arbre est haut de 6m,60 à 15m,40, et a de 2m,20 a 2m,64 dans sa plus grande circonférence.

Andirá-uichí (Andira).
Angelim (Machœnum).

Ce bois, provenant de l'arbre du même nom, est très-résistant et employé à des ouvrages tant intérieurs que submergés. La hauteur du tronc est de 11 à 22^m, et sa plus grande circonférence de 2^m,64 à 3^m,52.

Cet arbre préfère les lieux secs. On en connaît deux espèces, qui jouissent des mêmes propriétés.

Copaïer (*Capaifera*).

L'arbre de ce nom est commun à la province de l'Amazones dans les lieux secs. Son bois est résistant et employé à des ouvrages intérieurs, exposés à l'air et sous l'eau. Son tronc a 17^m,60 à 22^m,00 de hauteur et 1^m,10 à 1^m,54 de grosseur dans sa plus grande circonférence. On en extrait l'huile connue sous le nom de copahu.

Coumarou (*Dypterix odorata*. Willdenow).

Arbre fort commun dans les forêts de la province de l'Amazones. Son fruit renferme une semence connue sous les noms de *fève de coumarou* et *fève de Tonka*, dont on extrait une huile employé dans la parfumerie. Son tronc a 4^m,10 à 6^m,60 de haut sur 0^m,66 à 1^m,76 dans sa plus grande circonférence. On se sert du bois pour les ouvrages intérieurs et pour la menuiserie.

Guariúba (*Galipea*).

Arbre abondant dans les forêts de la province de l'Amazones, et dont le tronc a de 13^m,2 à 17^m,60 de hauteur sur 0^m,88 à 1^m,76 dans sa plus grande circonférence.

Son bois, résistant et d'une longue durée, est employé tant dans les ouvrages sous l'eau que dans ceux exposés à l'air.

L'*itaúba* noir (*Oreodaphne*).

L'*itaúba*, fort commun dans les forêts de la province de l'Amazones, présente quatre espèces, d'une valeur égale pour les constructions : le jaune, le rouge, le noir, et le *pinima* ou tacheté. Leur bois, résistant et d'une longue durée, est employé dans les ouvrages sous l'eau et exposés à l'air, et peut avoir encore d'autres usages : le dernier est propre à la menuiserie.

L'arbre atteint des proportions colossales ; son tronc a de 19^m,80 à 21^m,20 de hauteur sur 2^m,2 à 3^m,08 dans sa plus grande circonférence.

Itaúba-bahina.
Ingá-rana ou faux ingá (*Inga*).

On ne se sert de ce bois que pour quelques ouvrages de menuiserie. L'arbre du même nom, dont il provient, abonde dans les forêts de la province de l'Amazones, et croît communément dans les lieux secs. (V. pag. 44.)

Ipé-râna, ou faux ipé (*Tecoma*).

Ce bois, provenant de l'arbre du même nom, est beaucoup moins résistant et moins durable que celui du véritable *ipé*; ce qui fait qu'il n'est employé que dans les ouvrages intérieurs et dans la menuiserie.

Ipadú-râna, ou faux *ipadú* (*Erythroxilon?*).
Jarana (*Mimosacea?*).
Jacaré-úba (*Calophyllum brasiliensc*, Martius).

Ce bois ne sert que pour les ouvrages intérieurs ; exposé à l'air, il n'a pas une longue durée. L'arbre, dont il provient, connu sous le même nom, est commun dans les forêts de la province de l'Amazones ; et son tronc a de 24ᵐ,20 à 28ᵐ,60 de hauteur sur 2ᵐ,20 à 3ᵐ,08 dans sa plus grande circonférence.

Jabuti-puitá.
Laurier (*Cordia*).
Laurier-*abacate* (*Persea*).
Laurier cortiqueux, (ou à grosse écorce).
Laurier de marais (*igapó*).
Laurier de terre ferme.

Tous ces *lauriers* sont communs dans les forêts de la province de l'Amazones, et croissent dans les lieux secs, humides et marécageux.

La hauteur de leurs troncs est de 8ᵐ,80 à 13ᵐ,20 sur 1ᵐ,76 à 2ᵐ,20 dans leur plus grande circonférence. Leur bois, assez résistant, convient aux ouvrages intérieurs, exposés à l'air et sous l'eau, ainsi qu'à la menuiserie.

Matá-matá (*Lecythis coriacea*, Mart.).

On connaît trois espèces de cet arbre, commun dans la province de l'Amazones : le *matá-matá des forêts*, celui *de la plaine*, et le *matá-matá noir*. La hauteur de leurs troncs est de 3ᵐ,52 à 4ᵐ,40 sur 0ᵐ,44 à 0ᵐ,88 dans leur plus grande circonférence.

Le bois du dernier sert dans les constructions, enterré, submergé et exposé à l'air ; celui des deux autres ne convient qu'à des ouvrages intérieurs, parce qu'il ne dure pas assez étant exposé à l'air.

Muirapiranga.

Ce bois, assez résistant, sert dans les constructions, soit enterré et sous l'eau, soit pour les ouvrages intérieurs. L'arbre du même nom, dont il provient, croît abondamment dans les forêts de la province de l'Amazones, et son tronc a une hauteur de 8ᵐ,80 à 13ᵐ,20 sur 1ᵐ,32 à 1ᵐ,76 dans sa plus grande circonférence.

Muirataua.
Murucucù.
Macucu (Ilex macucua, Pers.)

Cet arbre est abondant dans les forêts de la province de l'Amazones et commun dans les terrains secs. Son tronc, haut de $8^m,80$ à $13^m,20$, a dans sa plus grande circonférence de $0,44^m$ à $0,88^m$. Son bois est employé dans les ouvrages intérieurs.

Piranha-uba.
Bois violet. (*Pau rôxo.*)

Ce bois, appellé aussi *guarabú*, provient de l'arbre connu sous les mêmes noms, abondant dans les forêts de la province de l'Amazones ; et dont le tronc a de $6^m,60$ à 11^m de hauteur sur $0^m,44$ à $0^m,88$ dans sa plus grande circonférence. Résistant, autant qu'élastique, il sert dans les constructions, soit sous l'eau et exposé à l'air, soit pour les ouvrages intérieurs ; il est employé dans la menuiserie et les ouvrages de poulieur ; enfin il est excellent pour les rouages.

Bois de rose (*Pau rosa. Dicypellium caryophyllatum*).

Ce bois, employé dans la menuiserie, est assez résistant, et sert aussi dans les constructions pour les ouvrages intérieurs, sous l'eau et exposés à l'air. L'arbre qui le produit est commun dans les forêts de la province de l'Amazones, et son tronc a de $6^m,60$ à 11^m de hauteur et de $0^m,22$ à $0^m,66$ dans sa plus grande circonférence.

Bois d'arc (*Pau d'arco. — Tecoma*).

Ce bois, très-résistant et élastique, est employé dans les ouvrages intérieurs, exposés à l'air, sous l'eau et sous la terre, ainsi que dans ceux de tour et de charronnage. Il provient d'un arbre colossal, connu sous le même nom, abondant dans les forêts de la province de l'Amazones, commun dans les terrains secs, et dont le tronc s'élève jusqu'à $30^m,80$ et a de $2^m,64$ à $3^m,08$ dans sa plus grande circonférence.

Pequiá-rána, ou faux pequiá.

On connaît trois espèces de *pequiá*, également abondants dans les forêts de la province de l'Amazones et communs dans les lieux marécageux ; le *pequiá commun* ou vrai, le *pequiá-rána* ou faux *pequiá*, et le *pequiá* noir. La hauteur de leurs troncs est de $6^m,60$ à $8^m,80$ sur $2^m,20$ à $2^m,64$ dans leur plus grande circonférence.

Leur bois, très-résistant, est employé dans les constructions pour des ouvrages intérieurs, exposés à l'air et sous l'eau, ainsi que dans la menuiserie.

Sucupíra (Bowdichia virgilioides, Mart.)

Cet arbre, fort commun dans les forêts de la province de l'Amazones et d'autres provinces, est d'un grand port, voire même colossal; son tronc acquiert une hauteur de 17m,60 à 22m et a de 1m,76 à 2m,20 dans sa plus grande circonférence. Son bois est un des plus résistants et des plus durables que l'on connaisse, et sert dans les constructions pour les ouvrages exposés à l'air et sous l'eau.

Tapurú-úba.
Tururí.
Tanimbuqueira.

221 **Manoel Nicoláo de Mello.**
Muirapiranga. — V. pag. 36.

222 **Bureau des Travaux Publics.**
Cœur de *sucupíra.*
Bois de laque (*Pau lacre*).

Ce bois, assez résistant, est employé dans les ouvrages intérieurs. L'arbre, dont il provient, commun dans la province de l'Amazones, doit son nom à la résine qu'il produit. Son tronc a de 4m,40 à 6m,60 de hauteur sur 0m,44 à 0m,88 de grosseur dans sa plus grande circonférence.

223 **Thury & Irmãos.**
Génipayer (*Genipa Brasiliensis*).

Cet arbre, dont le fruit est employé dans le traitement des hernies, croît abondamment dans les forêts de la province de l'Amazones, son tronc a de 6m,60 à 11m de hauteur et de 0,88 à 1m,32 dans sa plus grande circonférence. Le bois, qui en provient, par son poids spécifique et par sa facilité à être travaillé, est surtout recherché pour les ouvrages de menuiserie et les crosses de fusils; dans les constructions on ne s'en sert que pour des ouvrages intérieurs, parce que, exposé à l'air, il n'est pas assez durable.

Jacaré-úba (Calophyllum brasiliense). V. p. 36.
Macaca-úba.

Arbre qui croît abondamment dans la province de l'Amazones, et dont on connait quatre espèces, d'une valeur égale quant à leur usage: *macaca-úba* commun, *macaca-úba* des forêts, de la plaine et de la terre ferme. La hauteur de leurs troncs est de 4^m,40 à 6^m,60 et ils ont de 0^m,88 à 1^m,32 dans leur plus grande circonférence.

Leur bois sert dans les constructions pour les ouvrages intérieurs et sous l'eau, et dans la menuiserie.

.Bois de rose. (V. pag. 37.)
Tamanqueira (ou arbre à sabots). V. pag. 43.

PROVINCE DE PARÁ.

224 Affonso Mongin Desincourt.
Maparajúba (*Mimusops excelsa*).

Bois employé dans les constructions civiles. L'arbre, dont il provient, a un tronc de 8^m,88 à 13^m,20 de hauteur sur 0,88 à 1^m,32 de grosseur.

Maracutiára.
Bois jaune (*Pau amarello*).

225 Aniceto Clemente Malcher.
Massarandúba (*Mimusops excelsa*).— V. pag. 43.
Bois à rames (*Pau de rêmo*).

226 Commission provinciale.
Camará ou *Cambará* (*Lantana camara*, L.)
Cajueiro do mato (*Cajueiro* des forêts).

Ce joli bois, d'un rose moiré, n'offre pas de différence dans la netteté de son dessin, de quelque manière qu'on le taille, et peut par sa légèreté remplacer le hêtre. Il est employé dans la menuiserie. L'arbre du même nom, dont il provient, et qui produit le *cajú*, fruit qui porte une châtaigne connue en France sous le nom de noix d'acajou, a un tronc de 8,80 à 11^m de haut sur 1,10 à 1^m,32 de gros; une sorte de gomme-résine en découle assez abondamment. Ses feuilles vertes, et humectées, si elles sont sèches, servent à polir le bois; c'est la râpe dont se servent à cet effet les menuisiers de la province de l'Amazones.

Cinq plaies (Bois de l'arbre des).
Goyavier.
Guajará.
Guaracica. (*Lucuna fissilis*.)

227 Ignacio Egydio Gonçalves dos Santos.
Acapú jaune.
Angelim.
Laurier rose.
Bois saint (*Páu santo.— Kielmeyera*).
Tamanqueira (arbre à sabots).
Ipé (*Tecoma*, Mart.)
Ipé tabac.
Palissandre des forêts (*Jacarandá do mato*).
Manglier (*mangue*) *canoé.* (V. pag. 46.)
Macaúna.
Mangalô.
Pequiá (*Caryocar Brasiliensis*).

228 João Henrique Diniz.
Bois de satin (madrier de).

Ce bois est employé dans les constructions civiles et navales, et dans la menuiserie. Le tronc de l'arbre du même nom , qui le produit , a 8,80m à 17,60m de hauteur et 0,88m à 1,10m de grosseur.

229 Joaquim Rodrigues dos Santos.
Muirapinima, Macacaúba ou Bois la reine (*Centrolobium paraense*).

Ce bois, employé dans les constructions navales et civiles, et dans la menuiserie, présente ordinairement une longueur de 6m,60 à 11m et une grosseur de 0m,22 à 0m,66.

230 Luiz Thomaz Correia.
Laurier jaune.

231 Manoel Antonio Pimenta Bueno.
Anani.
Acapú.

Ce bois, employé dans les constructions civiles et navales, a généralement 6m,60 à 15m,40 de longueur, et 1m,76 à 2m,20 de grosseur.

Andiróba (*Carapa guyanensis*).

Bois employé dans les constructions civiles, le tronc a une longueur de 8,80m à 17,60m et de 2,20m à 2,64m de grosseur.

Angelim. (V. pag. 34.)

Ce bois s'emploie dans les constructions civiles. Le tronc de l'arbre a une longueur de 1^m,76 à 2^m,20 de grosseur , et de 11^m,00 à 22^m,00 de longueur.

Boïussú.
Coumarou (V. pag. 35).
Cumatè.
Cupiúba.

Ce bois , provenant de l'arbre du même nom , est employé dans les constructions civiles et navales, et présente une longueur de 17^m,60 à 22^m sur une grosseur de 1^m,32 à 1^m,54.

Châtaignier du Pará (*Bertholletia excelsa*, Humboldt).
Faveira (Fèvier).

Employé dans les constructions civiles et navales, ce bois présente une longueur de 13^m,20 à 22^m sur 1^m,76 à 2^m,64 de grosseur.

Guariúba (Galipea).
Génipayer.
Ingá-râna (Bursera leptophlœos).
Imbó-râna.
Jutahí (Hymenea).
Jacaré-úba.
Laurier rouge.
Motuanha.
Mururé (Bichetea officinalis).
Muraúba.
Moracem.
Muira-cutidra (Centrolobium).
Massarandúba (Mimusops elata).

Ce bois est employé dans les constructions pour les ouvrages intérieurs et enterrés ; mais il est surtout recherché pour les ouvrages sous l'eau. L'arbre colossal du même nom , dont il provient, abondant dans les forêts de la province de Pará , existe dans presque tout le territoire de l'Empire. Au Pará on en connait trois espèces, d'une valeur égale pour les constructions : *massarandúba* commun, des forêts et rouge. Leur tronc acquiert une hauteur de 22 à 26^m et une grosseur de 2^m,64 à 3^m.

Le suc de cet arbre , d'une couleur blanche, et que l'on extrait au moyen d'incisions, est un lait très-savoureux ; on le prend avec du thé et du café ; on le mèle aussi à des bouillies de farines ou fécules ; il est fort substantiel et remplace le lait de vache. On l'administre comme pectoral et analeptique , et il entre , comme résolutif , dans la composition de certains emplâtres.

Le même suc s'épaissit et se solidifie dans 24 ou 30 heures, et ressemble alors à la *gutta-percha*, avec cette différence que le produit du *massarandúba* est blanchâtre, tandis que la *gutta-percha* est brune; mais les propriétés en sont à peu près identiques.

Muirapiranga.
Matámatá.
Macucú (*Ilex macucua*).
Bois jaune.

Ce bois, provenant de l'arbre du même nom, a de 13^m,20 à 17^m,60 de longueur et de 1^m,32 à 1^m,76 de grosseur; il est employé dans les constructions civiles et navales, ainsi que dans la menuiserie.

Bois de rose.

Employé dans les constructions civiles et navales, et dans la menuiserie. Sa longueur est ordinairement de 6^m,6 à 11^m et sa grosseur peut aller jusqu'à 1^m,70.

Bois noir.
Bois d'arc.
Pitombeira.
Pequiá.

L'arbre a une longueur de 6^m,60 à 8^m,80 et de 2^m,20 à 2^m,64 de grosseur ; le bois est employé dans les constructions civiles et navales, et dans la menuiserie.— V. pag 37.

Peririqueira.
Sorbier du Brésil (*Callophora utilis*).
Sapucaia (*Lecythis grandiflora*).

Ce bois, d'une longueur de 22^m et plus, et d'une grosseur de 1^m,32 à 2^m,64, sert dans les constructions civiles et navales. L'arbre du même nom, dont il provient, produit un gros fruit, espèce de coco, dont les noyaux sont assez agréables au goût. L'émulsion préparée avec les amandes est anticatarrhale et antinéphrétique.

Tamaquaré.
Tanimbuqueira.
Tauarí (*Courary guianensis*).
Tatajuba (*Maclura*).
Timbó-rána.
Tatapiririca.
Umari-rána.

232 Pinto & Irmão.
Buxeira (Buis du Brésil).

Ce bois, employé dans les constructions civiles et navales, et dans la menuiserie, a une longueur de 8ᵐ,80 à 13ᵐ,20 et une grosseur de 0ᵐ,88 à 1ᵐ,32.

Cédre *(Cedrela)*.

Employé dans les constructions civiles et navales, dans les ouvrages de menuiserie et de sculpture ; sa longueur va de 13 jusqu'à 31ᵐ et sa grosseur de 0ᵐ,66 jusqu'à 5ᵐ,28.

Châtaignier *Sapacaia.*
Cutitiribá (Lucuma rivicoa).
Coumarou.
Cumbeira.
Copahiba-râna, ou faux copaïer.
Copaïer rouge.

C'est le vrai copaïer, celui qui produit l'huile connue sous le nom de copahu. Le bois est excellent pour les constructions civiles et pour les coques de canots.

Copahiba-tinga ou copaïer-*tinga*.

C'est l'espèce de copaïer la moins estimée ; sont bois ne sert en général qu'à brûler.

Jarana.
Palissandre *(Jacarandá).*

Ce bois d'une longueur de 4ᵐ,40 à 11ᵐ et d'une grosseur de 0ᵐ,44 à 0ᵐ,88, est employé dans les constructions civiles et navales, et dans la menuiserie. Il y en a différents espèces, particulières a certaines provinces, entre lesquelles se trouve le **Machærium scleroxylon** (Freire Allemão).

Muiracutiára.
Muira-tauá.
Macacá-úba
Massárandúba
Bois d'arc.
Bois noir.
Tamanqueira (ou bois à sabots).

Ce bois sert pour la menuiserie et pour les constructions civiles ; mais en général on ne l'emploie que pour des ouvrages légers. La longueur de l'arbre est de 10ᵐ et sa grosseur de 0ᵐ,88 à 1ᵐ,10.

Itaúba jaune.

PROVINCE DE MARAGNON.

233 Commission provinciale.
Baraculidra blanc.

Ce bois est dur, et tacheté comme *l'angico* ; mais les taches en sont plus déliées : il sert dans la menuiserie et la teinturerie. L'arbre qui le produit, a un tronc de 6^m,60 à 8^m,80 de hauteur sur 1^m,10 à 1^m,32 de grosseur ; ses fruits sont réputés vénéneux.

Corticeira (ou bois-liége).

Ce bois provient d'une liane, qui acquiert les proportions d'un arbre. Il a généralement 2^m,20 à 3^m,30 de longueur sur 0^m,22 à 0^m,44 de grosseur. Il résiste à l'humidité, sert à soutenir les ravins dans les rivières, et à construire des palissades.

Gipió.

Arbre touffu, dont le tronc a ordinairement une hauteur de 4^m,40 à 6^m,60 et une grosseur de 0^m,28 à 0^m,44. Son bois est blanc et léger ; on en fait des sabots, des tables, etc., et on l'emploie dans les constructions pour des ouvrages intérieurs.

Gipió-rána, ou faux *gipió.*
Gororóba.

Ce bois résiste bien à l'humidité, il sert dans les constructions civiles et navales, et on l'emploie aussi pour faire des gamelles (sortes de cuvettes et baignoires d'une pièce), et pour d'autres ouvrages semblables. Le tronc atteint la hauteur de 11^m à 13^m,20 et la grosseur de 0^m,88 à 1^m,32.

Inhaúma.
Ingá

Il y en a diverses espèces : celui qu'on appelle simplement *ingá* (*inga edulis*) ; *l'ingá* velu (*inga vellutosa*) abondant dans la province de Pará ; *l'opéapuba* (*inga dulcis*)) le mignon (*inga tetraphylla*). Presque toutes ces espèces sont employées dans les constructions civiles et navales, soit en planches, soit en solives.

Janaúba.
Jundiá.

Ce bois, d'un jaune foncé, est dur et ferme ; mais il s'écaille beaucoup. Il sert dans les constructions civiles et navales. Le tronc de l'arbre a généralement de 6,60^m à 8^m,80 de hauteur et de 1^m,10 à 1^m,32 de grosseur.

Jurema (*Acacia Jurema*, Martius).

Il y a deux espèces de bois de ce nom, le jaune et le noir, tous les deux très-forts et employés dans les constructions civiles et navales. Le tronc de l'arbre a une hauteur de 6^m,60 à 8^m,80 sur 1^m,10 à 1^m,32 de grosseur. L'écorce est amère et astringente, et sert en médecine comme narcotique.

Citronnier.

Il y a le citronnier doux (*citrus limonum edulis*), le citronnier aigre (*citrus limonnum*) et le citronnier des forêts (*citrus medica efferata*). Le bois exposé appartient à ce dernier. Il est blanc, dur , et s'écaille beaucoup. On s'en sert pour les constructions civiles, pour des manches d'outils , etc. Sa longueur ordinaire est de 3^m,30 à 4^m,40 et sa grosseur de 0,88 à 1^m,10.

Massarandúba. (V. pag. 41.)
Sapucaia. (V. pag. 42.)
Tapiquí-râna.

Ce bois provient d'une liane, connue sous le même nom , qui atteint une hauteur de 2^m,20 à 3^m,30 et une grosseur de 0^m,22 à 0^m,33. On en fait des cannes.

Tatajúba.
Tucum (*Astrocaryum tucum*, Mart.)

Bois très-solide, employé dans les constructions civiles , provenant d'un palmier, qui produit un fil très-fort, connu sous le même nom , et un fruit dout on extrait de l'huile.

PROVINCE DE CEARÁ.

234 Commission provinciale.
    Tamis (en paille de *carnaúba*).
    Eventoirs (en paille de *carnaúba*).
    Petits paniers (en paille de *carnaúba*).

PROVINCE DE RIO GRANDE DU NORD.

235 Commission provinciale.
    Aracahí.

Ce bois sert pour des ouvrages de tour , des étais , des estacades, des linteaux, etc. ; mais , enterré , il n'est pas de longue durée.

Chauá ou *Massarandúba* blanc (*Lucuma procera* , Martius).

Ce bois est employé dans la menuiserie, et fournit les meilleures lattes employées dans la couverture des maisons. L'arbre habite les terres de sablé blanc et les plateaux.

Goití-trubá.

Ce bois sert pour les planchers et autres ouvrages intérieurs, pour des pressoirs à farine de manioc, etc. L'arbre dont il provient acquiert un grand développement en hauteur et en grosseur.

Grahubú.

Employé dans les constructions civiles, particulièrement pour des ouvrages intérieurs. Enterré , ce bois se conserve en parfait état pendant de longues années.

Gruherí.

Employé dans la menuiserie et dans les constructions civiles pour la charpente des maisons, etc. Enterré , ce bois dure longtemps.

Jatobahí (*Hymenæa*. Mart.)
Manglier *canoé.*

Cet arbre singulier croît dans les terres hautes , loin des eaux salées, ainsi que dans les terrains baignés par la mer ; et l'on en trouve d'une grosseur de $1^m,40$. Son bois , ainsi que celui des autres espèces de mangliers, est employé dans les constructions.

Manglier cultivé.
Manglier *ratimbó.*

Le bois de cette espèce est tortu, ce qui le rend propre aux varangues des vaisseaux.

Manglier de cordonnier.

L'écorce de cette espèce , très-astringente , est employée dans le tannage.

Mangarobeira.
Bois d'ivoire (*Marfim. Phytelephas macrocarpa*).
Massarandúba.
Mondé.
Bois-de-fer rouge (*Bocoa proveansis?*)

Excellent pour étais, solives et pour tous les ouvrages qui exigent un bois éminemment dur.

Bois noir.
Bois saint.

Bois réputé le meilleur de tous ceux que posséde la province de Rio Grande du Nord , par la généralité des usages auxquels il est propre, ainsi que par sa solidité et sa durée , soit dans les constructions hydrauliques , soit dans les ouvrages intérieurs et dans la menuiserie.

Peróba (Aspidosperma).

Ce bois est d'une grande importauce par ses usages dans les constructions civiles et navales et dans la menuiserie. On en fait d'excellents planchers. La longueur du tronc est ordinairement de 2^m,20 à 2^m,64 et sa grosseur de 0^m,66 à 1^m,32.

Pequíd (V. pag. 37).
Sucupíra (V. pag. 38).

Excellent bois , employé dans les constructions civiles et navales , et de préférence pour le charronage et pour les pièces des moulins à sucre ; mais de peu de durée sous terre.

Jatobá (Hymenæa stilbocarpa , Martius).

Bois propre aux constructions civiles et à la menuiserie. De l'arbre on extrait une résine, et de son liber un tissu fibreux ou *embíra* trèsfort , qui soumis à l'action du feu , fournit un suc , employé dans le traitement des hernies.

Jucd (Cæsalpinia.— V. pag. 48).

236 Miguel Ribeiro Dantas.
Jalahí (Hymenæa).

Bois jaune, mais qui perd sa couleur en peu de temps. C'est un des meilleurs bois de la province pour les étais; il se conserve bien , lorsqu'il est enterré.

Bois d'arc.

PROVINCE DE PARAHYBA DU NORD.

237 Commission provinciale.
Mangher de cordonnier.

238 Cypriano Arroxellas Galvão.
Bois d'arc jaune.
Sucupira (Bowdichia virgilioides. — V. pag, 38).
Jitahí ou *Jatobá (Hymenœa).*
Jucá.

Ce bois, rouge et très-dur, convient aux constructions civiles et navales. Le tronc de l'arbre a de 11^m, à 13^m,20 de hauteur, et de 1^m,32 à 1^m,76 de grosseur.

Juréma (Acacia).
Quiritinga.

Bois dur et rouge, qui sert dans les constructions navales et civiles, et dans la menuiserie. Ses dimensions sont à peu près les mêmes que celles du *jucá* ci-dessus nommé.

239 Domiciano Lucas de Souza Rangel.
Cajueiro sauvage (ou des forêts).

240 Ignacio do Rego Toscano de Brito.
Sapuca-rána.
Bois de fer *(Cæsalpinia).*
Laurier cortiqueux. (V. pag. 36).
Suruagi.

Le tronc de cet arbre a une hauteur de 5^m,50 à 6^m,60 et une grosseur de 0^m,66 à 0^m,88. Son bois, rouge-blanchâtre, sert dans les constructions civiles, et est employé pour étais et manches d'outils.

Laurier odorant.
Condurú (Brosimum).

Cet arbre croit abondamment dans l'intérieur de la province de **Parahyba**. Son tronc a de 11^m à 13^m,20 de hauteur sur 1^m,10 à 1^m,32 de grosseur. Son bois, dur et rouge, est employé dans les constructions civiles et navales, et dans la menuiserie.

241 João Coelho de Souza.
Bois saint.
Laurier odorant.
Bois violet.

242 Joaquim José Henriques da Silva et João Lopes Machado.
Tatajúba.

Le tronc de cet arbre mesure de 9^m,90 à 11^m de hauteur et de 1^m,10 à 1^m,32 de grosseur. Le bois est jaune ; il est fort et sert dans les constructions civiles et dans la menuiserie. On extrait de l'écorce une excellente couleur jaune.

Coumarou.

243 José Canuto de Santa Rosa.
Angico (Acacia angico).
Aroeira. (Astronium).
Embu-ràna (Bursera leptophlœos).
Jatobá.
Murici.

Arbrisseau, qui croît dans les plaines baignées par l'eau salée, et dont le tronc mesure de 4^m,40 à 5^m,50 de hauteur et 0^m,41 à 0^m,66 de grosseur. Son bois a peu de valeur pour les constructions. De son fruit on extrait un suc semblable à celui de la groseille. Il croît dans les terres que baigne l'eau salée.

Parahíba. (*Simaruba versicolor*, St. Hilaire.)

244 José Carlos da Costa Ribeiro.
Sicupira.

245 José da Silva Pereira.
Gonçalo-Alves (Astronium).

Le tronc de cet arbre mesure de 13^m,20 à 15^m,40 de hauteur et de 1^m,32 à 1^m,76 de grosseur. Son bois est jaune, veiné de noir, et sert dans les constructions civiles et navales, et dans la menuiserie.

Jucá.
Laurier odorant.
Massarandúba.
Bois d'arc violet.
Peróba.
Oiticica.

246 José Tavares da Cunha Bello.
Cèdre.

247 Leonardo Bezerra Jacome.
Massarandúba.
Bois d'arc violet (*Tecoma*).
Laurier odorant.
Pitiá ou *piquiá*. (*Caryocar brasiliensis*, St. Hilaire.)

248 Miguel da Silva Tavares.
Jitó (Guarea).

Arbre, dont le tronc mesure de 11ᵐ à 13ᵐ,20 de hauteur et de
1ᵐ,10 à 1ᵐ,32 de grosseur. Son bois est rouge et très-dur. On l'emploie dans les constructions civiles et navales.

PROVINCE DE PERNAMBOUC.

249 Francisco Manoel de Siqueira.
Bois jaune (madrier).

250 Rufino José de Almeida.
Racine de bois jaune (madrier).

PROVINCE DE SERGIPE.

251 Antonio Dias Coelho e Mello.
Aricú-rana (*Hieronima alcornioides*).
La hauteur de l'arbre est de 8ᵐ,80 à 11ᵐ, et son diamètre de 0ᵐ,88
à 1ᵐ,10.
Graúna roux.
Sapucaia.
Gonçalo-Alves.
Angico.
Gitahi jaune (*Hymenœa*, Mart.)
Arbre abondant dans les forêts de la province de Sergipe, et dont
la hauteur est de 11ᵐ à 13ᵐ,20 et le diamètre de 0ᵐ,66 à 0ᵐ,38. Son
bois est employé dans les constructions civiles.
Tapicurú femelle.
Bois-d'arc.
Jacaré-úba ou *Landi* du marais.
La résine de cet arbre est employée dans l'art vétérinaire. Le bois
ne sert pas dans les constructions civiles.
Massaranduba.
Moreira.
Peróba.
Bois à huile.
Sucupira.

252 José Correia Dantas Serra.
Mucum.
Catuába.

253 José Correia Dantas Serra et Manoel Gaspar de Mello Menezes.
Almécega ou Bois à élémi. (Sorte de lentisque.—*Bur-
sera balsamifera*, Pers.)
S'emploie dans les constructions civiles. La résine de l'espèce de

lentisque élémi, dont ce bois provient, est employée dans le calfatage; il y en a d'autres espèces, dont la résine est aromatique et semblable à l'encens.

Angico.

Cet arbre, dont la hauteur est de 8m,60 à 8m,80 et le plus grand diamètre de 0m,88 à 1m,32, fournit une gomme aussi utile que la gomme arabique. Son bois sert dans les constructions civiles et dans la menuiserie.

Aroeira (Schinus arocira, Velloso).

Ce bois sert dans les constructions civiles et dans la menuiserie.

L'arbre a 6m,60 de hauteur sur 0m,22 à 0m,44 de grosseur; mais dans lo voisinage de la mer il atteint jusqu'à 11m de hauteur. Dans ce cas il fleurit au mois d'octobre, tandis que, lorsqu'il croît loin de la mer, il fleurit au mois d'août. On en connaît trois espéces : l'*aroeira* vulgaire (*schinus aroeira*), l'*aroeira* des champs (*astronium*) et l'*aroeira de Minas* (*schinus mucromulatus*).

L'extrait d'*aroeira* est un succédané du cachou. L'écorce est astringente; exposée à la chaleur, elle laisse couler une sorte de baume, qui entre dans la composition d'un emplâtre, réputé très-efficace par les naturels de la province, surtout contre les affections provenant des refroidissements, le rhumatisme, les douleurs arthritiques avec atonie et la distension des tendons. Du fruit on extrait une couleur rose employée dans la teinturerie. Avec les feuilles fraîches on prépare une eau distillée propre à la toilette et qui passe pour antifébrile. L'eau distillée des feuilles et des fruits est diurétique et jouit de quelques propriétés anti-syphilitiques.

Baumier à odeur persistante (Myrospermum).

Cet arbre, appartenant à la famile des *légumineuses*, et connu aussi sous le nom de *Cabureicia*, est remarquable par l'odeur balsamique que son bois répand; il fournit un baume semblable à celui du Pérou, et que l'on nomme *cabucicica*.

On le trouve dans les terres de la sucrerie Tinguy, au bord de la rivière de Sergipe, district de Notre Dame des Douleurs. Son plus grand diamètre est de 0m,88 à 1m,10 et sa hauteur de 8m,88 à 11m.

Carvoeiro (charbonnier).
Graúna ou Baraúna (Melanoxylon brauna).

La hauteur de l'arbre est de 11m et son diamètre de 0m,44 à 0m,88. Lo bois et l'écorce sont riches d'une matière employée dans la teinturerie.

Carahíba (Simaruba versicolor, St. Hil.)

Cet arbre, très-commun dans la province de Sergipe, et dans celles de Bahia, Minas-Geraes et Goyaz, a une hauteur de 4ᵐ,40 à 5ᵐ,28 sur un diamètre de 0ᵐ,44 à 0ᵐ,88. Le bois sert dans les constructions civiles et dans la menuiserie.

Cèdre *(Cedrelea brasiliensis).*
Laurier.
Mangabeira (Hancornia speciosa, Gomes).

Arbre commum sur les plateaux. Son écorce fournit un suc visqueux employé en médecine. Son bois sert dans la menuiserie.

Murici (Byrsonima verbascifolia).

Il y a encore dans cette province, et dans celles de Bahia et Pernambouc, d'autres espèces de *murici*: *Byrsonima chrysophylla. Byrsonima sericea, Byrsonima crassifolia*, appelés vulgairement *muricí-pinime, murici-pitinga,* etc.

On se sert du bois dans les constructions civiles et dans la menuiserie.

Olandim.

Employé dans les constructions navales ; on en fait des mâts qui durent fort longtemps et d'autres objects. Sa hauteur est de 11ᵐ sur 0ᵐ,44 à 0ᵐ,88 de grosseur.

Pororóca.
Visgueiro (Arbre à glu).

254 **Manoel Gaspar de Mello Menezes.**
Aricó-râna.
Mucum.
Catuába.

PROVINCE DE BAHIA.

255 **Francisco Sampaio Vianna.**
Bois jaune.

Condurú.

Le tronc a une longueur de 13ᵐ,20 et une grosseur de 0ᵐ,22 à 0ᵐ,44. Le bois s'emploie dans les constructions civiles et dans les ouvrages de pouliers. Celui qui vient des îles de Bahia a le cœur plus rouge.

Cœur de nègre *(Coração de negro).*

Employé dans les constructions civiles. Lougueur du tronc 13ᵐ,20, grosseur 0ᵐ,44. L'arbre fleurit au mois d'octobre.

256 Umbelino da Silva Tosta.

Jaquier (Grosse planche).

Ce bois est employé dans les constructions navales et civiles.

L'arbre, dont il provient, a une hauteur de 8ᵐ,80 à 11ᵐ et une grosseur de 0ᵐ,88 et plus. Son fruit, appelé *jáca*, grand de 0ᵐ,44 et plus, renferme des graines farineuses, convertes d'une pulpe douce, mielleuse, agréable, d'une odeur très-forte; se mange rôti ou bouilli, et sert d'aliment général à quelques classes de la population de Bahia.

Cèdre.

257 Victorino José Pereira.

Gonçalo-Alves.

Angico.

PROVINCE DE RIO-DE-JANEIRO, ET MUNICIPE DE LA CAPITALE DE L'EMPIRE.

258 Amedée Poindrelle. (Capitale.)

Un cadre avec 186 échantillons des bois du Brésil.

259 Commission directrice de l'Exposition Nationale. (Capitale.)

Bois des dépôts de l'Arsenal de marine.

Angelim.
Aderne.
Angelim-pierre du Pará.
Bois bossu (*corcunda Andira*).
Catucanhem.
Camaçori.
Oiti.
Ubatão (*Astronium*).
Ipé-tabac.
Murici.

Mirindiba blanc (*Terminalia*).
Mangalô (*Perattea*).
Massaranduba.
Peróba rouge.
Piquí.
Sucupira.
Tapinhoan (*Sylvia navalium*, Freire Allemão).
Vinhatico de Bahia (*Echyrospermum*).

260 Joaquim Martins Correia. (Petropolis.)

Angelim amer.
Angelim rose.
Angico.
Araribá.
Araribá jaune.
Araribá rose.
Acapú-râna.
Araracururú.
Bicuíba (*Myristica*).
Bicuíbussú.
Bacubixá.
Cannelle capitaine.
Cannelle odorante.

Guarubú (*Peltogyne*).
Guaranhem (*Chrysophyllum*).
Ipé des champs.
Ipé-tabac.
Ipé-una.
Inhaíba.
Jatahí.
Jatahí-mirim.
Palissandre *cabiúna.* (*Machœrium.*)
Palissandre rose. (Idem.)
Jacatirão.

Jéquitibá (*Lecythis*).
Lico-ráma (*Hieronima*).
Cannelle puante.
Cannelle citron.
Cannelle *marcanaiba*.
Cannelle à huile.
Cannelle sassafras.
Cannelle *tapinhoan*.
Cabuhí (*Acacia*).
Camará.
Cangá.
Cange-rána (*Cabralca*).
Cutucanhem (*Rhopala*).
Cèdre.
Cèdre de Bahia.
Fleur de Mai. (*Flôr de Maio*).
Grapiapúnha (*Apulcia*).
Graúna (*Melanoxylum*).
Graúna noir (idem).
Grocahí.
Gonçalo-Alves.
Sindíba.
Sucupíra.
Tapinhoan gros (*Silvœa*).
Talú (*Vasea*).
Timbaíba.

Laurier gris.
Mangaló.
Maracutiára.
Massaraudúba.
Mirindiba.
Bois à huile *caborahíba*.
Bois à huile *jatahí* (*Hiymenœa*).
Bois à huile gris.
Bois à huile rouge (*Myrospermum*).
Pequiá sauvage.
Pequiá ivoire.
Pequiá rose.
Bois de satin.
Peróba.
Peróba jaune.
Peróba. blanc.
Peróba noir.
Bois-Brésil (*Pau-Brésil*.)— (*Cœsalpinia*).
Sapucaia.
Ubatan.
Ubatinga.
Vapeba sapucaia.
Vinhatico.

261 José Saldanha da Gama.

Angelim rose.
Araçá-una.
Bicuíba.
Canéficier (*Cassia brasiliana*, Mart.)
Cannelle du marais.
Cannelle *jacuá*.
Cannelle citron.
Cannelle mulâtresse.
Cannelle noire.
Cannelle puante.
Carubeçú.
Coco á huile.
Jequitibá rose.
Gonçalo-Alves.
Grapiapúnha.
Guarajúba (*Terminalia*).
Guaranhem (*Chrysophilum*).

Guaraúna gris.
Guaraúna noir.
Palissandre liane (*jacarandá-cipó*).
Palissandre violet.
Mucutuahíba.
Bois-Brésil.
Bois mulâtre.
Pequiá jaune.
Pequiá ivoire.
Bois piment.
Sepipira (*Ferreira spectabilis*).
Sobrasil.
Sucupira rouge.
Sucupira jaune.
Tapinhoan gros.

262 Intendance de la Maison Impériale.
Tableau en mosaïque de différents bois du Brésil.

PROVINCE DE PARANÁ.

263 Antonio Pereira Rebouças Filho.
Araticum sauvage.
Araçd-piranga.

Le tronc a 4ᵐ,40 à 6ᵐ,60 de longueur et 0ᵐ,22 à 0ᵐ,66 de grosseur ; ce bois s'emploie dans les constructions civiles.

Araribd blanc (*Arariba alba*, Mart.)

Longueur du tronc de 8ᵐ,80 à 11ᵐ, grosseur de 0ᵐ,88 à 1ᵐ,10 ; ce bois s'emploie dans les constructions civiles.

Aroeira.
Angelim.
Cèdre.
Coronille.
Cannelle jaune (*Laurus*).
Cange-râna (*Cabralea*).
Chêne.
Cabiúna. (*Pterecarpus niger*, Vell. ; *iscolobium violaceum*, Vog.)
Cannellinha (petite can-nelle).
Embuiá jaune.
Guamorim.
Guarajiba.
Guacá.
Guarúba.
Guarapari blanc.
Ipé.

Cannelle goyave.
Cannelle pin.
Cannelle noire. (*Agathophyllum aromaticum*, Linn.)
Cannelle suif.
Palissandre blanc (*Bignonia leucoxylon*, Lan.)
Palissandre *pitanga.*
Palissandre violet.
Laurier.
Massarandúba.
Peróba jaune (*Aspidosperma*).
Pin rouge (*Araucaria*).
Taruman ou Les cinq stigmates (*Gerasconthus*).
Ubaia.
Urucú-râna (*Hieronima alcornioides*).

264 José Candido da Silva Muricí.
Guará-piranga.
Guapuan.

L'arbre s'élève à plus de 15ᵐ de hauteur, et a un diamètre de 0ᵐ,60. Le bois est employé à la charpente des maisons.

Sassafras noir (*Ocotea*).
Nœuds de pin.

265 M. de Almeida Torres.
Nœud de pin.

PROVINCE DE S. PAUL.

266 Fonderie impériale de St. Jean d'Ipanema.

Peróba.
Massaranduba.
Cange-rána.
Cabiúna.
Cèdre.
Sassafras.
Taiúva.
Peróba iqueira.
Ipé.
Araribá (*Centrolobium.*)
Quaretá.
Suguaragi.
Guaranta.
Chimbó.
Cupaúva.
Palissandre.
Guainvira.
Jequitibá.
Uatinga.
Cachêta.

267 J. J. Aubertin.
Racine de *vinhatico.*

PROVINCE DE SAINTE CATHERINE.

268 Wenceslào Martins da Costa.

Pindaúna jaune.
Cinzeiro (cendrier.)
Bois de sang (*Pau sangue*).
Cannelle *burra.*
Cannelle suif.
Cannelle cerf (*cannella veado*).
Cannelle jaune.
Capororóca.
Cannelle piment.
Cannelle de marais
Cannelle noire.

Employé dans les constructions civiles. L'arbre, qui a 13^m,20 de hauteur et 0^m,44 de grosseur, fleurit au mois de septembre.

Cambaitá.
Camará.
Cachêta.
Caburubú.
Chêne.
Cèdre.
Cabiúna.
Cange-rána.

Bois très-durable, employé dans les constructions civiles et navales, et dans les rouages. Sa longueur est de 11^m et sa grosseur de 0^m,44.

Cédratier.
Canêma.
Cupiúva.

Ce bois est employé dans les constructions navales et civiles. Il a de 17m,60 à 22m de longueur et d'1m,32 à 4m,54 de grosseur.

Fruta de pomba (*Erythroxilon anginfugum*, (Mart.
    (Fruit de colombe.)
Figuier.
Truman.
Queue de singe (*Rabo de macaco*).
Ipé.
Tapeva.
Subrajú.
Sassafras.
Alma de serra (Ame de montagne).
Laurier.

Ce bois sert dans les constructions civiles et navales. Le tronc de l'arbre a de 11m à 13m,20 de hauteur sur 1m,32 à 1m,76 de grosseur.

Palissandre rouge.
Lico-râna (*Hieronima*).
Olandim.
Sassafras jaune.

Ce bois est de peu d'usage dans les constructions civiles.

Massarandúba.
Angelim.
Araribá.

Ce bois est employé dans les constructions civiles et dans la me_ nuiserie. L'arbre a un tronc de 13m,20 de hauteur et de 0m,44 à 0m,66 de grosseur.

On en trouve deux autres espéces : l'*arariba-piranga* ou *caa-mirin* (*Araribá rubra*, Mart.) et l'*araribatinga* ou *caa-assú* (*Araribá alba*, Mart.)

Bois à huile.
Embirivinha.
Ingá (*Inga edulis*).
Baga de periquito. (Baie de perruche.)
Bicuíba.
Caúna.
Guamirim rouge.
Guamirim blanc.
Guamirim araçá.
Guarajuva:
Guapari.
Garúva.
Génipayer.

Cet arbre a un tronc de 11m à 13m,20 de hauteur sur 1m,10 á 1m,32.

de grosseur. Du fruit on fait une excellente eau-de-vie. Le bois, très-dur et d'une couleur jaune foncée, est employé dans les constructions civiles et navales, et dans la menuiserie ; il sert pour les roues à engrenage et pour les poulies.

Guarapicíca.
Guapéva.
Cuacá.
Goyavier (*Psidium pomiferum*, Lin.)
Crapihí.
Guamirim.
Pindahiba rouge (*Xylopia frutescens*, Lin.)
Pindabúna.
Pindaíba.
Bois d'épine (*Pau de espinho*).
Peróba rouge.
Pequiá.
Bois de *tanho.*
Araçá (*Psidium araçá*, Raddi).
Mata-olho (Tue-l'œil).
Espinho embigudo (*Bois d'épine à nombril*).
Myrthe.
Peróba blanc.

PROVINCE DE SAINT-PIERRE DE RIO GRANDE DU SUD.

269 Frederico Guilherme Bartholomay et Carlos Buss.
Écorce de l'arbre de Sainte-Rite, broyée pour le tannage.

270 Francisco Nunes de Miranda.
Cèdre.
Timbaúba.

271 Felippe Jacob Sellback.
Fouette-cheval (*Luhea grandiflora*, Mart.) (*Açouta-cavallos*).

On en fait usage dans le traitement des tumeurs arthritiques et des diarrhées. Le bois est employé pour les crosses de fusils.

Angico blanc.
Canellinha rouge.

Cet arbre a un tronc de 8ᵐ,80 à 11ᵐ de hauteur sur 0ᵐ,44 à 0ᵐ,66 de grosseur. Il fournit une bonne couleur rouge. L'écorce de la racine est astringente et fébrifuge. Le bois sert dans les constructions civiles.

Cèdre.

Cocotier.
Grapiapúnha.
Ipé.
Guajuvíra.

Bois propre aux constructions civiles et navales, et aux ouvrages de poulieur.

L'arbre dont il provient, a de 4^m,40 à 6^m,60 de hauteur sur 0^m,22 à 0^m,66 de grosseur.

Laurier.
Pin.
Cange-rana.
Pequiá.

272 Germano Grosskoph.
Laurier noir.

273 Paulino Ignacio Teixeira.
Angíco.

CLASSE XLII

Produits de la chasse, de la pêche et des cueillettes.

PROVINCE DE L'AMAZONES.

274 Amorim & Irmão et Antonio Joaquim da Costa & Irmão. (Manáos).
Breu virgem (Goudron-vierge).

275 Antonio Joaquim da Costa & Irmão.
Fèves de *puxurí*. (V. n. 288.)

276 Antonio de Jesus Passos.
Fruits de coumarou.

Ces fruits s'emploient dans la perfumerie ; et l'huile qu'on en extrait, est employée au traitement de l'ozène et des ulcérations de la bouche. L'arbre se multiplie abondamment sur les bords du fleuve de l'Amazones et de ses affluents.

277 Antonio Monteiro.
Lait (*latex*) de *muiratinga.*

278.— Idem.
Lait de *tururí.*

Les Indiens tirent de l'écorce du *tururí* une étoupe qui leur sert pour l'emballage et pour se faire des vêtements.

Les applications qua peut avoir le lait sont inconnues.

279 Barboza & Frère.
Huile de *tamaquaré*.

280 Carlos Baptista Mardel.
Fèves aromatiques.
Résine *iaudra-icica*. (V. n. 292.)

281.— Idem.
Copahu.

Obtenu au moyen d'incisions faites sur le copaïer. Son emploi en médecine est fort connu ; il a quelque usage aussi dans l'industrie.

282 Commission provinciale.
Graines de *miriti*.

Ces graines du palmier *Mauritia vinifera*, connu dans la province de Pará sous les noms de *muruti*, *muriti* et *miriti*, et dans les provinces du Sud sous celui de *buriti*, sont employées au fumage du caoutchouc au défaut de celles *d'urucuri*. On en exporte en grande quantité sous le nom d'ivoire végétal des colonies françaises pour la métropole, où elles sont employées dans l'industrie.

Le palmier *muriti* croit spontanément et abondamment dans toute la province de Pará. Il est très-util : de la pulpe du fruit on prépare une boisson, semblable à celle de *l'assahi* (un autre palmier, *Euterpe oleracea*), dont les naturels font usage, et un vin très-estimé, ainsi qu'une confiture et une gelée trés-recherchées ; des feuilles jeunes on tire de la paille et des fibres pour chapeaux, corbeilles, nattes, tissus grossiers, hamacs à réseaux, cordes, etc. ; les tiges sont employées pour des ponts flottants de débarquement, et leur partie extérieure fournit des planches très-durables, plates et convexes, enfin on attribue aux racines des propriétés médicinales-

283 Guilherme José Moreira.
Caoutchouc fin.
Caoutchouc gros.

284 Henrique Antony.
Tucum brut.

285 Henrique José Affonso et **José Cardoso Ramalho.**
Copahu, 500 rs. la carrafe.

286 Henrique José Affonso.
Bacabahi (graines de).
Uâuassú (graines d').
Uichi-curud (noyaux d').

Uichi-liso (noyaux d').
Tucuman-assú (noyaux de).

287 João Marcellino Taveira Páo Brasil, Joaquim Soares Rodrigues, Manoel Tertuliano Fleury da Silva, Victorino Manoel de Lima.

Résine de *jutaicica*.

Cette résine, provenant de l'arbre, appellée vulgairemente *jataí* (*Hymenæa*), se trouve dans le commerce sous le nom de copal brésilien. Elle sert à la préparation des vernis, et les indigènes de la province de l'Amazones l'emploient pour vernisser la poterie. En médecine on l'administre sous forme d'émulsion, dans les maladies pulmonaires, et contre les toux chroniques.

288 João Martins da Silva Coutinho.

Fèves de *puxurí*.

Graines du fruit du *puxurí*, employées comme condiment ; on les administre contre les maux d'estomac.

289.— Idem.

Caoutchouc brut.

La résine qui est en suspension dans le lait extrait de l'arbre *Siphonia elastica*, de la famille des *Euphorbiacées*, est connue au Brésil sous les noms de *borracha*, *seringa* et *gomma elastica* (gomme élastique), et en France sous ceux de gomme élastique et coautchouc, corruption de *cahuchu*, désignation employée par les Indigènes.

Le suc de l'arbre à caoutchouc contient environ 30 % de cette résine, sous forme globuleuse, avec l'apparence et la consistance du lait ; cette proportion fut vérifiée par Bourguer et La Condamine, qui en 1736 firent la descriptionc de cette précieuse substance.

On extrait le caoutchouc en pratiquant des incisions dans le tronc de l'arbre. On y fait d'abord, quelques pieds au-dessus de la racine, une entaille transversale assez profonde pour toucher à la partie ligneuse ; et, pour que le suc découle plus abondamment, on pratique une incision perpendiculaire depuis le haut du tronc jusqu'à la transversale, en faisant en outre, de distance en distance, des incisions obliques à la perpendiculaire. On favorise souvent cette opératiou en serrant l'arbre avec des cordes ou des lianes, ce qui fréquemment le fait mourir. En quelques heures le suc, qui découle, emplit les bassins, fabriqués de larges feuilles et d'argile plastique, qui sont adaptés à la partie inférieure de l'arbre. Ensuite on le verse dans d'autres vases de forme différente ; peut de temps après il s'épaissit et se solidifie par l'évaporation de la partie liquide. Pour le sécher complètement, on a l'habitude de l'exposer à une légère chaleur ; à cet effet on le suspend sur un brasier allumé avec les tiges de certaines plantes et dont la flamme est entretenue par des graines *d'auricuri* en sorte qu'il reçoive la fumée ; de là cette couleur noirâtre que présente généralement le caoutchouc du commerce. Pendant qu'il est liquide, on le façonne, au moyen de moules, selon le gré de chacun et les fins auxquelles il est destiné.

Le fruit de l'arbre est petit, et renferme une amande blanche d'un goût agréable, dont on extrait une huile fixe, de couleur violet-clair, ressemblant á celle du vin vieux de Porto. Le procédé de l'extraction est identique à celui généralement employé pour obtenir l'huile de ricin. Cette huile remplace celle de lin, mais elle n'est pas aussi siccative; mêlée au copal et à la térébenthine, elle forme un bon vernis; elle peut aussi servir avec avantage à la fabrication des savons durs, de l'encre pour la typographie et probablement pour la lithographie.

Longtemps la gomme élastique fut exportée en état solide, peu durcie, gardant son élasticité, jusqu'à ce que feu Henrique Antonio Strauss parvint à la conserver à l'état liquide sans altération, et sans qu'il fût necessaire de la préserver entièrement du contact de l'air. L'ammoniaque est aujourd'hui généralement usitée dans la province de l'Amazones pour conserver le caoutchouc à l'état liquide.

Le procédé de Strauss pour solidifier le caoutchouc sans le soumettre au fumage, est également du domaine public : il consiste dans l'emploi de l'alun.

Par les expériences de Mr. Goodyear, des États-Unis, on sait que la gomme élastique, mêlée à 1/5 de soufre, acquiert une consistence dure, qui la rend propre à être polie, sculptée et coupée de toutes façons, et servant ainsi à une infinité d'objets.

L'arbre à caoutchouc croît abondamment, à l'état sauvage, dans les provinces de l'Amazones et de Pará; moins commun au Maragnon, il se trouve en assez grande quantité dans les provinces de Ceará et de Rio Grande du Nord : il y atteint une hauteur de 8^m,80 á 17^m,60 et une grosseur de 2^m,20 à 2^m,64. Il croit de préférence dans les lieux marécageux.

Le prix du caoutchouc varie beaucoup.

L'exportation pour l'étranger, par le port de Pará, de ce produit, tant brut qu'ouvré, fut de 227,571 *arrobes* (3.342.926 kilogr.) dans l'année financière de 1864—1865. L'arrobe parfois s'est vendue 40$ (quarante mille réis); d'autres fois elle est descendue à 12$.

L'extraction de la gomme élastique, ne se fait encore dans le Ceará que sur une petite échelle.

290 João Martins da Silva Coutinho.
Huile de *tamaquaré*.

291 Joaquim Gomes Freire da Silva.
Cristaux de copahu.

292 Joaquim Leovegildo de Souza Coelho.
Résine d'*iaudra-icíca*.

Employée contre les maux de tête : on l'applique sur les tempes,
ou on la brûle et l'on en inspire la fumée.

293. — Idem.
Fibres de *mungúba*.

Les indigènes prennent l'écorce de l'arbre et la laissent en macé-
ration dans l'eau pendant deux ou trois semaines ; alors les filaments
se détachent ; lavés et séchés au soleil, il sont employés dans la
fabrication des cordes.

294. — Idem.
Cubío (semences de).

Arbrisseau commun dans les terrains secs de la province de l'Amazones, cultivés ou incultes. Le fruit frais est amer ; de sa pulpe on
fait de confitures.

295. — Idem.
Semences de *mungúba*.
Fibres de *curauá*.

296 Joaquim Pedro de Castro.
Caoutchouc fin.

297. — Idem.
Murú-murú (graines de).

Palmier très-épineux, dont le fruit est employé dans le fumage du
caoutchouc, et sert d'aliment aux cochons.

298 José Joaquim Palheta.
Ipadú (poudre des feuilles de l').

Les Indiens font un grande usage de cette poudre, qu'ils mâchent ;
ils croient qu'elle nourrit, parce qu'elle ôte l'appétit et réduit l'estomac à un état d'inertie. On suppose que les feuilles sèches sont
utiles contre les flatulences.

299. — Idem.
Uixí (graines d').

Arbre colossal, fort commun dans les forêts de la province de
l'Amazones. L'écorce du tronc est très-astringente et s'emploie en médecine. De la pulpe du fruit les indigènes tirent une huile pour
l'éclairage.

300 José Joaquim Palheta. (S. Gabriel.)
Piassába, 1$500 à 1$700 l'arrobe.
Éeorce de *tururí*.

301 Manoel Alves dos Santos.
Copahu.

302 Manoel Caetano Prestes.
Lait de *mururé*.

Le suc extrait *mururé* du est employé en médecine comme un dépuratif et anti-syphilitique puissant ; c'est pourquoi on l'appelle vulgairement mercure-végétal.

303. — Idem.
Lait (suc) de *jacaré-úba* (V. n. 306).
Copahu.
Barbe de bouc (espèce de *piassába*) (*barba de bode*).

304 Manoel Justiniano de Seixas.
Coumarou sauvage (fruits de).

Connu aussi sous le nom de *cumarú-rána* ou faux coumarou. La semence, très-vénéneuse, est employée pour la destruction des rats, ainsi que des blattes et autres insectes.

305 Manoel Urbano da Encarnação.
Caiaué (noyaux de).

Palmier connu dans les provinces au sud de l'Amazones sous le nóm de *dendé* (*Elais guineensis*).

De ses fruits on extraite l'huile appelé de *caiaué* á l'Amazones; de *dendé* en d'autres provinces, et de palme plus généralement, surtout en Europe.

Il y en a de deux qualités, qui different selon le mode de fabrication : on obtient l'une du sarcocarpe fibreux qui enveloppe la graine ou noyau; l'autre de l'amande.

Cette dernière est appelée communément beurre de palme ; elle est blanche ou presque blanche, et solide, même dans les climats chauds ; dans la province de Bahia on lui donne le nom d'huile de senteur ; elle est exclusivement employée à l'alimentation à cause de sa pureté ; la production en est trés-restreinte parce qu'elle revient à un prix élevé.

L'autre huile, plus grossière, est de couleur jaune-orangé, légèrement aromatique et d'une saveur douceâtre ; d'une consistance de graisse ou de beurre, elle devient liquide aux températures ordinaires des pays chauds, même à 29º centigr. ; elle a alors une couleur plus rouge, semblable à celle de la pâte de tomates. Elle sert à des usages culinaires ; et à la fabrication de savons fins.

306 Manoel Urbano da Encarnação.
Lait de *jacaré-úba*.

Le suc de *jacaré-úba* sert comme dissolvant du brai, que l'on emploie dans le calfatage. En médecine on l'applique dans les cas de rhumatismes.

307.— Idem
Huile de *Tamaquaré*.

Cette huile, extraite des semences de l'arbre appellé *tamaquaré*, est employée à l'extérieur dans te traitement de quelques dartres, de la gale, et des rhumatismes.

308.— Idem
Salsepareille (racine de).

309 Thury & Freres.
Lait de *muiratinga*.

L'arbre croît abondamment dans la province de l'Amazones dans les terrains secs. Le suc, qui est un liquide laiteux. s'emploie à l'extérieur dans le traitement des douleurs rhumastismales, des tuméfactions, contusions, etc.

310.— Idem.
Brai vierge.
Copahu.

311 Torquato Antonio de Souza.
Écorce de *tururí*.
Tucuman-assú (semences de).

312 Victorino Manoel de Lima.
Résine de brai blanc.

PROVINCE DE PARÁ.

313 Affonso Mongin Disincourt.
Lait concret de *massarandúba*.

314 Antonio Joaquim de Almeida Vianna.
Fruits de *taperebá* (en conserve).

315 Bento José Rodrigues Vianna.
Fruits de *guaraná* (en conserve).

316 Commission provinciale.
Leit de *tatajúba*.

L'arbre, fort commun dans la province de Pará, croît dans les terrains secs. On obtient de son bois plus d'une substance tinctoriale et avec son écorce on préparée de l'étoupe.

(C. F.)

5

317 Commission provinciale.

Fruite de *bacaba* (en conserve).

Les indigènes préparent avec ces fruits une boisson, semblable à celle de l'*assahí*, dont presque toutes les classes de la population font usage ; boisson oléagineuse, mais très-savoureuse et nutritive. On extrait des mêmes fruits une huile douce, succédanée de l'huile d'olive.

318.— Idem.

Fruits d'*assahí* (en conserve).

Le fruits de l'*assahi* (palmier, *Euterpe oleracea*), tant qu'ils sont frais, servent à préparer une boisson, dont les naturels de la province font un grand usage. On commence à les utiliser à l'état sec pour l'extraction d'une huile, dont les qualités et l'emploi, ne sont pas encore bien connus.

319.— Idem.

Lait de l'arbre à caoutchouc préparé à l'ammoniaque, 86$000 l'arrobe.

L'arbre est très-abondant dans les forêts de la province de Pará. Le suc, qui se coagule peu de temps après son extraction, lorsqu'on le laisse au contact de l'air, se conserve à l'état liquide, si on y ajoute un peu d'ammoniaque. (V. le n. 289.)

320.— Idem.

Lait de *timbó*.

Ce suc, employé comme ichthyotoxique, est extrait de la plante connue sous ce nom, qui est du reste le nom générique de plnsieurs végétaux jouissant de propriétés toxiques sur les poissons.

321.— Idem.

Lait de *guaxingúba*.

L'arbre est connu, dans les provinces qui demeurent au sud de celle de Pará, sous le nom de gamellier ou figuier sauvage. Le lait est administré comme anthelmintique ; et quelques tribus, parmi celles qui habitent la vallée du fleuve Amazones et de ses affluents, croient qu'il a la vertu de rendre les femmes prolifiques ; mais cette croyance n'est pas encore confirmée par des faits positifs. On en retire aussi du caoutchouc, mais d'une qualité inférieure.

322.— Idem.

Graines d'*ucuúba*.

Des graines de l'*ucuúba* (arbre à suif, *Myristica*) on extrait une substance dont on fait des chandelles semblables à celles de suif de bœuf, mais plus durables, un peu aromatiques et d'un fabrication facile. On peut aussi en obtenir de l'huile par pression. Ses produits cepen-

dant appartiennent à l'industrie domestique et n'ont pas encore de pri
dans le commerce.

323.— Idem.
Lait d'*assacú*.

L'*assacú* est un arbre colossal, très-commun dans les terrains humides. Le suc extrait de cet arbre est extrêmement vénéneux administré en grandes doses ; mais par gouttes il est vomitif et purgatif.
Sur la peau, il produit des ulcères difficiles à guérir ; de là, l'usage
qu'on en fait dans le traitement extérieur des dartres. Les feuilles
et autres parties de l'arbre, en décomposition dans l'eau, donnent lieu
à l'apparition de fièvres de mauvais caractère.

324.— Idem.
    Lianes :
Liane *ambé*.
Liane *pixuna*.
Liane *timbó titíca*.
Liane *pagé*.
Liane *jacitará*.
Liane *timbó-assú* (grand timbó).
Liane noire.
Liane roi.

Les forêts de la province de Pará possèdent une quantité immense
de lianes, presque toutes très-utiles, par la variété de leurs usages
Quelques-unes servent à faire des attaches ; de plusieurs d'entr'elles on
tire des filaments et des fibres avec lesquels on fabrique des chapeaux,
des nattes, des corbeilles et des tissus. Dans ce dernier cas, elles sont
connues vulgairement sous le nom de *timbó assú*.

325.— Idem.
Lait d'*amapá*.

Extrait de l'arbre qui est connu vulgairement sous ce nom. On
l'emploie en médecine pour le traitement externe des ulcères, plaies
et coupures.

326.— Idem. (Porto de Móz.)
Lait de sorbier du Brésil.

Extrait de l'arbre de ce nom. Employé en médicine comme aliment,
pour le traitement des maladies de la poitrine. Dans l'industrie, après
être réduit en résine, il est employé comme vernis.

327.— Idem.
Cire d'abeilles indigènes.

La province du Pará, remplie de magestueuses forêts, qui par leurs immenses ombrages empêchent un plus grand développement des herbes dont les fleurs conviennent aux abeilles, n'offre pas ces innombrables espèces de mouches à miel indigènes qu'on rencontre dans les provinces où les prairies sont plus fréquentes; cependant on trouve dans cette province un bon nombre d'espèces qui fournissent un très bon miel pour la médicine et de la cire brutte pour un certain nombre d'usages industrieles. On n'élève pas encore dans la province l'abeille dite d'Europe. La cire de l'abeille indigène est aussi employée dans l'intérieur de la province à l'éclairage des habitations.

328.— Idem.
Feuilles de *tucuman*.

329.— Idem.
Foin maritime (*capim marinho*)
Paille d'*ubussú*.
Bourgeon de *jauari*.
Jonc.
Bourgeons de *mururú*.

330.— Idem.
Gaine de feuilles du palmier *caranã*.

331.— Idem.
Lait d'*ananí*.

332. — Idem.
Pupúnha marajá (graines de).

333.— Idem.
Fruits de *pacóva catinga* (bananier sauvage).

334.— Idem.
Fruits de *jutahi*.
Noyaux d'*inajá*.
Noyaux de *tucuman*.

335.— Idem.
Noyaux de *tucuman*.

336.— Idem.
Embíra partie (fibreuse d'*uassíma*).
Embíra de *quiabo*.
Embíra de *carrapato*.
Embíra de blanc (*branco*).
Embíra de *beribá*.
Eubíra d'*ituá*.

Embíra de mamão-rána.
Embíra de periquitá.

337 Commission provinciale.

Fruits dans l'alcool.

Maracujá.
Divers fruits.
Marupá.
Banane.
Beribás.
Ananí.
Tucuman.

Carană.
Marajó.
Muruxí.
Jupatí.
Araçá.
Ucuúba.

338. — Idem.
Lait de l'arbre à caoutchouc, 86$000 l'arrobe, soit 14 kll. 400 gr.

339. — Idem.
Copahu.

340. — Idem.
Résine de *jutahí* ou *jutaicíca.*

341. — Idem.
Écorce de *tururí.*
Écorce d'*anauerá.*

342. — Idem.
Semences de *bicuíba.*

343. — Idem.
Semences de la plante, appellée à Rio Officier de salle (*official da sala*).

344. — Idem.
Lait de *muiratinga.*

345. — Idem.
Lait de *mururé.*

346. — Idem.
Lait de *sucuúba.*

347. — Idem.
Lait de *massarandúba.*

348. — Idem.
Graines de *pagimarióba.*

349. — Idem.
Sève de *mucună-assú.*

350 David Joaquim Leal.
Fruits de *carană.*

De la pulpe qui enveloppe la noix on fait une boisson semblable à celle qu'on extrait du *muruti :* la noix sert aussi à fabriquer divers petits objets de fantasie· Elle est employée pour enfumer le lait de la *seringueira* à défaut de l'*urucuri*.

351 Domingos Casimiro Pereira Lima.
Bourgeons de *jauari*.

352. — Idem.
Eau de *jequiri*.

353. — Idem.
Fruits d'*uxicuruá* (en conserve).
Fruits de *jauari* (en conserve).

354. — Idem.
Liane *titica*.
Liane *timbó-assú*.

355 Domingos Soares Penna.
Cupuassú-rána ou *acapú-rána*.

Arbre connu dans la province de Pará sous ce nom vulgaire; il abonde dans les terrains secs. L'écorce du tronc s'emploie en médecine, comme astringent.

356 Domingos Soares Ferreira Penna.
Lait de *massarandúba* coagulé.

357 Estevão Luiz de Hollanda.
Colle de cumati (poisson).

358. — Idem.
Colle de poisson (*pescada* (espèce de merlan) e *pira-hiba*).

359 Florentino M. Tavares.
Fruits d'*uichi*.
Fruits de coumarou sauvage.

360 Francisco Gaudencio da Costa & Fils.
Caoutchouc demi-fin (2ᵉ qualité).
Caoutchouc fin (1ᵉ qualité).
Caoutchouc de sernambi.

Le caoutchouc, *seringa* ou *caú-cho* des indigènes se fabrique avec le lait de l'arbre très-abondant dans le pays, qu'on appelle *seringueira*. On fait découler le lait par des incisions pratiquées sur le tronc, au dessous desquelles on adapte de petites écuelles en terre ; il se transforme en caoutchouc par l'exposition à la fumée du fruit du palmier *urucuri* (*attalea excelsa*) et à défaut de celui-ci, d'autres palmiers. La province a acheté le privilége du défunt Strauss.

A l'aide de son procédé on peut préparer le caoutchouc à l'intérieur des maisons, et l'ouvrier cesse ainsi d'être exposé aux émanations de la combustion et du sol marécageux dans lequel l'arbre croît généralement. Le procédé Strauss est aujourd'hui du domaine public ; il consiste à jeter dans une quantité déterminée de sève laiteuse une certain proportion de dissolution aqueuse d'alun. La routine malheureusement s'est opposée à ce que l'emploi de ce procédé très-simple et très-avantageux se généralisât. Le caoutchouc est une des principales richesses du pays ; mais sa fabrication distrait la population rurale de ses travaux de labour et la visite de certains spéculateurs dans les terrains à caoutchouc a souvent pour elle de déplorables conséquences. Quant à la qualité du caoutchouc, le commerce le classifie en fin, demi fin, *sernambí* et tête de nègre. Le prix du caoutchouc fin flotte actuellement entre 16$000 (seize mille reis) et 20$000 l'arrobe (14 kil. 400 gr.) La sève laiteuse d'un grand nombre d'arbres de la province pourrait donner un caoutchouc aussi fin que celui de la *seringneira* ; dernièrement, par exemple, à Gurupá, on a découvert que le lait de l'arbre appellé *Mompiqueira* ou *Amaro da Silva* donne d'excellent caoutchouc.

361 Geraldo Ferreira Bastos. (Vigia.)
Lait de liège.

362 Hilario Ferreira Moniz.
Embíra rouge (bois, écorce et corde).

363 Hildebrando Nunes Lisboa.
Gomme élastique fine.

364 Ignacio Egydio Gonçalves dos Santos.
Fruits de *patauá* (en conserve).

De ce fruit on extrait une huile fort recherchée, et qui remplace celle d'olive.

365.—Idem.
Liane *timbó.*

366 Jacintho Machado da Silva.
Bois d'*embíra* de *tipitiú.*

367. — Idem.
Liane *jacitará.*

368 Januario Prudencio da Cunha.
Liane *titíca* (écorchée).

369. — Idem.
Écorce d'*urucuri.*

370 João Henrique Diniz. (Acará.)
Maparajúba (lait de).

Extrait de l'arbre connu vulgairement sous ce nom dans la province de Pará, arbre fort commun dans les terrains humides et qui est une variété de la *massarandúba*.

371. —Idem. (Acará.)
Sucuúba (lait de).

Employé en médecine dans le traitement interne commo anthelmintique, mêlé avec du café ou de l'huile de ricin ; et aussi dans la préparation d'emplâtres que l'on applique contre les inflammations de la rate ou sur les articulations, en cas de dislocation.

372. — Idem. (Belém).
Embíra de carrapicho (arbuste).

On tire de la plante vulgairement connue sous ce nom dans la province de Pará d'excellentes fibres pour tissus.

373. —Idem.
Lait d'*amapá*.
Sève de *muiratinga*.

374 João Vicente do Couto.
Caoutchouc de *mangabeira*.

Le lait de l'arbre appellé *mangabeira* (*hancornia speciosa*, famille des apocinées), donne un caoutchouc excessivement fin ; mais soit par suite de la crainte de compromettre la vie ou la durée de l'arbre dont le fruit est très-recherché comme comestible ; soit même parce que l'arbre est peu abondant, le caoutchouc de *mangabeira* ne se rencontre que comme une rareté.

375 João Wanzeler de Albuquerque Sobrinho.
Amapá (lait d').

376 Joaquim Gomes da Rocha.
Feuilles de *curauá*.

377 Joaquim Rodrigues dos Santos.
Amapá (lait d').

378. —Idem.
Sucuúba (lait de).

379. — Idem.
Copahu.

380 José Antonio Correia de Seixas.
Caoutchouc enfumé (procédé ordinaire).
Caoutchouc séché au soleil.

381 José Antonio Correia de Seixas.
Fruit de *marajd* (en conserve).

382.—Idem. (Baião.)
Mangába (lait de).

Par la transformation en résine de cette sève on obtient une espéce de caoutchouc de qualité supérieure. Si elle n'est pas exploitée, c'est que d'une part l'arbre est assez rare dans les forêts de la province de Pará en même temps que peu volumineux ; de l'autre, son fruit se met en confitures lorsqu'il est vert et est aussi fort bon à manger cru si on le laisse mûrir.

383. — Idem.
Seringueira (graines).
Coquilhos (graines).

384 José de Araujo Roso Danin.
Fruits de *tucuman* (en conserve).

Les noyaux du fruit du palmier qu'on appelle dans la province *tucu-manzeiro* sont excessivement durs et employés pour faire des bagues , des pointes et pommes de cannes, et d'autres petits articles. Ce palmier est très-abondant dans tous les bois de la province et est fort utile. La pulpe de son fruit très-mûr est alimentaire et agréable au palais ; elle donne une huile commune très-semblable à l'huile dite de palme , et une huile fine propre à l'éclairage et à tous les usages industriels. Des feuilles des jeunes pousses on fait des ustensiles de ménage , telles que corbeilles , boîtes , nattes , éventoirs , chapeaux : on en extrait aussi une fibre qui ressemble beaucoup au fil connu sous le nom de *tucum.*

385. — Idem.
Musc végétal (graines).

Les fruits de cette plante sont employés pour chasser les insectes des tiroirs et des meubles où l'on met du linge.

386. — Idem.
Châtaignes du Pará.

Graines du fruit de l'arbre connu sous le nom de châtaignier. On la prépare pour être portée au marché en cassant l'enveloppe qui contient ordinairement de 12 à 25 châtaignes ; puis sans autre procédé elles sont mises en sacs ou vendues en détail.

La récolte se fait aux mois de mars, avril et mai.

On mange la châtaigne crue ou rôtie ; on en fait de la confiture et des dragées ; on en extrait du lait qu'on emploie comme celui du coco.

Elle donne une huile fixe, d'un jaune clair, transparente, d'une odeur agréable et du même goût que le fruit fraichement cueilli : on s'en sert comme condiment dans la cuisine, et en parfumerie pour adoucir les cheveux. Enfin elle est employée à la fabrication des savons durs et à l'éclairage.

On tire aussi de ce châtaignier de fort bonne étoupe qui est presque la seule employée dans les provinces de l'Amazones et du Pará, au calfatage des embarcations.

Dans l'année financière de 1863 à 1864, ont été exportés de la province 18,862 alqueires de châtaignes, valant 36:851$400 ; et durant le semestre de janvier à juin de l'année de 1866 par la direction des rentes de Manáos, 9,276 *alqueires*. Un *alqueire* de châtaignes vaut de 6$ à 7$. L'*alqueire* équivaut à 13 litres.

L'arbre est colossal et son bois de qualité supérieure pour la construction.

387 José de Araujo Roso Danin. (Belém.)

Graisse de *pequiá*.

Extrait du fruit de l'arbre connu sous ce nom. Ce fruit est volumineux ; de sa pulpe, qui est alimentaire et fort savoureuse, on extrait l'huile et la graisse connues sous le même nom qui l'une et l'autre sont employées comme condiments.

388 — Idem.

Châtaignes d'acajou *(castanhas de cajú)*.

Très-savoureuses ; vertes, on les met dans des ragoûts ; sèches, on les mange rôties ou on en fait des dragées, de meilleure saveur que celles d'amande.

L'écorce de la châtaigne est un caustique très-énergique ainsi que l'huile qu'on en extrait. La médecine en fait usage en certains cas.

La résine ou gomme qui suinte de l'arbre est analogue à la gomme arabique. En médecine on s'en sert pour les hemoptyses et pour toutes les affections dont le traitement exige des principes gommeux.

Le bois est ordinairement blanc, facilement attaqué par les vers et riche en potasse ; en conséquence les cendres peuvent en être utilisées avec avantage.

389. — Idem.

Semences de *seringueira*.

390. — Idem.

Fruits de *muruti*.

391. — Idem.

Lait concret de *massarandúba*.

392 José de Araujo Roso Danin. (Belém.)
Quaxingúba (lait de).

393. — Idem.
Cauareçá (eau de).

394. — Idem.
Amapá (lait d').

395. — Idem.

Fruits dans l'alcool.

Pupúnha.   *Taxi membé.*
Tucuman.   *Jaboti.*

396. — Idem.
Liane *jacitará*.

397. — Idem.
Caoutchouc (procédé vulgaire).

398. — Idem.
Caoutchouc (nouveau procédé).

399. — Idem.
Embíra blanche.

400. — Idem.
Embíra de bois peigne (*pau pente*).

401 José Caetano Ribeiro. (Bragança.)
Mururé (lait de).

402 José Calandrino de Azevedo.
Écorces de *tururí*.

403 José Calisto Furtado de Mendonça.
Fruits d'*andirá-uxi* (en conserve).

404. — Idem.
Quaxingúba (lait de).

405. — Idem.
Sève de *mamoré*.

406. — Idem et **Manoel Jorge da Silva Lobo.**
Ananí (lait d').

407 José Henrique Diniz.
Eau de *muiratitica*.

Extraite de la tige de la liane connue vulgairement sous ce nom dans la province de Pará, cette eau remplace l'eau de source dans les lieux où celle-ci manque.

408 José da Silva Leite.
Amapá (lait d')

409. — Idem.
Tucuman (graines de).

410. — Idem.
Liane *ambé*.
Liane *timbó titica*.

411 José Verissimo de Mattos.
Liane *jacitará*.

412. — Idem.
Feuilles de *jauari*.

413. — Idem.
Feuilles de *tucuman*.

414. — Idem.

Fruits dans l'alcool.

Goyave blanche.	De l'*igapó*.
Araçá-rána et *uariuá*.	*Camará*.
Marajá.	*Jacari*
Assahi.	*Pitomba*.
Muruxi.	*Puxuri* et *uxi-rána*.
Uchi-pucaia.	*Sucuruzeiro*.
Jurubéba.	*Uxi-pucú* et *puruá*.
Jará-bacabahi.	*Piririma-mumbdca*.
Tucum-cahi.	*Pupúnha*.

415 Luiz Thomaz Correia.

Fruits dans l'alcool.

Taperabá.	*Uxi*.
Jacitará.	*Tucuman*.

416 Luiz Vicente Esteves.
Pirahiba (colle de).
Pescada (colle de).
Gurujúba (colle de).

On exporte ces colles ; elles valent environ 27$ l'arrobe (14 kil.400).

417 Manoel Domingos da Silva Russo. (Barbacena.)
Muruti (lait de).

418 Manoel Ferreira da Paixão.
Graines de *marimari*.

419 Manoel Jorge da Silva Lobo.
Fruits de *pupúnha* (en conserve).

Palmier très-commun dans la province de l'Amazones où on le cultive
en plusieurs endroits. Les habitants du pays emploient comme aliment
son fruit bouilli avec du sel et le disent très-savoureux. Les indiens
des tribus qui habitent les bords du Rio Negro et de ses tributaires
en font de vastes plantations, et préparent avec le fruit une eau de
vie qu'ils appellent *cacheri*.

420. — Idem.
Eau de *jutaí* (arbre).

421 Manoel José de Mello Freire Barata.
Résine de *cajueiro* sauvage.

Employée dans la confection de la colle des rélieurs pour empêcher
que les vers attaquent les réliures.

422 Manoel Raymundo de Athayde.
Fruit d'*araçá* (en conserve).

423. — Idem.
Fruits de *tucuman* (en conserve).

424 Martinho Isidoro Pereira Guimarães.
Monpiqueira ou *Amaro da Silva* (sève coagulée).

Extraite de l'arbre connu dans la province de Pará sous ce nom, et qui
abonde dans les terrains secs. L'arbre produit une abondante quantité
de sève qui étant coagulée devient presque égale au caoutchouc ordinaire. Cette propriété est une récente découverte.

425. — Idem. (Gurupá.)
Ucuúba (lait d').

426. — Idem.
Semences de *guaraná*.

427 Miguel da Cunha Penalber.
Muiratinga (sève de).

Extrait de l'arbre connu dans la province du Pará sous ce nom, qui
abonde dans les terrains secs. Employé pour la confection de couleurs
qui servent à teindre les tissus de coton et d'autres fibres.

428. — Idem.
Eau d'*ituá*.

429 Miguel da Cunha Penalber.
Eau de *juquiriassú*.

430.— Idem. (Gurupá.)
Macaca-cipó (lait de).

431.— Idem.
Mururé (lait de).

432.— Idem.
Poudre de feuilles d'*ipadú*.

433 Pedro Honorato Correia de Miranda.
Liane *jacitará*.

434 Rabello & Irmão.
Liane *pêúá*.
Liane *jacitará*.

435.— Idem.
Embira blanche.

436 Severino E. de Mattos Cardoso.
Fruits de *tucuman* (en conserve).

437 Souza & Almeida.
Marupá (ou *simarúba*).
Manacan (racine).
Barbatimão.
Matámatá (liane).
Herbe plomb (*Herva chumbo*).
Abutuá (liane).
Buranhem (ou *monesia*).
Carajurú.

438.— Idem.
Résine d'*almécega* (*uicica*).

439.— Idem.
Graines de *guaraná*.

440.— Idem.
Fèves de *puxurí*.
Fèves de coumarou.

441.— Idem.
Racine de *café-râna*.

442.— Idem.
Graines de copaïer

443.— Idem.
Marapuâma (écorce).

444 Woolfando Alves Carneiro.
Écorce de *tururi*.

PROVINCE DE MARAGNON.

445 Antonio José Pires Lima.
Résine de *pariri*.

446 A. M. de Carvalho Oliveira.
Embíra tauari.

447 João Marcellino da Silveira.
Goudron brut.

448 José Barboza Lopes.
Lait de *maporonima*.

449.— Idem.
Résine de *jutaicica*.

450.— Idem.
Résine d'*almécega* (sorte de lentisque).

451.— Idem.
Cire à cordonnier naturelle.

452 José Rodrigues Vidal Junior.
Copahu.

453 Manoel João Vieira.
Sève de *massarandúba*.

454 Sergio Antonio Vieira.
Châtaignes et fruits d'*andiróba*.

455.—Idem.
Paina tiberina (*paina:* espèce de soie végétale).

PROVINCE DE PIAUHY.

456 João da Silva de Miranda.
Colle de poisson.

PROVINCE DE CEARÁ.

457 Antonio de Oliveira Borges.
Poudre de la palme de *carnaúba*.

458 Commission provinciale.
Liane *titára* (remplace le rotin).
Liane à enclos.

459 Commission provinciale.
Châtaignes de *piquí* (en conserve).

460. — Idem.
Résine d'*angíco*.
Résine d'*almécega*.
Résine de *jatobá*.

461. — Idem.
Semences d'*imbu-rána*.

462. — Idem
Fil de palme de *carnaúba*.

463. — Idem.
Paille brute de *carnaúba*.

464 Manoel Lourenço de Menezes.
Résine d'*almécega* (sorte de lentisque).

PROVINCE DE RIO GRANDE DU NORD.

465 Commission provinciale.
Résine d'*almécega*.

De l'endroit appellé Bahia Formosa, on en exporte annuellement plusieurs centaines de kilos.

466. — Idem.
Poudre de palme de *carnaúba*.

467. — Idem.
Fruits d'*angelim*.

468. — Idem.
Râclures de *juá*.
Mangirióba (graines de).
Embiúba (graines de).

469 Estevão José Barboza de Moura.
Résine d'*angíco*.

470 Miguel Rodrigues Vianna.
Résine de benjoin (arbre).

Extrait de l'arbre *styrax bensoim*; sa saveur est douce, aromatique, agréable au commencement, devenant bientôt amère; son odeur est suave mais active. On l'emploie dans la parfumerie et la pharmacie; c'est un puissant stimulant, tonique et anti-septique. On e n connaît quatre espèces. Il se trouve en abondance dans le district de Bahia Formosa, d'où on en exporte des centaines de kilos.

PROVINCE DE PARAHYBA DU NORD.

471 Commission provinciale.
Résine *d'angico*.

472 Joaquim José Henriques da Silva et João Lopes Machado.
Laine de *barriguda (paina)*.

On l'extrait d'une grosse gousse que donne l'arbre du même nom ; le tronc de l'arbre s'enfle vers son milieu, prenant ainsi une forme analogue à celle d'une pipe ; son tissu ligneux est fragile. La laine se récolte du mois de décembre au mois de février, et sert à remplir des matelas et des traversins. Dans la province la *paina* est connue sous le nom indigène de *sumaúma*. Son prix varie de 4$ à 6$ l'arrobe. (14 kil. 400 gr.)

473. — Idem.
Petite calebasse.

474. — Idem.
Résine de coco *Naid*.
Résine de coco *macambíra*.

475. — Idem.
Sumaúma blanche (*paina*).

476 Leonardo Bezerra Jacome.
Mangabeira (lait de).

477 Luiz Estanisláo Rodrigues Chaves.
Résine de *cajueiro*.

478. — Idem.
Résine de *jatobá*.

479. — Idem.
Résine *d'almecega*.

PROVINCE DE PERNAMBOUC.

480 Bartholomeu Francisco de Souza & C.
Résine *d'angico*.
Résine *d'angico*.

481 João Ferreira da Silva.
Sapucaia (fruit de).

482. — Idem.
Carnica (noyaux de).

(C. F.)

483 João Ferreira da Silva.
Fruit de *jaracatdia* (en conserve).

484 Joaquim de Almeida Pinto.
Racine d'ipécacuanha noire.

485 Joaquim de Mello Caú.
Copahu.

486 Tiburtino Pinto de Almeida.
Mata-pasto (graines de).

PROVINCE DE SERGIPE.

487 Firmino Rodrigues Vieira.
Résine *d'angico*.

488 Francisco Pinto Lobão.
Semences de *mulungú*.

489 José Agostinho do Nascimento.
Côcos da praia (cocos du rivage).

490 José Constantino da Silveira Coelho.
Amandes *d'andiróba*.

491. — Idem.
Paina papo de perú (jabot de dindon).

492 José Matheus Leite Sampaio.
Perles végétales.

PROVINCE DE BAHIA.

493 Francisco Sampaio Vianna.
Copahu.

494. — Idem.
Colle d'estomac de *pescada* (espèce de merlan).

495. — Idem.
Paille de *tabúa*.

496. — Idem.
Paina de *barriguda* (espèce de soie végétale très-fine).

497. — Idem.
Cocos de *piassába*.

498. — Idem.
Angelim (fruit).

499 João Ferreira Lima.
Résine de *jatobá*.

500 Manoel José Alves Correia.
Huile de baleine.

PROVINCE DE RIO-DE-JANEIRO ET MUNICIPE DE LA CAPITALE
DE L'EMPIRE.

501 Antonio Joaquim Soares Ribeiro.
Résine de *cajueiro*.
Résine de *jatahí*.

502 João da Silva de Miranda. (Capitale.)
Cire d'abeille « *Urussú* ».
Cire d'abeille « *Munduri* ».

503 Manoel Linhares. (Capitale.)
Crin animal (*crina animal beneficiada*).

PROVINCE DE MINAS-GERAES.

504 Severino Lourenço da Costa.
Laine végétale de liane.
Laine de palmier.
(Venant de la vallée du Rio-Doce.)

PROVINCE DE PARANÁ.

505 Commission provinciale.
Embíra d'*embaúba*.

506. — Idem.
Résine de *guaricúa*.

507 Feliciano Nepomuceno Prates.
Embíra d'ortie sauvage.

508 João Antonio de Barros Junior.
Nhutinga (noix muscade nationale).

509 José Candido da Silva Murici.
Paina blanche (espèce de soie végétale, fine).

510. — Idem.
Cire jaune indigène. (Sahíquí.)

Il existe dans toutes les provinces de l'Empire un grand nombre
d'espèces et de variétés d'abeilles indigènes qui produisent ordinairement beaucoup de miel et le plus souvent peu de cire, et encore celle-ci

est-elle noire et résineuse. Elle est cependant employée dans les usages domestiques.

L'industrie, en améliorant ce produit, pourra en augmenter la valeur.

Quant au miel, il est employé, non seulement par les indigènes, mais par un grand nombre des habitants de l'intérieur. Il faut mentionner spécialement celui de l'abeille jaty, depuis longtemps connu et employé dans la médecine pour le traitement des toux et des maladies des femmes. L'abeille acclimatée et connue en Europe, si estimée par la grande quantité de cire qu'elle produit dans ses ruches, et la facilité avec laquelle on la blanchit, existe dans le pays depuis quelque temps, grâce aux efforts de M. Manoel José Pereira de Sequeiros, qui en 1839 réussit à l'importer de la ville d'Oporto. Aujourd'hui elle se trouve acclimatée dans toutes les provinces de l'Empire, principalement dans celles du Sud, où des prairies abondantes en fleurs en ont favorisé la propagation. Cette industrie n'est point dispendieuse et n'exige pas de soins difficiles. Sa production augmente de jour en jour et elle promet de continuer à prospérer.

512. — Idem.
Pommes de pins du Brésil et amandes qu'on en tire.

Fruits des pins qui abondent à l'état sauvage dans cette province. Ces arbres atteignent des dimensions colossales et leur bois est de qualité supérieure. Les plus grandes forêts de ces pins sont au-delà des montagnes, de sorte que le manque de communications faciles empêche qu'on les exploite avec profit. Elles pourraient suffir à la consommation de tout l'Empire.

513 José Pedro da Silva Carvalho.
Copahu.

514 Modesto Gonçalves Cordeiro.
Bicuiba. (noix huileuse).

515. — Idem.
Pomme de pin purgative.

516 Manoel José da Cunha Bittencourt.
Copahu.

517 Vicente Ferreira de Loyola.
Ecorce de dragonnier.

PROVINCE DE SAINTE CATHERINE.

518 Amaro José Pereira.
Copahu.

518 Carlos Otto Schlappell.

Liane *abutirá*.
Liane *imbé*.
Liane mille hommes (*mil-homens*).
Liane puante.
Liane buissons.
Liane *macunan*.
Liane quina.
Liane *timbósinho*.
Liane de tertre.
Liane *imbí-merino*.
Liane jonc.
Liane *timbó* blanche.
Liane queue de singe.
Liane *timbó* rouge.
Liane pirogue.
Liane plumes.
Liane de la famille des graminées.
Liane lisse.
Liane cortiqueuse.
Liane faisceau.
Liane rouge.
Liane épine.
Liane *maracajú*.
Liane *capitão do mato*.
Liane coing.
Liane baguette.
Liane à éperon.
Liane vigoureuse.
Liane *monjólo*.
Liane *guasca*.
Liane bois noir.
Liane pomme de terre.
Liane bijou du désert.
Liane chaîne.
Liane indienne.
Liane *taiúiá*.
Liane griffe de chat.
Liane de grotte.
Liane *timbó pêra*.
Liane scie.
Liane blanche.
Liane ail.
Liane bois rouge.
Liane mulâtre.
Liane baguette.
Liane noire.
Liane petit bois.
Liane *mangue*.

519 Commission provinciale.

Embíra épineuse.

529 Franz Reiner.

Copahu.

521 José Feliciano Alves de Brito.

Paina de seda.

522 Wencesláo Martins da Costa.

Liane bois blanc.
Liane *macunan*.
Liane de S. João.
Liane *imbé-guapú*.
Liane pomme de terre.
Liane baguette.
Liane mille hommes.
Liane ail.
Liane poilue.
Liane indienne.
Liane bois rouge.
Liane faisceau.
Noyaux de *bicuíba*.

CLASSE XLIII.

Produits agricoles (non alimentaires) facile de conservation.

PROVINCE DE L'AMAZONES.

523 Amorim & Irmão.

Brai d'*anani*.

Ce brai est la résine produite par l'arbre vulgairement connu sous le même nom. On l'emploie dans la construction navale comme goudron et il est très-employé pour le calfatage des embarcations destinées à la navigation du fleuve Amazones et de ses tributaires. On le vend ou brut, ou préparé avec le jus des feuilles d'un certain tubercule, afin qu'il ne soit pas cassant. En médecine on l'emploie pour des fumigations contre la céphalalgie.

524 Antonio David de Vasconcellos Canavarro.

Guaraná (en forme d'ananas).

Pâte gommeuse-résineuse, fabriquée avec les fruits de la liane vulgairement connue sous ce nom. On s'en sert en médecine dans le traitement interne contre les dyssenteries et les fièvres intermittentes.

Les indiens emploient l'enveloppe rouge des fruits pour se teindre les dents, ce qu'ils considèrent comme un ornement.

Les indigènes de la province de l'Amazones suivent dans la fabrication de ce produit le procédé suivant : ils cueillent les fruits quand ils ne sont pas encore bien mûrs et les plongeant dans l'eau, en tirent la partie charnue, et réservent les graines pour être torréfiées et triturées dans des mortiers, jusqu'à ce qu'elles soient réduites en poudre. Cette poudre est ensuite transformée avec de l'eau en pâte suffisamment consistante pour être moulée, et finalement cuite dans des fours appropriés.

Afin d'éviter la fermentation à laquelle est exposée la pâte des graines de guaraná, on a soin de n'en préparer que la portion qui doit être employée dans la fabrication du même jour. Un demi-kilo, 1$.

525 Antonio Monteiro.

Colle forte de *tambaquí*.

526 Antonio Joaquim da Costa & Irmão (Rio Negro).

Filaments de *curauá*.

Plante assez fibreuse et semblable à l'ananas. Ses filaments ressemblent à ceux du lin ; tout en étant plus rudes, et de moins de durée quand ils sont préparés et transformés en cordage.

527 Antonio Joaquim da Costa & Irmão.
Tauarí (aubier de).

Aubier des arbres connus vulgairement sous le nom de bois d'arc,
jurupá et *xurú*. Entre les qualités qu'on présente il y en a une qui
ressemble à du papier fin. On l'emploie pour faire des cigarrettes.

528.—Idem.
Etoupe de châtaignier.

529 Barboza & Irmãos.
Etoupe de châtaignier.

530 Commission provinciale.
Huile *d'andiróba*.

Extrait du fruit du palmier, vulgairement connu sous ce nom, au
moyen de la trituration, de la fermentation, de la décoction ainsi que
par l'expression.

Dans la province de l'Amazones l'industrie emploie cette huile pour
l'éclairage; car elle donne une excellente lumière qui n'est surpassée
par aucune autre de la même espèce; on la croit aussi propre à la
fabrication du savon. On s'en sert en médecine, mais seulement á
l'extérieur : comme désobstructif dans les embarras du foie et des
viscères ; contre le tétanos, en l'appliquant à chaud sur les blessures,
et enfin dans la composition d'emplâtres suppuratifs.

531 Carlos Baptista Mardel. (Moura)
Filaments *d'uassíma*.

532.—Idem.
Huile *d'inajá.*
Huile *d'andiróba*.

533 Estulano Alves Carneiro.
Filaments de *tucum*.

Filaments extraits du palmier connu vulgairement sous ce nom. Ils
se prêtent au filage le plus délicat, quoiqu'un peu plus bruns que ceux
du lin. Ils servent à la fabrication de toute espèce de cordages, et
leurs produits sont plus tenaces que ceux fabriqués avec le lin ou
le chanvre. Les indigènes de la province de l'Amazones en font aussi
des filets soit pour hamacs, soit pour pêcher. Ce sont déjà des objets
d'exportation.

534 Francisco Antonio Monteiro Tapajoz.
Carajurú (teinture de).

535 Gabriel Antonio Ribeiro Guimarães.
Guaraná (en forme de couleuvre).
Guaraná (en forme de chien).
Guaraná (en forme de pomme de pin).

536 Henrique Anthony.
Piassába pure.

Filaments extraits de l'écorce de l'arbre connu vulgairement sous ce nom, qui font plusieurs tours autour de la tige.

On les vend bruts ainsi qu'en cordages, en balais et en brosses. La *piassába* de la province de l'Amazone est supérieure à celle de beaucoup d'autres provinces du Sud.

537 João Marcellino Taveira Páo Brasil.
Etoupe de *sapucaia,*

538. — Idem.
Carajurú (teinture de).

539. — Idem.
Guaraná (en forme de *biribá*).
Guaraná (en forme de pomme de pin).
Guaraná (en forme d'ananas).
Guaraná (en forme de couleuvre).
Guaraná (en forme de baguette).

540 João Martins da Silva Coutinho.
Huile *d'andiróba.*

541 Joaquim Leovegildo de Souza Coelho.
Carajurú (teinture de).

542. — Idem.
Graines de ricin.

543 Joaquim Pedro de Castro. (Rio Solimões.)
Etoupe de châtaignier.

On l'obtient en macérant l'écorce de l'arbre vulgairement connu sous ce nom. On l'emploie dans le calfatage des grandes et petites embarcations de la navigation du fleuve Amazones et de ses tributaires. C'est un article d'exportation croissante pour la province du Pará.

544 Joaquim do Rego Barros.
Racines *d'ararúta* (en conserve).

545 Joaquim Rodrigues Soares.
Brai *d'anani.*

546 José Cardoso Ramalho.
Filaments de *carauá.*

547 José Ignacio Cardoso.
Carajurú (teinture).

548. — Idem.
Etoupe de *tururí.*

549 José Joaquim Palheta.
Coton.

550 José Joaquim Palheta.
Brai d'*anani*.
Brai de *sicanta*.

551. — Idem.
Carujurú (teinture de).

552. — Idem.
Etoupe de *matámatá*.
Extraite de l'écorce de l'arbre connu vnlgairement sous ce nom dans la province de l'Amazones. Sa qualité diffère peu de celle qu'on extrait du châtaignier.

553. — Idem.
Filaments de *curauá*.
Filaments de *curauá* bruts.
Uaissima.
Fils de *tucum*.

554. — Idem.
Tabac en poudre (une calebasse des sauvages *Uanpés*).

555. — Idem.
Tauari (aubier de).

556 José Maria da Silva Labareda.
Guaraná (en forme de colombe).
Guaraná (en forme d'ananas).

557 Luiz Antonio Navéca.
Brai d'*anani*.

558 Luiz Martins da Silva Coutinho.
Coton.
Le coton est désigné dans la langue générale indigène sous le nom d'*amamúa*. Les naturels de la province de l'Amazones emploient cet article pour fabriquer des filets et d'autres objets. La capsule de l'arbuste est abondante en fibres, qui ont beaucoup de lustre et se détachent facilement du noyau.

La province n'en fait qu'une petite exportation, parce que la culture en est limitée.

569 Manoel Caetano Prestes.
Brai blanc.

560 Manoel Joaquim Belem.
Tauari (aubier de).

561 — Idem.
Huile d'*uixi-pucú*.

562 Manoel Urbano da Encarnação.
·Huile de ricin.

Extraite des graines de l'arbuste vulgairement connu sous ce nom. On en connait deux qualités, selon le procédé par lequel on l'obtient : l'expression, ou la décoction. Elle sert à l'éclairage. On l'emploie aussi en médecine comme purgatif.

563 Manoel Justiniano de Seixas.
Brai de *jauaraicica*.

C'est une résine tant soit peu ductile, de couleur brune, de saveur âcre, d'une odeur forte, et transparente. Elle sert pour fabriquer le goudron et les vernis.

564 Marcellino Cordeiro. (Rio Negro.)
Fibres de *muruti*.

565. — Idem.
Tresse de *tucum*.

566 Sabino Antonio Brandão.
Huile d'*uixi-pccú*.

567 Torquato Antonio de Souza.
Guaraná (ne forme de crocodile).

568. —Idem.
Cire à cordonnier.

569 Thury & Irmãos.
Brai de sorbier du Brésil.

Extrait du sorbier, plante qui donne la sorbe. Ce brai sert à faire de la colle, et les indigènes l'emploient dans la fabrication de leurs filtres pour attacher de petites pierres anguleuses à la planche. Le lait ser d'aliment, et s'emploie dans les maladies de poitrine.

PROVINCE DU PARÁ.

570 Affonso Mongin Desincourt.
Brai d'*anani*.

571 Anezio José d'O' de Almeida.
Fibres de *muruti*.

572 Candido do Prado Pinto.
Huile d'*assabi*.
573. — Idem.
Huile de châtaignes du Pará.
Huile de coco.

574. — Idem.
Huile de *pataná*.
Huile de *bacába*.

575 Compagnie du Gaz.
Huile de coco exprimée.

. Le palmier qui produit ce coco ne croît pas bien dans les terrains arrosés par les fleuves; il préfère ceux qui sont baignés par la mer, et le climat maritime; pour cette raison la production de ce fruit est très-limitée, et ce n'est que sur le littoral de la province que sa culture pourra devenir avantageuse.

576 Compagnie du Gaz.
Huile *d'andiróba*.

577 Commission provinciale.
Huile de *bacába*.

Extraite du fruit de ce nom ; qui abonde dans la province; elle est de couleur vert-clair quand elle est bien fabriquée et purifiée. On l'emploie pour l'éclairage et pour les usages culinaires, dans lesquels elle peut remplacer l'huile d'olive.

578.—Idem.
Huile de *marajá*.

579. — Idem.
Huile de *jupatí*.

580. — Idem.
Huile de *pataud*.

581. — Idem.
Huile de *bombussú* ou *ubussú*.

582. — Idem.
Etoupe de *xurí*.
Etoupe de *sapucaia*.
Etoupe de châtaignier
Etoupe de chasseur.
Etoupe de *matámatá*.
Etoupe *d'embira*.

583. — Idem.
Etoupe de *sapucaia*.
Fibres de *curauá*.
Etoupe de châtaignier.
Tresse de fibres de *murutí*.
Fibres de *jauarí*.
Fibres de *tururí*.
Râclures de *bacába*.
Fibres *d'embira* blanche.

584. —Idem.
Ecorce de *tauarí*.

585. — Idem.
Tresse et bourgeons de *murutí*.

586. —Idem.
Fibres de *caranã*.

Fibres d'*uaissima*.

587 Commission provinciale.
Fibres d'*uaissima*.

588. — Idem.
Tresse de fibres de *curauá*.

589. — Idem.
Fibres d'*acapú-râna*.
Fibres de *tururí*.

590. — Idem.
Tabac préparé en bottes, 20$ à 60$ l'arrobe.

Les terrains de la province du Pará produisent du tabac de la meilleure qualité, consommé presqu'en totalité dans l'intérieur. Le plus renommé est celui qui vient de la paroisse d'Irituia, sur le bord du fleuve Guamá. On ne le prépare qu'en bottes, circonstance qui empêche que son exportation se développe.

591. — Idem.
Brai blanc.

592. — Idem.
Brai d'*anani*.

593 David Joaquim Leal. (Melgaço).
Huile de *murutí*.

594. — Idem.
Tabac préparé en bottes, 20$ à 60$ l'arrobe.

595 Domingos Casimiro Pereira Lima. (Ourem.)
Ecorce de *tauarí*.

596. — Idem.
Etoupe de *mamoré* 1$500 l'arrobe.
Etoupe de *matámatá* 1$500 l'arrobe,.
Etoupe de châtaignier 2$000 l'arrobe.
Etoupes de *tauaríreúa*.

567. — Idem.
Fibres de *curauá*.

Fibres excessivement fortes, extraites d'une variété d'ananas sauvage; servent pour tissus de hamacs, pour la pêche, et pour cordes d'arcs. Dans l'usage domestique on les emploie pour broder des mouchoirs et pour différents ouvrages de passementerie, Ce végétal est un produit spontané de presque toute la province.

La fibre est blanche, mais plus rude que celle du lin. On croit pourtant que manipulée avec du goudron, elle pourra servir aux agrès des navires et à d'autres usages.

Il ne faut pas confondre les fibres du *curauá* avec celles qu'on

obtient des feuilles nouvelles du palmier appellé *curuá*. Ces dernières résistent moins.

598 Domingos Soares Ferreira Penna.
  Fibres d'*acapú-rána*.
 ʼ Fibres de *curauá*.

699 Francisco Augusto de A. Vianna. (Belem.)
  Huile de châtaignes.

Extraite des châtaignes dites du Pará et du Maragnon, qui sont
les fruits d'un arbre vulgairement connu sous le nom de châtaignier
(*Bertholetia excelsa*, Humboldt). Cette huile s'altère au contact de l'air.
Elle s'emploie comme condiment quand elle est fraîche et remplace la
graisse de porc. Elle est propre à la fabrication du savon blanc dur
aromatisé et sert aussi pour l'éclairage. On l'applique en médecine
comme émollient.

600 Francisco Miguel Tavares. (Gurupá.)
  Fibres de *piriquitá*.

601 Feliciano Ramos Bentes.
  Huile de *murutí*.

602 Ignacio Egydio Gonçalves dos Santos.
  Fibres de *murutí*.

603 Isidoro Ferreira da Costa.
  Guaraná (en forme de canard).

604 João Henrique Diniz.
  Fibres de *curauú*.

605 João Martins da Silva Coutinho.
  Brai d'*ananí*.

606. — Idem.
  Teinture de *carajurú*.

607. — Idem.
  Graines de *guaraná*.
  Tiges et feuilles de *guaraná*.

608 João da Silva Neves. (Portel.)
  Tabac préparé en bottes, 20$ à 60$ l'arrobe.

609 João Torquato Galvão Vinhaes.
  Coton en graine, 3$ l'arrobe.

La province du Pará peut produire une quantité considérable de
cet article, mais il est indispensable qu'on choisisse pour le récolter
les trois mois de la saison sèche ; la saison pluvieuse lui nuit beaucoup.

Presque tout le coton que produit cette province, sort de l'Empire ;

l'exportation d'après l'exercice de 1864 à 1865, étant de 12,149 arrobes, de la valeur officielle de 177:847$593, au prix moyen de 14$638.

610 João Torquato Galvão Vinhaes.
Etoupe liane.
Fibres de *curauá*.

611 João Wanzeler de Albuquerque Sobrinho.
Huile de *jupati*.

612 Joaquim F. A. Moniz.
Huile de *tucuman*.

Employée pour l'éclairage et dans la fabrication du savon. Sa fabrication appartient encore à l'industrie particulière; cependant les terrains de la province du Pará peuvent fournir une quantité suffisante de fruits du palmier *tucuman* pour monter cette industrie sur une grande échelle.

613 Joaquim de Oliveira Santos.
Guaraná (morceaux de).

614 Joaquim Rodrigues dos Santos. (Oeiras.)
Fibres de *curauá*.

615 José Antonio Correia de Seixas.
Etoupe de châtaignier, 2$ l'arrobe.

Obtenue du liber du tronc du châtaignier. Elle est employée au calfatage des embarcations; sa valeur varie de 3$ à 4$ l'arrobe. L'arbre abonde dans la province; malheureusement ceux qui en tirent l'étoupe compromettent quelquefois son existence en enlevant l'écorce tout autour. Le châtaignier est le roi des forêts du Pará; il atteint des dimensions colossales; ses produits sont très-utiles et très-variés; le bois est de première qualité pour les constructions civiles et navales; la châtaigne est comestible; on en extrait un lait employé comme condiment; son huile remplace parfaitement l'huile d'amandes douces, et donne aussi une excellente lumière. Chaque fruit ou enveloppe contient en moyenne 22 châtaignes, et une livre de châtaigne donne 10 onces d'huile; le prix de l'huile est de 800 rs. la livre. Un ouvrier aidé d'un enfant ou d'une femme rassemble et brise dans la journée assez d'enveloppes pour faire deux boisseaux de châtaignes *alqueires*, mesure de la province). La châtaigne est un article important d'exportation pour les différents marchés de l'Europe et des États-Unis. Chaque année on ne récolte qu'une très-petite quantité de celle qui tombe spontanément. Le Pará peut fournir à lui seul assez d'huile de châtaigne pour l'usage industriel du monde entier : il est étonnant que cette industrie ne soit pas encore exploitée dans la province sur une grande échelle. Dans la médecine domestique on emploie le thé d'étoupe de châtaignier pour les maladies chroniques du foie. On dit que la châtaigne produit aussi des effets bienfaisants dans les catarrhes.

616 José de Araujo Roso Danin.
Huile de châtaignes.
Huile de *tucuman*.

617. — Idem.
Goudron blanc.

618. — Idem.
Fibres de *curauá*.
Fibres de bananier.
Fibres de *muruti*.
Fibres d'*uaissima*.

619. — Idem.
Tresses d'*uaissima* (fibres).

620. — Idem.
Tabac préparé en bottes, 20$ à 60$ l'arrobe.

621 José Caetano Ribeiro.
Etoupe de *tatajúba* (arbre), 1$500 l'arrobe.

622. — Idem. (Brauga.)
Fibres d'*uaissima*.

Dans son état naturel l'écorce sert à faire des attaches; les fibres, convenablement préparées, produisent d'excellents cordages. Cet arbuste est abondant dans la province et dans tout l'Empire.

Les forêts de la province du Pará abondent en plantes textiles qui produisent des filaments de diverses qualités et propres à différents usages ; les uns employés seulement dans la fabrication des cordages grossiers, les autres dans celles des tissus. Entre celles qui se trouvent mentionnées, les espèces connues dans la province sous les noms vulgaires d'*inajú*, de *muriti* et de *carauá* sont dignes de remarque. Les filaments et les pailles des deux premières servent pour cordes, chapeaux, nattes et tissus grossiers ; ceux de la seconde servent pour des tissus fins, tels que des dentelles, etc.

623 José Calisto Furtado de Mendonça.
Huile de coco de l'Inde.
Huile de *tucuman*.

624. — Idem.
Brai de flêche (*breu de frecha*).

625 José Geraldo Barroso da Silva.
Fibres de *curauá*.

626. — Idem.
Etoupe de *matámatá* (arbre), 1$500 l'arrobe.
Etoupe de *tatajúba* (arbre), 1$500 l'arrobe.

627 José Joaquim de Oliveira Santos et José d'O' de Almeida.
Tabac préparé en bottes, 20$ à 60$ l'arrobe.

628 José Verissimo de Mattos.
Fibres de *curauá*.
Fibres de *curumicaá*.

629. — Idem. (Obidos.)
Tabac préparé en bottes, 20$ à 60$ l'arrobe.

630 Luiz Thomaz Correia.
Graines d'indigo.

631 Luiz T. da Costa.
Huile d'*andiróba*, 200 rs. la livre.

632 Manoel Domingues da Silva Russo.
Etoupe de *murutí*.

633. — Idem.
Tresse et bourgeons de *murutí*.

634. — Idem.
Huile de *murutí*.

635 Manoel Jorge da Silva Lobo.
Eau de *babosa* (aloës).

Appliquée en médecine pour laver la tête et comme préservatif
contre les pellicules. On prépare aussi avec les feuilles un sirop
pectoral, et elles sont employées comme anti-ophtalmiques et contre
les hémorrhoides, dans le traitement externe de ces maladies. Le jus
employé intérieurement est purgatif.

636 — Idem.
Cire d'*anani*, composée de cire d'abeilles et de feuilles d'une pomme de terre du Brésil.

637 Manoel Pereira Lima.
Fibres de *curuatá-assú*.

638. — Idem.
Huile d'*andiróba*.

L'huile extraite de la châtaigne de l'arbre nommé dans la province
andirobeira (*Crapa guayanensis,* fam, des Méliacéas), est généralement
employée par les habitans pour l'éclairage des maisons. Le prix est
de 9$ à 10$ le pot, de la capacité d'environ un pied cubique. En
médecine son fruit passe pour anthelmintique et les écorces pour
astringentes; l'huile exprimée est appliquée dans la guérison des
ulcères et des dartres. Dans la médecine domestique on fait des
cataplasmes avec les jeunes feuilles de l'indigo écrasées, et avec
l'huile d'*andiroba* contre les inflammations des viscères et du foie.
L'*andirobeira* est très-abondante dans toutes les forêts de la province, et son bois très-apprécié pour les constructions civiles et

navales. L'extraction de l'huile n'est pas encore l'objet de fabriques régutièrement montées avec des appareils appropriés; elle est cependant une industrie domestique, généralement répandue dans la province, mais exécutée par des procédés grossiers. On fait aussi usage de de l'huile de l'*andiróba* dans la fabrication des savons ordinaires.

639 Marins & Tedeschi.
Huile de châtaignes.
Huile de *pataud*.
Huile d'*andiróba*.

640 Miguel da Cunha Pedalber.
Ucuúba (teinture d').

641. — Idem.
Filaments de *curauá*.

642 Miguel Joaquim Fernandes.
Huile de ricin.

L'huile de ricin, de *mamôna* ou de *palma-christi*, vient des fruits de l'arbuste *Ricinus communis*, fam. des Euph.; sa production est moins considérable que celle de l'huile d'*andiróba*; la plante cependant vient très-bien dans toute la province, et quelques variétés donnent des graines de grandes dimensions; les cultivateurs ont en général l'habitude de semer le ricin dans les clairières qu'ils défrichent; ils en tirent de l'huile pour leur consommation, mais en petite quantité. Le ricin est souvent recherché par le commerce d'exportation. L'huile de ricin s'emploie pour l'éclairage domestique; quand elle est pure, la médecine l'emploie comme un de ses plus puissants purgatifs. Les feuilles et les racines de ce végétal ont aussi des propriétés médicinales. La fabrication de l'huile de ricin n'a pas encore été entreprise en grand, c'est à peine une industrie domestique. Dans cette province pourtant et dans celles d'Alagoas, Sergipe et Rio Grande du Sud, on en exporte beaucoup, et elle est très bien fabriquée dans celle d'Alagoas.

643. — Idem.
Graines de *mamôna* (ricin).

644. — Idem.
Graines de ricin jaune.

645 Pedro Honorato Coreria de Miranda.
Brai blanc.

646 — Idem.
Graines d'*urucú* (roucouyer).

Les graines abondantes et de couleur rouge renfermées dans la capsule couverte d'épines qui forme le fruit du roucouyer, servent à

(C. F.) 7

la teinturerie , bien que la couleur n'en soit pas fixe ; dans l'art culinaire elles sont employées comme condiment et remplacent la pâte de tomates ; on s'en sert pour donner de la couleur au beurre, au chocolat et à d'autres produits.

Les indigènes chassent les moustiques en se graissant le corps avec de l'huile mélangée de roucou.

La médecine considère le roucou comme légèrement purgatif, stomachique, peut-être expectorant. Le mucilage que donnent les pousses conservées dans l'eau est anti-ophthalmique. Il est aussi considéré comme antidote du poison du manioc.

647 Pinto & Silva. (Santarém.)
Coton en graines du *sertão* (intérieur des terres), 3$000 l'arrobe.

648 — Idem.
Etoupe d'*uaissima* (arbuste), 3$000, l'arrobe.

649.—Idem.
Filaments de *caranã*.

650 Rabello & Irmão.
Etoupe de *matámatá* (arbre).

651.—Idem.
Huile d'*uxi-pucá*.

652 Raymundo Pereira Lima.
Filaments de *curaná*.
Etoupe de *sapucaia*.
Etoupe de châtaigne.
Etoupe de *matámatá*.
Filaments de *murutí*.

653 Raymundo Manoel Rodrigues.
Tabac préparé en bottes ; 20$ à 60$000 l'arrobe.

654 Sabino José de Souza Albuquerque.
Tabac préparé en bottes.

655 Souza & Almeida.
Huile tirée du *pechurim*.
Huile tirée du cresson alénois.
Huile tirée des châtaignes du Pará

656.—Idem.
Guaraná.

657 Sulpicio Cardoso de Almeida.
Huile d'*inajá*.

658 Woolfaldo Alves Carneiro.
Filaments de *curaná*.

PROVINCE DE MARAGNON.

659 Commission provinciale.
Filaments de *tucumzeiro*.

660 Diogo Antonio dos Reis. (Pinheiro.)
Huile d'*inajá*.
Huile de *piqui*.

661. — Idem.
Filaments de *crod*.

662 João Marcellino da Silveira.
Filaments de l'*embira* odorante.
Filaments de *gravatá* (aloès).
Fibres d'étoupe.
Fibres de liane pied de tapir.
Fibres de liane peigne de singe.
Fibres de liane *tauarí*.

663 José Barboza Lopes.
Cire à cordonnier de *Macaraniuá*.

664 José Joaquim Teixeira Vieira Belfort.
Coton épluché.

Tout le monde sait que le coton vient facilement et est cultivé dans tout le Brésil, et sur une grande échelle dans les provinces de Maragnon de Pernambouc, d'Alagôas et de Minas Geraes. La guerre calamiteuse qui a ravagó les États-Unis et la suppression des arrivages de cette provenance qui en a été la conséquence, ayant produit de grandes demandes de cet article sur les marchés consommateurs, en a fait monter les prix et par suite beaucoup encouragé la culture. Non seulement elle s'est maintenue dans les provinces du Nord ; mais elle s'est multipliée sur une grande échelle dans celles de Rio Grande du Sud, Sainte-Catherine et Paraná et surtout dans celle de Saint Paul. Le Gouvernement et la Société Auxiliatrice de l'Industrie Nationale ont concouru à ce développement en distribuant des graines en profusion. Les provinces de Saint Paul et de Rio Grande du Sud promettent de faire bientôt de ce produit un objet d'exportation.

Les principales variétés de coton connues au Brésil sont les suivantes :

Coton à graines entières, noires et allongées. Le péricarpe, qui est assez gros et long, contient dans ses cellules trois capsules, avec de la soie en abondance ; on l'appelle coton à graines et il est très-commun au Maragnon. La soie ou peluche est rude ; l'arbre vit deux ans et ne se ramifie pas beaucoup.

Coton à graines entières et brunes. Le péricarpe est plus gros et plus court que celui de l'espèce précédente, il contient trois ou quatre cellules ; le fil est fort et doux. L'arbre est assez fort, se ramifie et vit long-temps.

Coton à graines entières et vertes. Le péricarpe, semblable au précédent, contient quatre capsules ; la soie ou peluche est abondante, blanche, fine, douce et forte. L'arbre est semblable au précédent.

Coton à graines entières noires, à laine grise nankin. Son péricarpe produit trois ou quatre capsules. La soie ou peluche est douce, forte et couleur nankin. L'arbre vit long-temps.

Coton à plusieurs graines détachées, couvertes de duvet blanc. Il est originaire de l'Inde ; son péricarpe est petit, et contient trois capsules avec sept graines noires, détachées et enveloppées de soie ou peluche blanche et très-fine ; l'arbre s'élève peu et dure longtemps ; la fleur est rouge, couleur de feu.

Il y a au Brésil un autre coton de la même origine que le précédent, à graines noires et séparées, à soie blanche et douce, dont l'arbre est plus élevé.

On connaît encore au Brésil quelques variétés de cotonnier sauvage ; il y en a deux qui ont les propriétés du coton de l'Inde. aussi bien dans les graines que dans les arbres ; l'une d'elles a la soie grise et rude faute de culture.

Le coton herbacé (*gossypium herbaceum*) est une plante annuelle qui s'élève de 49 à 54 centimètres de hauteur, et dans certains climats atteint quelquefois de 1 1/2 à 2 mètres de hauteur.

Le fruit de ce cotonnier consiste en une pellicule plus ou moins longue, en général de 4 à 6 centimètres, qui contient dans différentes capsules une peluche fibreuse et soyeuse laquelle enveloppe les graines auxquelles elle adhère plus ou moins ; dans les cotonniers, arbustes et arbres, ces graines sont unies en forme de pyramides (*gossypium conglomeratum seu acuminatum*) ; dans le cotonnier herbacé les graines sont détachées deux à deux et complètement enveloppées par la peluche.

Le cotonnier produit dans tous les terrains ; cependant ceux qui sont impropres aux autres cultures et ceux qui avoisinent la mer sont préférables.

Les graines des cotonniers sont blanches, noires, grises, vertes et nankin, selon les espèces.

Généralement les récoltes se font d'août à décembre, mais lorsque les saisons sont chaudes il arrive souvent que le cotonnier est en même temps en fleurs, en capsules vertes, et en maturité ; de cette manière il n'est pas rare de faire des récoltes à différentes époques. Le cotonnier herbacé donne au Brésil deux ou trois récoltes annuelles.

On distingue aussi les cotons par la longueur de la fibre : on distingue ainsi ceux à longue soie et ceux à soie courte, les premiers sont plus fins, lustreux et résistants; le plus souvent les seconds, sont moins doux, mais presque toujours assez forts.

Une grande partie des cotons du Brésil sont à longue soie; en général ceux de Pernambouc sont propres et d'ume belle couleur, un peu brune; ils ont des fils réguliers, gros, durs et forts. Ceux de Bahia n'offrent pas de régularité dans la couleur, dans la fibre et dans la propreté; on n'apporte pas beaucoup de soin à la récolte; ces cotons sont souvent fins et doux, de couleur blanche ou jaurâtre.

Ceux du Maragnon ont de fils gros, forts et durs, et sont d'une couleur brune; ils sont rarement propres.

Ceux de Minas, surtout ceux de Minas Novas, ont assez de renommée; ils contiennent des fils longs, réguliers, fins, résistants et brillants; ils sont le plus souvent jaunâtres.

Ceux du Pará et de l'Amazones sont d'une couleur brune et ont des fils forts et fins, mais ils ne sont pas assez nets.

Ceux de Rio-de-Janeiro, S. Paul et Rio Grande du Sud, ont les qualités de celui de Minas; la plupart du temps, la couleur en est blanche.

Ceux du Ceará, et de la Parahyba ressemblent à ceux de Pernambouc; ceux de la serra da Maioridade dans la province de Rio Grande du Nord, méritent une mention spéciale.

Ceux des Alagôas et de l'Espirito-Santo sont semblables à ceux de Bahia.

La semence du coton est excessivement huileuse; l'industrie en a profité pour en obtenir une huile très-propre à l'éclairage, aussi bien qu'à la fabrication des savons et à l'usage des machines; on l'emploie aussi dans la médecine; la manière d'extraire cette huile est analogue à celle qu'on emploie pour le ricin.

Le Maragnon en a exporté au dehors de l'Empire, dans l'exercice de 1864 à 1865, 249,243 arrobes, de la valeur officielle de 4,784:051,000 au prix moyen de 19$194.

665 José Joaquim Teixeira Vieira Belfort.
Coton épluché.

666. — Idem.
Huile de coco *babassú*.
Huile de *carrapato* (ricin).
Huile de *gergelim*.

667. — Idem.
Huile de châtaignes.

668. — Idem.
Tabac en feuilles.

669 José Maria Vianna. (Caxias.)
Fibres d'*embira pente de macaco*. (peigne de singe.)

670 Maria B. de F. Lisboa (D.) (Cururupú.)
Coton non filé.

671. — Idem.
Coton non filé.

672 Sergio Antonio Vieira.
Coton brut.
Coton épluché.

673. — Idem.
Huile de *tucuman*.
Huile d'*amendoim*

674. — Idem.
Fibres d'*embira* odorante.

PROVINCE DU CEARÁ.

675 Commission provinciale.
Coton brut.
Coton *cabôclo* (couleur cuivrée des indigènes).

676. — Idem.
Huile de coco de palmier de la montagne.

677. — Idem.
Huile de coco de *piqui*.

678. — Idem.
Cire vierge d'abeilles.

679. — Idem.
Graines de ricin.

680 Joaquim José Barboza.
Coton herbacé rampant.

681 José Francisco da Silva Albano.
Coton herbacé.

682 Marrocos.
Coton herbacé.

683 Paulo Gonçalves de Souza.
Coton-duvet.
Coton épluché.
Coton créole.

684 Raymundo F. da Costa Tavares.
Huile purifiée, de coco de palmier.

PROVINCE DE RIO GRANDE DU NORD.

685 Commission provinciale.
Cire de *carnaúba*.

Obtenue du palmier *carnaúba* (*coriphera cerifera*) qui croit en abondance dans les provinces de Ceará et de Rio Grande du Nord, et se trouve aussi dans les provinces voisines ; il résiste aux plus terribles sécheresses, toujours vert et florissant ; et a une valeur inestimable.

Le tronc donne un bois assez solide et léger, quand il est coupé à l'état voulu de maturité ; ce bois acquiert un beau brillant par le polissage ; il sert à faire des soliveaux et autres objets de constru-ction civile ; on l'emploie beaucoup pour faire des lattes, des étais, des rigoles de toiture, des clôtures d'étables, de jardins, etc.

Du chou palmiste on tire du vin, du vinaigre et une substance saccharine.

La racine est considérée comme plus énergique que celle de la salse-pareille.

On extrait de la feuille de la *carnaúba*, une poudre ou pâte glutineuse, au moyen d'un procédé très-simple. On rompt les feuilles ou palmes et on les laisse se faner au soleil ; au bout de trois ou quatre jours, on bat ces feuilles dans un endroit abrité du vent, et il se précipite alors une poudre très-blanche, qui fondue au feu, produit une cire jaune, dure et transparente. Cette cire sert à faire des bougies dont la consommation est très-étendue dans les provinces du nord, surtout au Ceará, où elle est déjà une importante branche d'exportation. Du port de Fortaleza (capitale du Ceará) il en sort annuellement pour l'Europe et les provinces voisines de deux à trois mille arrobes, de la valeur officielle de 15 à 16:000,000 ; du port d'Aracaty il en sort annuellement environ 30 à 35,000 de la valeur de 300 à 310:000$ pour les mêmes destinations ; et des ports d'Acaracú et Granja, ainsi que de l'intérieur, il en sort aussi une grande quantité pour les provinces voisines. On peut calculer l'exportation annuelle à 50,000 arrobes et la consommation intérieure à 40,000 ; la valeur de la production annuelle dans la province de Ceará, montant à peu près à 900:000,000.

Les feuilles desséchées donnent une potasse très-employée dans la fabrication du savon ; et un sel non encore étudié, dont il est venu un échantillon du Ceará.

On fait du tronc de cet arbre des instruments de musique, des tuyaux et des pompes ; la partie extérieure est très-solide, et l'on peut facilement percer les fibres de l'intérieur ; la dureté de la partie extérieure donne une longue durée à ces pompes, comme l'a démontré l'expérience.

La substance molle et fibreuse de la partie inférieure de la tige des feuilles remplace le liége.

Les fibres du tronc de la *carnaúba* arrivées à l'état de maturité, sont noires, très-dures, difficiles à casser, entrelacées les unes aux autres et unies par une substance médullaire, dure et blanchâtre.

Du chou, qui est petit, très-savoureux et nutritif quand il est tendre, ou extrait en grande quantité au moyen de lavages successifs, une gomme ressemblant au sagou, dont elle a les propriétés et le bon goût, et qui a été d'un grand secours pour les habitants du Ceará et du Rio Grande du Nord, lors des sécheresses.

Le fruit de la *carnaúba* est de la grosseur d'une noisette ; on en mange la pulpe et l'amande qui est huileuse et émulsive. On extrait de ce fruit une espèce de farine ou *maïzena*, et un liquide émulsif assez blanc, qu'on appelle lait ; lequel a les mêmes usages que celui du coco de Bahia. Avec la feuille sèche on fait des nattes, des chapeaux, des paniers, des corbeilles, des éventoirs, des balais, et la fibre que donne la même feuille, lors qu'elle est nouvelle produit un fil fort avec lequel on fabrique des cordes et des filets de pêche. De l'amande grillée, on fait du café qu'on dit être agréable, et pouvoir remplacer le fruit originaire de l'Arabie.

La consommation des produits de la *carnaúba* dans le pays, est considérable : mais il n'y a pas de données statistiques à cet égard, et l'on exporte déjà au dehors de l'Empire les produits de ce palmier.

La paille de la *carnaúba* s'envoie en Europe, où elle sert à fabriquer des chapeaux fins dont une partie reviennent au Brésil.

686 Commission provinciale.
Cire d'abeilles

687 Estevão José Barboza de Moura.
Huile de coco.

PROVINCE DE LA PARAHYBA DU NORD.

688 Carlos Coelho d'Alverga.
Fibres de *gravatá*.

689 Commission provinciale.
Fibres de melon de S. Caetano.

Extraites de la plante de ce nom ; elles ont une application industrielle.

On emploie cette plante dans les coliques vermineuses, les indigestions, les maladies utérines, les asthmes, les douleurs rhumatismales etc. On dit qu'elle sert aussi pour l'éléphantiasis.

Elle remplace le savon pour laver le linge.

690 Epaminondas de Souza Correia.
Fibres de mauves des champs.

691 Evaristo Sabino de Oliveira e Mello.
Huile de coco.

692 Francisco Alves de Souza Carvalho.
Coton créole.

693 Francisco Alves de Souza Carvalho.
Coton rouge épluché.

694 Frederico do Rego Toscano Barreto.
Fibres de *tucuman*.

695 Jeronymo Cabral Rodrigues Chaves.
Fibres d'ananas.

696 João Lopes Machado e Joaquim José Henriques da Silva.
Coton de soie.

L'une des principales richesses de cette province, et objet d'une considérable exportation. Cultivé, il donne des récoltes abondantes.

16$ l'arrobe brute.

On en a exporté au dehors de l'Empire, dans l'exercice de 1864 à 1865, 247,980 arrobes, de la valeur officielle de 4,900:593$900, au prix moyen de 19$762.

697. — Idem.
Coton rouge en graines.

698. — Idem.
Coton faible, 16$ l'arrobe.

699 João Ignacio de Magalhães.
Huile de semences de ricin.

700 João Lopes Machado e Joaquim José Henriques da Silva.
Fibres de *gravatá-assú*.

701. — Idem.
Moelle de *capim* aquatique.

702 Joaquim Victor Pereira.
Huile de *naiá*.

703 Luiz Estanisláo Rodrigues Chaves.
Goudron d'*almécega*.

704. — Idem.
Fibres de *jangadeira* (bois propre pour radeaux).
Fibres de *macaiba*.

Extraites de l'écorce de l'arbre de ce nom, elles servent à faire des attaches et des cordes, et sont généralement employées dans la province. La pesanteur spécifique du bois de cet arbre étant moindre que celle de l'eau, on l'emploie à faire des radeaux ; de là vient son nom.

705 Miguel da Silva Tavares.
Huile de *batiputá* (arbre).
Huile de ricin.

706 Manoel Vidal da Silva.
Rapé.
Rapé *aldeão* (paysan) pur.

Rapé *aldeão* pur, mêlé avec du torréfié.
Rapé *aldeão* pur, composé avec du Meuron.

PROVINCE DE PERNAMBOUC.

707 Antonio Maria de Brito.
Tabac préparé.

708.—Idem.
Cigarettes de diverses qualités.

709 Coriolano Velloso da Silveira.
Etoupe d'*embira*.

710 Inspecteur de l'Arsenal de Marine.
Embira rouge.
Etoupe d'*embira*.

711 Isac.
Rapé.

PROVINCE DE SERGIPE.

712 Antonio Dias Coelho e Mello.
Tabac de 1ere, 2de et 3me qualité.
713 Leoncio Armando do Espirito-Santo.
Huile de coco, 1ere qualité, 3$ la *canada*.
Huile de coco, 2de qualité, 2$800 la *canada*.

Cette huile est fabriquée sur une grande échelle, et depuis plusieurs années elle est devenue un objet d'exportation, principalement pour la province de Bahia, où elle est employée non seulement pour les machines, mais aussi pour la parfumerie. Le valeur de son exportation annuelle, selon les données officielles, varie de 2:000$ à 3:000$.

PROVINCE DE BAHIA.

714 Bastos & Sobrinho.
Huile de coco cru.

715.—Idem.
Tabac de S. Felix (récolte de 1865 et 1866).

La production du tabac dans la province de Bahia est extraordinaire et constitue une importante branche de commerce dans cette province qui durant l'année 1864 à 1865 a exporté 417,854 arrobes de tabac en feuilles, de la valeur officielle de 1,731:204$145, au prix moyen de 3$865 l'arrobe; et 103,082 arrobes de tabac roulé, de la valeur officielle de 329:629$600, au prix de 3$197.

716 Commission Provinciale.
Coton.

717.—Idem.
Coton blanc.

718 — Idem. (Ilhéos.)
Coton satin.

719 Commission provinciale. (Chique-chique.)
Coton commun.
Coton *ganga* (nankin).

720. — Idem.
Coton de semences du Maragnon.
Coton de semences du Pérou.

721. — Idem.
Huile de coco.

722 Francisco Sampaio Vianna.
Coton de la montagne d'Itiúba.
Coton de la ville de Porto Seguro.

723 — Idem.
Huile de coco.

724 — Idem.
Ricin (semences).

725 — Idem.
Paina de *canna cayenna*.

726 — Idem.
Semences d'*urucú* (roucou).

727 Gustavo A. Schnorbusch.
Cigarres.

728 João Ferreira Lima.
Attaches pour cigarres (fibres).

729 José Pinto Rodrigues da Costa.
Etoupe.

730 L. M. Ferraro.
Piassába nettoyée.
Piassába preparée.

731 Manoel Candido de Oliveira Guimarães.
Coton blanc.

732 Paulo José de Teive e Argollo.
Coton (*Sea island.*)

733 Porfirio Pereira de Castro.
Coton sauvage.

734 Umbelino da Silva Tostal
Tabac en feuilles.

PROVINCE DE RIO-DE-JANEIRO ET MUNICIPE DE LA
CAPITALE DE L'EMPIRE.

735 Ernesto Frederico dos Santos e João Francisco dos Santos.
(Capitale).
Fibres de *carrapicho* colorées.

Fibres de *carrapicho* peignées.
Fibres de *carrapicho* blanchies.
Fibres de *carrapicho* brutes.
Etoupe fine de *carapicho.*

736 Fazenda Imperial (Petropolis.)
Tabac en feuilles.

737 Guilherme Schuch de Capanema (Capitale.)
Bombonaje (paille).

738 Guimarães Bastos & C. (Capitale.)
Cigarres.
Cigarettes (diverses qualités).
Tabac haché pour cigarettes.

739 Imperial Instituto Fluminense de Agricultura.
Coton herbacé.

740.—Idem.
Fibre de *yúca.*
Fibre de *guaxima.*
Fibre de *pandánus.*
Fibre de *pite.*

741.—Idem.
Tabac en feuilles. (Djebel.)
Cigarres.

742.—Idem.
Paina.
Paina nettoyée.

743. — Idem.
Paille de *bombonaje.*

744 João Chrysostomo da Costa Guimarães (Capitale.)
Rapé *rolão carioca,* 1$ la livre.
Rapé rose, la livre 1$.

745 João Paulo Cordeiro.
Rapé *maçaróca.*
Rapé princesse fin.
Rapé demi-gros.

La fabrication du tabac à priser a pris un grand développement dans la capitale ; divers établissements le fabriquent par des procédés particuliers ; il est presque tout consommé à Rio-de-Janeiro, et exporté pour les provinces, bien que dans quelques-unes, on en fabrique déjà sur une plus ou moins grande échelle.

746 Joaquim Marinho de Queiroz (Araruama.)
Coton.

747 Joaquim Martins Corrêa (Petropolis.)
Tabac en poudre (échantillon).
Cigarres.

748 José Maria de Mendonça (Capitale.)
Cigarres.

749 J. F. da Rocha Sobral.
Rapé princesse.

750 Lizaur Novaes (Nictheroy.)
Cigarettes en papier brun, 100 rs. le paquet.
Cigarettes en papier de tabac, 100 rs. le paquet.
Cigarettes en paille de froment , 100 rs. le paquet.
Cigarettes en lin (blanches) , 120 rs. le paquet.
Orientales (blanches), 160 rs. la paquet.
Havane (blanches), 200 rs. le paquet.
Garibaldi (foncées), 120 rs. le paquet.

751. — Idem.
Tabac haché rond, un paquet d'une 1/2 livre 400 rs.
Tabac frisé (Wervick), un paquet d'une 1/2 livre 500 rs.
Tabac français, un paquet d'une 1/2 livre 400 rs.
Tabac Havane haché, 1 livre 800 rs.

752. — Idem.
Rapé Nicot gros et fin, 1$ la livre.
Rapé français, 1$ la livre.

753 Luiz Baret (Capitale.)
Tabac préparé, 1re qualité, un paquet de 230 gram-
mes 1$500.
Tabac, 2eme qualité, un paquet de 230 grammes 1$
Deux bocaux avec du tabac de la même qualité.

Le tabac n'est pas cultivé sur une grande échelle dans la province
de Rio-de-Janeiro. L'exportation de la capitale pour l'extérieur est alimentée par la production de Minas Geraes et S. Paul.

Les fabriques de cigarres et cigarettes sont très-nombreuses dans la
capitale ; celles de tabac à priser déjà très-apprécié, sont aussi importantes. Dans les fabriques de cigarres de la capitale , on emploie beaucoup de tabac de la province de Bahia.

L'exportation du tabac en rouleaux , dans l'exercice de 1864 à 1865,
est montée à 877,021 arrobes, de la valeur officielle de 804:604$600 , au
prix moyen de 9$246.

754 Manoel de Oliveira Pinto Junior (Vassouras).
Cigarettes, 10$ le millier.

755 Pedro Antonio Castanhera (Capitale).
Cigarres, 7 caisses.

La fabrication des cigarres et des cigarettes forme aujourd'hui une industrie importante à Rio de Janeiro. La grande consommation de ces produits, fait chaque jour augmenter le nombre des fabriques en même temps que la concurrence des produits similaires étrangers : la fabrique des cigarres nationaux s'étant beaucoup perfectionnée, la lutte commence à nous être favorable.

PROVINCE DE S. PAUL.

756 Manoel Lopes de Oliveira.
Coton soie longue.
Coton herbacé, semence blanche.
Coton *ganga*.

PROVINCE DE MINAS-GERAES.

757 Daniel da Rocha Ferreira.
Tabac en rouleau.

758 Francisco Viotti.
Tabac haché.
Cigarettes.

PROVINCE DE PARANÁ.

759 Domiciano Corrêa Leite.
Tabac en corde.
Tabac en feuilles.

760 Francisco David Perneta.
Laine merinós.

761 Feliciano Nepomuceno Prates.
Coton cultivé par les Indiens.

762—Idem.
Cire jaune.

763 Jesuino Marcondes de Oliveira e Sá.
Laine negrette pur.
Laine demi negrette et demi merinos.
Laine rambouillet pur.

764 Joaquim Francisco Lopes.
Fibres de *guaxima*.

765 Joaquim Severo Corrêa e Manoel Antonio Ferreira.
Coton *ganga*.

766 José Candido da Silva Murici.
Cigarettes en paille de maïs.

767.—Idem.
Fibre d'*embira* blanche.

768. José Candido da Silva Maurici.
Fibres de *tucum*.

769. — Idem.

Semences grandes de ricin.
Semences petites de ricin.

770 José Joaquim Teixeira Ramos.
Graines de lin.

771 José Pereira Linhares.
Tabac en corde.

772 Laura Maria do Nascimento Borges.
Cire blanche.

773 Manoel Antonio Ferreira.
Liane en poudre. (*Cipó sumo em pó*).

774 Manoel Antonio Ferreira et Joaquim Severo Correia.
Fibres de *guapéba*.

775 Modesto Gonçalves Cordeiro.
Fibre de *criciúma*.
Fibre d'*imbaúba*.

776 Rosa Leite Fernandes.
Huile de ricin.

PROVINCE DE SAINTE CATHERINE.

777 Amaro José Pereira.
Huile d'*amendoim*.

778. — Idem.
Graines de lin.

779 Barão de Schneeburg (Colonie Brusque).
Coton herbacé (semences de la colonie de Santa Cruz, province de Rio Grande du Sud).

780 Carlos Otto Schlapall (Colonie Angelina).
Fibres d'*embira* blanche.
Fibres d'*embira* liége.
Fibres d'*imbaúba*.
Fibres d'*embira* rouge.

781 Commission provinciale.
Etoupe extraite du lin.
Etoupe extraite du lin préparé.

782 Estanisláo Antonio da Conceição & Filhos (Desterro).
Rapé odorant princesse.

Cette industrie, déjà établie à Ste. Catherine, promet un heureux avenir; vu que la consommation doit s'étendre aux provinces voisines, où la production du tabac n'est pas aussi considérable.

783 Jeão Pinto da Luz.
Ricin (semences).

784.—Idem.
Huile de noix de l'Inde.
Huile d'*amendoim*.

785 Joaquim Soares (Itaborahy).
Fibres de lin.

786 Jorge Tructer (Lages).
Tabac en rouleau.

787 Julio Beaumgarter (Colonie Blumenau).
Cigarres Virginie.

788 Manoel Antonio Vieira.
Lin préparé.

789 Marcelino Antonio Dutra.
Coton herbacé (Georgie).
Coton herbacé (Kentucky).

790 Marx (Colonie Blumenau).
Tabac en feuilles.

Le tabac est aujourd'hui l'objet d'une consommmation extraordinaire ; on le livre au commerce sous différentes formes : en feuilles, en pâte, en rouleaux, hâché, préparé en cigarres et en cigarettes.

Dans la province de Ste. Catherine, on le prépare sous toutes les formes connues : les cigarres et cigarettes de cette province sont très-recherchés.

Dans presque toutes les provinces du Nord et du Sud de l'Empire la production du tabac est abondante, et promet de rendre cette denrée, l'un des plus importants objets de l'exportation nationale.

791 Rischbieter.
Coton herbacé.
Coton doux.

792 Todeschini.
Coton herbacé.

793 Tobias.
Cire.

794 Todeschini.
Fibres de lin.

795 Wenceslão Martins da Costa.
Fibres de pite.

On fait d'excellentes cordes avec la filasse des feuilles ; le suc qu'elles donnent au moyen de la trituration, lorsqu'il est épaissi par l'évaporation et mélangé avec de la cendre, fournit du savon. Rôties sur des charbons, elles s'emploient dans le pansement des blessures; fraîches, elles sont d'excellents topiques anti-syphilitiques et contre la lèpre. C'est un antidote contre le poison du manioc. Le bois sec sert d'amadou. A la dose d'un ou deux scrupules, l'extrait est un puissant remède contre l'ascite et les hydropisies en général.

PROVINCE DE RIO GRANDE DU SUD.

796 Barão de Kalden.
Tabac en feuilles.
Tabac en feuilles à fleurs blanches.

797. — Idem.
Lin cardé.

798 Carlos Ahrent.
Coton.

799 Carlos Busck et **Frederico Guilherme Bartholomay.**
Fils de lin.
Lin chanvre préparé.

800. — Idem.
Graines de lin.

801 Carlos Sohne.
Tabac brut.

802 Carlos Schwerim.
Cire jaune.

803 Direction de la Colonie Nova Petropolis.
Fils de lin.

804 Emilio Schilder.
Lin préparé.

805 Francisco Ferreira Guimarães.
Semences de coton, *Sea Island* et *mostarda*.

Les fibres de ce coton sont aussi longues que celles du *Sea Island*; lorsqu'il croît, on ne peut connaître la différence qui existe entre eux, que par les graines ; celles du *Sea Island* sont propres, séparées de la fibre, et avec une petite pointe à l'extrémité, tandis que dans le coton du pays il reste toujours quelques parties fibreuses adhérentes à la semence. Le coton du pays acquiert beaucoup des qualités de celui du *Sea Island*, quand il est planté conjointement; et il est à supposer que celui-ci acquiert aussi celles du premier ; dans ce cas le *Sea*

Island, qui demande à être planté tous les ans, peut devenir plus durable.

Depuis longtemps on plante le lin dans la province, et il y prospère ; mais la production en est petite et ne suffit pas encore à la consommation des tissus qui s'y fabriquent ; c'est pour quoi, on en importe de l'extérieur.

806 Francisco Ferreira Guimarães.
Coton du pays.

807 Francisco Hilbig.
Tabac (semences de la Havane)
Tabac (semences du Paraguay)
Tabac (semences de Virginie).

808 Philippe Jacob Sellbach.
Coton brut.

809. — Idem.
Lin brut.

810 Felippe Keller.
Fils de lin et coton.
Lin chanvre préparé.

811 Gaspar Frederichs.
Houblon (fleurs).

On emploie plus généralement les fleurs de cette plante dans la fabrication de la bière, que dans la médecine. Il y a bien peu de temps que tout le houblon consommé dans le pays était importé ; mais grâce à l'augmentation des fabriques de bière nationale, la colonie de S. Léopold dans la province de Rio-Grande du Sud, a pu en inaugurer la culture qui, favorisée par le climat et les qualités agronomiques du terrain, promet beaucoup et offre déjà des probabilités de développement, parceque les fleurs importées se conservent difficilement sans se détériorer dans les voyages de mer, et reviennent à un prix très-élevé sur les marchés brésiliens.

812 Guilherme Brust. (Taquari.)
Tabac en feuilles.

813 Jacob Feldens.
Coton herbacé.

814. — Idem.
Fibres de lin.

815 João Gravunder.
Fils de lin preparé.

816 João Sauter.
Cire.

817 John Proudfoot.
Coton métis de la Nouvelle-Orléans et *Sea Island*.

818 José Barbosa Ferreira da Silva.
Laine de mouton (race anglaise).

Depuis longtemps on élève des moutons au Brésil, surtout dans la zone qui's'étend de la province de Minas-Geraes à celle de Rio Grande du Sud. La laine produite dans cette derniére province suffit pour la consommation locale, dans ses différents usages, depuis le remplissage des matelas jusqu'au tissage des manteaux (dits ponches) qui sont renommés; et il en reste encore pour l'exportation. Les moutons de Minas-Geraes fournissent à ses habitants la laine nécessaire pour une grande partie de leur consommation ; on y fabrique des tissus tels que des couvertures de différentes qualités, et il reste encore un nombre suffisant de moutons pour approvisionner les abattoirs de la Capitale de l'Empire.

La province de Paraná semble enfin sortir de sa léthargie à l'égard de l'éléve des moutons. Le gouvernement s'est efforcé d'encourager ce réveil en y envoyant des échantillons de la véritable race mérinos, lesquels se sont facilement aclimatés, et promettent de fournir une production abondante en améliorant la race créole par le croisement. Cette province a envoyé à l'Exposition quelques échantillons, parmi lesquels il s'en trouve des races si belles et si estimées de Rambouillet et de Negretto. Cette derniére est du type mérinos, l'autre en est issue et est procréée en France.

La province de Rio Grande du Sud où il y a de nombreux troupeaux, parmi les quels on en compte beaucoup de la race mérinos espagnole, n'a envoyé à l'Exposition qu'un échantillon de laine de brebis de race anglaise.

Il serait très-bon d'introduire dans le pays, (et surtout dans la province de Minas-Geraes, en raison de ses relations avec le marché de la capitale), la race Monchamp dont l'élève est de date récente ; vu que cette race donne en grande quantité la laine la plus fine et la plus unie, et que la chair en est excellente.

819 José Pedro Machado.
Coton indigène en graines.

821 Leão & Alves.
Huile de semences de *gira-sol* (tournesol).
Huile de semences de navets.
Huile de semences de *quiabo*.
Huile de semences de *sombra de touro* (ombre de taureau).
Huile de noyaux de pêches.

Huile de pépins d'oranges.
Huile de semences de *piranga*.

821 Leão & Alves.
Huile de graines de lin.
Huile de pépins de potiron.
Huile d'*amendoim*, 1re expression.
Huile d'*amendoim*, 2me expression.
Huile de semences de coton.

822. — Idem.
Huile d'*andauassú*.
Huile de ricin.

Cette collection des huiles de la province de Rio Grande du Sud vient de la fabrique impériale établie à Porto-Alegre, capitale de cette province. Pour l'huile de ricin, principal article de la production de la fabrique, on emploie toute la graine de *Palma-Christi* qui apparaît sur le marché; mais l'offre n'est pas suffisante pour la demande; c'est pourquoi, afin d'encourager la plantation de cette plante, les entrepreneurs ont fixé à 5$000 le sac de deux *alqueires*. Dans la dite fabrique l'huile de ricin se vend en boites de fer blanc à 500 rs. la livre; en bouteilles à 13$000 la douzaine; en demi-bouteilles à 7$700, et en quarts de bouteilles à 4$300.

823 Manoel Luiz da Costa.
Coton herbacé.

824. — Idem.
Coton satin.

825 Mauricio Morgenstern.
Lin préparé.

CLASSE XLIV

Produits chimiques et pharmaceutiques.

PROVINCE DE L'AMAZONES.

826 Carlos Baptista Mardel.
Graisse de tapir.

827 João Marcellino Taveira Páo Brasil.
Teinture de *genipapo* (fruits du génipayer).
Teinture de *cumati*.

828 Joaquim Leovegildo de Souza Coelho.
Gomme élastique, (en forme de pigeon.)

829. — Idem.
Graisse de caïman (*jacaré*).

Extraite du tissu graisseux de l'animal vulgairement connu sous ce nom. Elle sert en médecine au traitement externe des rhumatismes. On l'emploie aussi pour l'éclairage, le calfatage et dans la confection des mortiers bitumineux.

830 Joaquim do Rego Barros.
Miel d'abeilles.

831 José Coelho de Miranda Leão.
Vanille.

Fruit de l'*epidendrum vanilla*. Les gousses de cette plante varient entre 130 et 220 millimètres de longeur. La vanille inculte croît dans les lieux sombres et humides des régions chaudes de l'Amérique, spécialement au Brésil et au Mexique. La variété connue sous le nom de vanille de S. Domingue, donne des fleurs vertes et blanches, et des fruits noirs ; les fleurs et les fruits de cette variété sont inodores. Les variétés de la vanille du Brésil ont pour la plupart des gousses de plus grandes dimensions que celles du Mexique ; on les appelle en France vanillons ; ces gousses ont dans la province de Sergipe 8 à 10 pouces (0,22^m à 0,27^m) de longueur ; et 6 à 12 lignes (0,01^m à 0,02^m) de largeur. Dans celle de Minas elles ont 6 à 9 pouces (0,18^m à 0,26^m) de longueur, et 4 à 6 lignes (0,008^m à 0,014^m) de largeur. Celles du Mexique ont 6 à 7 et même 8 pouces (0,22^m) de longueur et 2 à 4 lignes (0,004^m à 0,008^m) de largeur. La vanille est souvent mal préparée au Brésil où elle n'est pas à vrai dire, cultivée, le travail se bornant à la récolter dans les bois quand les gousses sont ouvertes. La vanille a des qualités médicinales: elle est très-employée par les médecins espagnols pour la cure de diverses maladies, elle est stimulante et stomachique, et sert par ce motif à la préparation du chocolat qu'elle rend plus digestif; ou en fait usage dans la confiserie, et dans la parfumerie ; on en extrait la partie odorante au moyen de l'alcool.

Les peuples d'origine espagnole distinguent six qualités de vanille, qui sont les suivantes: la vanille grande fine, la vanille petite fine, la vanille *azacate*, la vanille *rezacata*, la vanille *simarona* ou *palo*, la vanille *vassura* ; celle de qualité supérieure (vanille aromatique) est généralement appelée au Mexique vanille de loi (*de ley*), et la plus estimée doit avoir une couleur violet-foncé, ni trop noire, ni trop rouge ; au toucher, elle doit être gluante et pas trop sèche ; les gousses doivent être longues et fines, et paraître très-pleines et legères; l'arôme doit être pénétrant et agréable ; la gousse fraiche et bien conditionnée, doit être pleine d'un liquide noir, huileux et balsamique ; elle contient une grande quantité de graines très-petites et noires, presque imperceptibles et excessivement aromatiques.

On prépare la vanille en plongeant pendant quelques instans les gousses dans l'eau bouillante, on les suspend ensuit pour les laisser sécher durant quelques jours dans un endroit bien aéré ; aussitôt qu'elles commencent à sécher, il en découle un liquide visqueux, qu'on extrait au moyen d'une légère pression répétée plusieurs fois dans la journée.

Cette opération est difficile et doit se faire lentement. On enduit plusieurs fois les gousses avec de l'huile de châtaigne de *cajú*, afin de les rendre flexibles et de les préserver des insectes ; et on les attache avec du fil pour qu'elles ne s'ouvrent pas. C'est par le manque de cette dernière précaution que les gousses du Brésil arrivent ouvertes en Europe, et qu'elles y sont moins estimées que celles du Mexique. Aussitôt que les gousses sont sèches on les enveloppe dans du papier et on les garde dans des boîtes en fer blanc ou des flacons hermétiquement fermés, pour qu'elles ne perdent pas leur arôme

La culture de la vanille est une des plus profitables: on la plante à l'aide d'échalas, et le soin essentiel à prendre pour obtenir la fructification consiste dans la fécondation artificielle. Pour l'obtenir on ouvre ou on coupe les fleurs masculines afin d'en répandre le pollen sur les fleurs féminines.

832 Manoel Caetano Prestes.
Miel d'abeilles.

PROVINCE DU PARÁ.

833 Antonio João Gomes. (Macapá.)
Graisse de *pirarára* (poisson rouge).

834 Bernardino José Pereira. (Vizeu.)
Graisse de tapir.

Appliquée dans la médecine domestique pour fomenter le ventre des femmes en couche, et réputée d'une grande efficacité.

835 Candido do Prado Pinto.
Teinture d'indigo.
Teinture de *café-rána*.
Teinture de *camapú*.
Teinture d'écorce de *sucuába*.
Teinture d'écorce d'*umerí*.
Teinture de *liane-jabutí matámatá*.
Teinture de doradille.
Teinture de *juá*.
Teinture de *manacan*.
Teinture de *marapuáma*.
Teinture de *murum* blanc.
Teinture de racine de *pajamaríoba*.

Teinture de *tatá piririca*.
Teinture de timbó *timbó cunambí*.

836 Candido do Prado Pinto.
Huile de coumarou.

837 Commission provinciale.
Graisse de boa.

838.—Idem
Graisse d'once.

839.—Idem.
Graisse de *sucuruiú* (serpent).

840. — Idem.
Graisse de *pirardra*.

841 Commission provinciale. (Portel.)
Graisse d'*aricá*.

842. — Idem.
Beurre fait avec des larves d'insectes qui vivent sur
le palmier *tucuman*.

Appliqué en médecine pour fomenter les enflures des articulations.

843. — Idem.
Huile ou graisse de boa.

844. — Idem.
Teinture d'écorce de *mucunan*.

845 Compagnie du Gaz.
Naphte brut.

846. — Idem.
Vernis de naphte.

Huile faite à la fabrique de gaz d'éclairage de la capitale du **Pará**

847 Januario Prudencio da Cunha.
Graisse de *guariba*.

Appliquée dans la médecine domestique pour fomenter les meur-
trissures et les enflures qui s'ensuivent. On l'emploie aussi contre les
rhumatismes.

848 Joaquim Rodrigues dos Santos. (Santarém.)
Graisse d'once.

849. — Idem.
Graisse de *pirarucú* (poisson).

850. — Idem.
Graisse de *sucuruiú* (serpent).

851 Joaquim Honorio da Silva Rabello.
Cirage liquide pour chaussures.

Fait avec le *cajú* des bois, variété différente du *cajú* de rivage, (*anacardium occidentale*). Sa fabrication constitue une industrie particulière à l'inventeur, dont le procédé n'a pas été divulgué. Le *cajú* des bois abonde dans toute la province, c'est un arbre grand et élégant ; son fruit est très-recherché : on le regarde comme antisyphilitique et on en extrait aussi un vin qui a la même vertu.

852 José de Araujo Roso Danin.
Graisse de tapir.

853. — Idem.
Graisse d'once.

854 José Henrique Diniz.
Graisse de *guariba*.

855 José Verissimo de Mattos.
Teinture de *muruxí*.

856 Manoel Pereira Lima.
Graisse de *sucuruiú*.

857 Martins & Tedeschi.
Huile de ricin.

858. — Idem.
Huile d'écorce d'orange.
Huile de coumarou.

859. — Idem.
Teinture de *cumambi*
Teinture de *café-rána*
Teinture de doradille.
Teinture de *liane-matamatá*
Teinture d'écorce de *sucuúba*.
Teinture d'écorce d'*umerí*.
Teinture d'écorce de *marapuâma*.
Teinture d'*artemisia*.
Teinture d'ipécacuanha.
Teinture d'écorce de *beribá*.
Teinture d'écorce de *muruxí*.
Teinture d'écorce de *manacan*.
Teinture de gingembre.

860 Miguel da Cunha Penalber.
Vanille.

861. — Idem.
Teinture de *curimbó*.

862 Miguel da Cunha Penalber.
Vernis de *cumaté*.

863 Pedro Honorato Correia de Miranda.
Graisse de boa.

864 Pinto & Irmão.
Graisse de caïman.

865 Rabello & Irmão.
Graisse de *sucuruiú*.

866. — Idem.
Cirage de sève de *xixí*.

867 Souza & Almeida.
Graisse de *sucuruiú*.

868. — Idem.
Beaume de copahu.

869. — Idem.
Carbonate de potasse.

870. — Idem,
Beurre de cacao.

871. — Idem.
Huile exprimée de *pataud*.
Huile exprimée de coumarou.

872. — Idem.
Huile essentielle de *pichurim*.

873. — Idem.
Teinture de *café-râna*.
Teinture d'*assaí*.
Teinture de lait de *mururé*.
Teinture de *jalapão*.
Teinture de *matámatá*.
Teinture de *jarubú* ou cresson du Pará.

874. — Idem.
Vernis pour polir.

875. — Idem.
Vernis spiritueux.

876. — Idem.
Sirop de *jarubú* ou cresson du Pará.

PROVINCE DE MARAGNON.

877 Diogo Antonio dos Reis.
Teinture de gingembre.

878 João Marcellino da Silveira.
Brai purifié.

879 Joaquim José Vieira.
Huile de ricin.
Huile de ricin aromatique.
Huile de ricin colorée.

880 J. J. T. V. Belfort.
Sel commun cristallisé.

881 Manoel Moreira da Silva.
Essence concentrée de *caróba*.

882 Manoel Pereira Martins & Irmão.
Pâte de châtaignes *d'andiróba*.

PROVINCE DE CEARÁ.

883 Alexandre Correia de Araujo e Mello.
Sel de *carnaúba*.

884 João da Rocha Moreira.
Résine d'une pomme de terre du Brésil.

PROVINCE DE RIO GRANDE DU NORD.

885 Comission provinciale.
Graisse de serpent à sonnettes.

886. — Idem.
Sel commun.

La province de Rio Grande du Nord possède d'importantes salines dans les villes de Macáo et d'Assú ; de grandes portions de sel s'accumulent en monceaux dans le voisinage de l'étendue où ce produit se dépose en belles cristallisations ; on couvre les monceaux avec de la paille de *carnaúba* ou de quelque autre palmier, on brûle cette paille pour en former une croûte vernissée qui enveloppe tout le monceau et sert à le préserver des pluies : de là, il est extrait, mis dans des enveloppes de paille appelées *paneiros* ou *capaviras*; puis livré au commerce.

Sa production suffit à la consommation de la province et à une exportation considérable, non-seulement dans d'autres provinces, mais encore au dehors de l'Empire. Par manque de données statistiques complètes, on ne peut évaluer la quantité de sel annuellement exportée; il est certain cependant que cette denrée peut être exploitée sur une grande échelle et devenir une importante branche de commerce.

PROVINCE DE LA PARAHYBA DU NORD.

887 João Ignacio Ribeiro Roma.
Sirop de *jurubíba*.

888 João Lopes Machado et Joaquim José Henriques da Silva.
Miel d'abeilles *jatahï*.
Miel d'abeilles *jundairá*.
Miel d'abeilles *moça branca*.
Miel d'abeilles rayées.
Miel d'abeilles *urussú*.

PROVINCE DE PERNAMBOUC.

889 Antonio Raymundo Paes Mello.
Chandelles de *carnaúba*.
Chandelles de *carnaúba* mélangée avec du suif

890 Bartholomeu Francisco de Souza.
Sirop de *jurubéba*.
Sirop de *.fedegôso*
Vin de *jurubéba*.
Vin ferrugineux de *jurubéba*.
Pilules de *jurubéba*.
Emplâtre de *jurubéba*.
Pommade de *jurubéba*.
Teinture de *jurubéba*.
Huile de *jurubéba*.
Extrait hydro-alcoolique de *jurubéba*.
Jurubéba en alcool.
Racine de *velâme*.
Sirop de *velâme*.
Extrait de *fedegôso*.
Extrait de *velâme*.
Fedegôso dans l'alcool.

891 Francisco José dos Passos uimarães.
Bougies en cire.

892 Manoel Francisco da Costa & C.
Savons divers.

893 Joaquim de Almeida Pinto.
Vin de *jurubéba*.
Huile de *jurubéba*.
Extrait de *jurubéba*.
Teinture de *jurubéba*.
Sirop de *mulungú*.

894. — Idem.
Colle forte.

895 Joaquim de Mello Cáu.
Sel commun.

PROVINCE DE SERGIPE.

896 Felix Zeferino Cardoso.
Sel marin.

Cet article forme une des grandes branches d'exportation de cette province pour celles de Bahia , Rio Grande du Sud et autres. Son prix varie de 800 rs. à 1$000 l'*alqueire* ; le sel de la rivière qui porte ce nom est le plus recherché.

897 Firmino Rodrigues Vieira.
Vanille.

898. — Idem.
Huile de ricin.

899 José Agostinho do Nascimento. (Rio do Sal.)
Sel commun.

900 João Constantino da Silveira Coelho.
Teinture d'oranger sauvage.

901 Pompilio da França Amaral.
Liqueur de vigne sauvage.

PROVINCE DE BAHIA.

902 A. Pereira da Silva.
Chandelles de *carnaúba* et suif.

903 Francisco Sampaio Vianna.
Pierres artificielles médicinales.
Pulpe de tamarin.

904 Galdino Fernandes da Silva.
Purgatifs d'une pomme de terre du Brésil.

905 José Antonio Teixeira Lopes.
Chandelles de suif de Hollande (imitation.)

906 Lourenço Soares de Pinho.
Colle de rognures de cuir.

907 Thomaz Teixeira da Cunha.
Huile de ricin.

PROVINCE DE RIO-DE-JANEIRO ET MUNICIPE DE LA CAPITALE
DE L'EMPIRE

908 Aleixo Gary & C. (Capitale.)

Collection.

Acide Carbazotique.
Acide Nitro-phénique.
Acide Aloétique.
Acide Chromique.
Acide Camphorique.
Acide Olaxique artificiel.
Acide Tartrique artificiel.
Acide Pyrogallique.
Acétone (esprit pyro-acétique).
Aloïne.
Anchusine.
Arséniate d'ammoniaque.
Bromure d'ammoniaque.
Bromure de cadmium.
Butyrate de zinc.
Citrate de fer et de quinine.
Citrate de quinine
Citrate de magnésie en grains et effervescent.
Chlorure de manganèse pur.
Carmine.
Curcumine.
Caféine.
Carb. de fer en grains et effervescent.
Crême de tartre soluble en lames.
Emétine pure.
Elatérium.

Helicine.
Gelée d'huile de foie de morue ferrugineuse.
Gelée d'huile de foie de morue simple.
Iodure de mercure cristallisé.
Iodure de plomb.
Iodure de fer en lames inaltérable.
Iodhydrargirate d'iodure de potassium.
Carbide d'iode.
Iodure de soufre soluble.
Créosote solidifiée.
Lactate de fer.
Mannite pure.
Permanganate de potasse
Phosphate d'ammoniaque
Pyrophosphate de fer.
Strychnine pure.
Sulfarsénite de quinine.
Sulfate de magnésie.
Subnitrate de bismuth.
Sulfate d'alumine pur.
Sulfate de cuivre ammoniacal cristallisé.
Sulfate de fer blanc en grains, inaltérable.
Sulfate de fer desséché en lames.
Soufre cristallisé, n. 1.
Soufre cristallisé. n. 2.
Tartrate de potasse et de fer.
Pastilles de santonine rosées.
Pastilles d'ipécacuanha.
Pastilles de menthe poivrée.
Pastilles de soufre.
Tannate de quinine.
Rouge indien.
Valérianate de quinine amorphe.
Valérianate de quinine crystallisé.
Nitrate d'argent cristallisé.

909 Antonio Augusto dos Santos Luzes. (Capitale.)
Vernis royal (qualités diverses).

910 Antonio José Alves Guimarães & C. (Capitale.)
Chandelles de *carnaúba*, 14$080 l'arrobe.
Chandelles de suif, 12$800 l'arrobe.

911 Bernardo Dagnan. (Capitale.)
Huile de pied de bœuf.

912 Coutinho Vianna & Bosisio. (Nictheroy.)
Eau de fleur d'oranger.

913 Coutinho Vianna & Bosisio. (Nictheroy.)

Huile de lavande.
Huile de citron.
Huile d'orange.
Huile de bergamotte.
Huile de romarin.
Huile de girofle.

914 Domingos Marques de Gouvêa.

Eau de fleur d'orange distillée.

915 Domingos Manoel de Araujo.

Chandelles de *carnaúba*.
Chandelles de *carnaúba* fine mélangée avec du suif
Chandelles de *carnaúba* et suif.

917 Felix Faraut. (Capitale.)

Collection.

Acide gallique cristallisé.
Pastilles de chlorate de potasse.
Pastilles de rhubarbe.
Pastilles de citrate de magnésie.
Pastilles de citrate de magnésie et de soude.
Pastilles de décoction blanche de Sydenham.
Pastilles d'ipécacuanha.
Pastilles de santonine.
Pastilles d'infusion de séné tartarisé.
Pastilles de bismuth.
Magnésie calcinée par le système Fleury.
Magnésie granuleuse.
Valérianate de quinine.
Valérianate de zinc.
Extrait de quina et de fer.
Eau de fleur d'orange.
Quinidine.
Quinium.
Acide valérianique.
Emétine grise du Codex français.
Arséniate en grains.
Copabivate de fer.
Acétate de quinine.
Pyro-phosphate de fer et de soude.
Caféine.
Quinine blanche, pure.

Quinine brute.
Quinoïdine.
Essence de copaier.
Résine de jalap pur.
Résine rouge.
Résine de quinquina jaune.
Extrait de quinquina rouge.
Iodoformio.

917 F. Tribiani. (Capitale.)
Vernis copal.
Vernis divers.

918 Gouthiere & Wagner.
Eaux de Barège (artificielles.)
Eaux de Pyrmont (artificielles.)
Eaux de Vichy (artificielles.)
Eaux de Spa (artificielles.)

919 Imperial Instituto Fluminense de Agricultura. Institut
Impérial d'Agriculture. (Capitale.)
Teinture de *chenopodium ambrosioides*.
Esprit de camphre.
Éther acétique.
Huile éthérée d'écorce d'orange amère.

920 Ignacio José Malta. (Capitale.)
Eau de fleur d'orange double.

921. — Idem.
Sirop pectoral et anti-coqueluche.

922. — Idem
Emplâtre contre les ruptures.

923. — Idem.
Huile de coumarou.

924. — Idem.
Sirop de citron.

925. — Idem.
Seigle en épis.

926 João Domingues Vieira. (Capitale)

Collection.

Proto-iodure de mercure.
Biodure de mercure.

Iodure de potassium.
Arséniate de potasse.
Arséniate de soude.
Santonine (semen contra.)
(Manne.)
Caféine (de café de S. Paul.)
Daturine (stramoine de Portugal.)
Emétine pure (ipécacuanha de Mato-Grosso.)
Crême de tartre soluble cristallisée.
Bioxyde de mercure.
Chlorate de potasse.
Sulfate de zinc.
Fer hydrogéné (selon Quevenne.)
Carbonate de cuivre.
Citrate de fer ammoniacal.
Acide benzoïque.
Pillules de Blaud, modifiées par Vieira.
Sirop de quinquina ferrugineux et d'orange.
Huile de foie de morue ferrugineuse orangée.
Huile de foie de morue pure orangée.

927. João Fernandes Clapp. (Capitale.)

Cirage pour chaussures, en boîtes en fer blanc.
Cirage pour chaussures, en pots.

928. João Ferreira de Carvalho. (Capitale.)

Huile de suif.
Cirage en pâte.

929. — Idem.

Savon blanc, 240 rs. la livre
Savon noir, 100 rs. la livre.
Savon jaune, 100 rs. la livre.

930. — Idem.

Chandelles de suif.

931. José Francisco de Freitas.

Colle.

932. José Maria dos Santos Carneiro. (Capitale.)

Bougies en cire.

933. José Noth.

Vernis désatonique.
Vernis marroquin.
(C. F.)

Vernis anatomique.
Vernis négatif.
Vernis florentin.
Vernis noir.
Vernis copal (1re et 2me qualités).
Vernis du japon.
Vernis pour cuirs.
Vernis métallique doré et clair.
Vernis métallique rouge.
Vernis métallique bleu.
Vernis métallique noir.
Vernis métallique simple doré.
Vernis métallique vert.
Vernis métallique pourpre.

934. Luiz Bonifacio Lindemberg. (Capitale.)

Gros sel.
Sel fin.

935. Luiz José de Souza. (Capitale.)

Pilules purgatives de Le Roy (6 flacons.)

936. Manoel José Fernandes de Macedo. (Capitale.)

Savon jaune.

937. — Idem.

Chandelles de suif.

938 Manoel Teixeira da Costa. (Capitale.)

Chandelles de suif.

939 Theodoro Peckolt. (Cantagallo.)

Collection.

Tubercule de petite centaurée.
Tabac de *Judeu*. (Juif.)
Fruits de *sapucainha*.
Noix de *quicimadeira* ou *arrediabo*.
Liège du Brésil.
Timbó ou *timbó* de pharmacie.
Ecorce d'huile rouge ou baume.
Réglisse du Brésil.
Timbó (pour tuer le poisson.)
Genêt amer.
Congonha (sorte de *matte*) cultivée

Congonha à longues feuilles.
Congonha à petites feuilles.
Thé de café.
Fleurs d'aristoloche.
Feuilles d'aristoloche ou herbe à crapaud.
Feuilles d'œillet sauvage.
Feuilles de *caróba* violette ou noire.
Feuilles de *carobínha* ou petite *caróba*.
Écorce de *carobínha*.
Hydrocotyle (*herva de capitão*).
Graines de *massambará*.
Graines de *coração de boi* (cœur de bœuf).
Pijericú on poivre du *sertão*.
Fruit de saponaire.
Jaborandi sauvage.
Noix muscade du Brésil.
Graines de Ste. Marie.
Concombre sauvage.
Pomme sauvage.
Farine de *massambará*.
Farine de larmes de Notre Dame (*lagrimas de Nossa Senhora*).
Epi sanguin. (*Espiga de sangue*).
Fruits de *jatubá*.
Fruits du lentisque (*almecegueira*).
Herbe sauvage.
Sciure de bois à huile rouge.
Parchemin de café.
Camphrier.
Velâme blanc des champs.
Vetiver ou racine de musc.
Fruits de *jacú*.
Réglisse du Brésil en poudre.
Fruits du cerisier ou pêcher sauvage.
Diconroqué ou haricots des indiens.
Extrait d'hydrocotyle.
Extrait de *timbó*.
Extrait de réglisse nationale.
Extrait de genêt.
Résine de sciure du bois à huile rouge.
Résine de l'écorce du bois à huile rouge.
Gomme de chène rouge.
Gomme de cèdre rouge.
Gomme d'*indaiá-assú*.
Résine de *carobão*.
Résine d'*angelim*-pierre.

Angelina.
Hydrochlorate d'*angelina.*
Sucre de *jatubá.*
Acide stéaro-carpotrochique.
Mélasse de pulpe de café.
Eau d'écorce de cerisier ou eau de laurier-cerise national.
Eau distillée de la pomme sauvage.
Esprit de menthe sauvage
Huile de *capivára.*
Huile de *sapucainha.*
Copahu.
Huile de copaïer (copahu) rouge.
Huile de coco de *pati* doux ou *patióba.*
Huile de coco de *pati.*
Huile de coco de *brejaúba.*
Huile de coco de *pindóba.*
Huile de coco de *jureua.*
Huile de graines de *miloló.*
Huile de coco de carême.
Huile de coco de *baba de boi.* (Bave de bœuf).
Huile de coco d'*indaiá-assú.*
Huile de coco de *macaúba.*
Huile d'arille ou pâte des semences du bananier de Madagascar ou Uranie. (Arbre des voyageurs.)
Huile de noyaux de *queimadeira.*
Huile de graines de *jequitibá-assú.*
Huile de noyaux de baume ou corail.
Baume péruvien du Brésil.
Baume de sciure du bois à huile rouge ou baume péruvien artificiel.
Baume de l'écorce du bois à huile rouge.
Huile du péricarpe du coco d'*indaiá-assú.*
Huile de noix muscade du Brésil.
Huile essentielle de copaïer rouge.
Huile essentielle de girofle sauvage.
Huile essentielle de sciure du bois à huile rouge.
Huile essentielle de sciure de cèdre.
Huile essentielle de semences de l'*aroeira de capoeira.*
Huile essentielle des feuilles de *Negra-mina.*
Huile essentielle d'œillet d'inde.
Huile essentielle d'orange indigène.
Huile essentielle d'orange de Chine.
Huile essentielle d'orange mandarine.
Huile essentielle de *lima de umbigo* (lime á nombril).
Huile essentielle de lime de Perse.

Huile essentielle de citron.
Huile essentielle de fleurs d'aristoloche.
Huile essentielle de coignassier sauvage.
Huile essentielle d'herbe de Sainte-Marie.
Huile essentielle d'écorce du dragonier.
Huile essentielle d'herbe tuyau (*herva canudo*).
Huile essentielle de *capcriçóba* ou *Marianica* ou *Anica*
Huile essentielle de *caperiçóba* blanc.
Huile essentielle de fleurs de safran.
Huile essentielle de *timbó* à poisson.
Huile essentielle de *pijericú*.
Huile essentielle d'écorce de sassafras.
Extrait éthéré de Sainte-Marie.
Baume de *carobinha*.
Huile de la pulpe (péricarpe) du coco de *macaúba*.
Huile de graines de thé de l'Inde.
Huile de graines de café.
Acide prussique de manioc *scpsicolytina*.
Huile essentielle de résine de pin.
Huile essentielle de canelle noire.
Huile essentielle d'écorce du bois à huile rouge.
Huile essentielle d'écorce de *para-tudo*.
Huile essentielle de rue sauvage.
Huile essentielle de menthe sauvage.
Huile essentielle de *vetiver*.
Huile essentielle d'oreille d'once.
Huile essentielle de *caburciba* ou bois à huile brun.
Huile essentielle de noix muscade du Brésil.
Huile essentielle de *lixa* ou café sauvage.
Huile essentielle de fleurs de cardamome sauvage.
Huile essentielle de cédrat.
Huile essentielle de feuilles de goyavier.
Huile éthérée de *capim* odorant ou *cidrilho*.
Huile essentielle d'écorce de cerisier.
Huile essentielle de marrube ou herbe de Macahé.
Huile essentielle de canelle puante.
Huile essentielle de feuilles d'*affiou*.
Huile essentielle de cardamome silvestre.
Huile essentielle d'herbe de St. Jean.
Huile essentielle d'*Assa-pcixe*.
Huile essentielle de fleurs de sassafras.
Huile de feuilles de *pitangueira*.
Huile essentielle de *calunga*.
Huile essentielle de chou souvage.
Huile essentielle de *jaborandi*.
Huile essentielle de graines de café

Huile essentielle de feuilles de café.
Huile essentielle de fleurs de café.
Acide butyrique de stéaroptène de café.
Huile essentielle de *matte* du Paraná.
Huile essentielle de palissandre-rose.
Huile essentielle de graines de Sainte Marie.
Huile essentielle du grand basilic.
Huile essentielle du petit basilic.
Huile essentielle d'hydrocotyle.
Huile essentielle de feuilles de bois d'ail.
Huile essentielle d'écorce de cèdre.
Timboïne.
Chenopoïdine
Ichtyoctonine.
Résine d'hydrocotyle.
Résine de feuilles de *matte* (*congonha*).
Résine de thé de l'Inde.
Résine de graines d'Uranie.
Résine du coco de *pindóba*.
Principe colorant rouge de la petite centaurée.
Principe colorant rouge des graines de *guaraná*.
Parasaponine.
Agoniadine.
Caféine de graines de thé de l'Inde.
Caféine de graines de café.
Caféine du parchemin du café.
Caféine des fleurs du café.
Caféine du *matte* du Paraná.
Caféine des feuilles du *matte* cultivé (*cogonha mansa*).
Caféine de graines de *guaraná*.
Caféine de l'écorce de graines de *guaraná*.
Amygdaline des fruits du cerisier du Brésil.
Saponine du fruit à savon.
Monésine d'écorce de *guarahem*.
Résine d'écorce de *carobinha*.
Résine de pâte de *guaraná*.
Résine de graines de *guaraná*.
Résine de *timbó* à poisson.
Résine des feuilles du giroflier sauvage.
Résine de la noix muscade du Brésil.
Principe colorant rouge de l'écorce du cerisier du Brésil.
Principe colorant rouge des feuilles du *timbó* à poisson.
Principe colorant rouge du coco de *pindóba*.
Laque bleue de l'indigo grimpant.
Acide pyrotannique du *matte*.
Acide tannique du *matte*.

Acétate d'*angelina*.
Jacutupine.
Manihotine.
Acide manihotique.
Carobine des feuilles du *carobinha*.
Carobine de l'écorce du *carobinha*.
Abacatestruthantine.
Acide araucarique.
Acide apolaustique ou de *congonha*.
Massarandubine.
Myroxyline de l'écorce du bois à huile rouge.
Myroxyline de la sciure du bois à huile rouge.
Acide tannique du *guarahem*.
Caféine du gui des orangers (*herva de passarinho*).
Caféine des feuilles de la *congonha* grande.
Acide apolaustique des feuilles de café.
Acide apolaustique des feuilles du thé de l'Inde. (Nova-Friburgo).
Acide oléo-cofféïque.
Acide palicurique sublimé.
Acide benzoïque de la sciure du bois à huile rouge.
Glycyrrhizine de réglisse du Brésil.
Acide carobique des feuilles du *carobinha*.
Acide résineux des graines du fruit du papayer (*mamão*).
Acétate de carobine.
Vert de *congonha*.

940 Vicente Lagarde.
Limonades gazeuses de cajú.
Limonades gazeuses de citron.
Limonades gazeuses d'orange.
Limonades gazeuses de café.

PROVINCE DU PARANÁ.

941 Antonio Caetano de Oliveira.
Eaux sulfureuses de la colonie Theresa.

Il existe au Brésil un grand nombre de sources d'eaux minérales de diverses natures. Mais la plupart d'entre elles n'etant pas encore analysées, nous nous bornerons à donner ici une notice succincte de celles qui sont le mieux connues.

Eaux ferrugineuses.

On en trouve dans presque toutes les provinces de l'Empire. Dans la capitale, il y en a 9 sources déjà examinées, dont deux dans le centre de la ville. Les plus importantes, tant par leur abondance que par la proportion plus considérable de fer qu'elles contiennent, sont celles d'Andarahy Grande, de Larangeiras, de la rue Riachuelo et de la lagune Rodrigo de Freitas : de celles-ci, les deux premières fournissent des fontaines publiques bien construites, dans deux des localités les plus agréables et les plus salubres des environs de la ville. Elles sont très-fréquentées et généralement employées dans les maladies dont le traitement exige des préparations ferrugineuses.

Dans la province de Rio-de-Janeiro, il y a 11 sources qui ont été également examinées. La province de Minas-Geraes en compte 7 dont une fontaine publique dans la capitale ; celle de Pernambouc, 5. Enfin on en connaît dans les provinces de Maragnon, Piauhy, Espirito-Santo, Saint-Paul, et autres. Toutes contiennent en général, le fer à l'état de carbonate, dissous dans un excès d'acide carbonique ; mais dans des proportions très-diverses.

Eaux gazeuses.

Les plus efficaces, qui sont aussi les plus fréquentées se trouvent dans la province de Minas-Geraes : ce sont celles appellées Aguas-Virtuosas, à 3 lieues de la ville de Campanha et à 60 de la capitale de l'Empire ; et celles de Caxambú, dans le municipe de Baependy.

Dans la première de ces localités, le gouvernement provincial a fait faire quelques constructions et en projette d'autres, non-seulement pour conserver les eaux en parfait état de pureté mais encore pour la commodité des personnes que tous les ans viennent les prendre en nombre assez considérable. Dans la seconde; il a, dans le même but, décrété l'expropriation des terrains voisins des puits et fait évaluer divers travaux projetés. Les eaux dites Aguas-Virtuosas sont généralement efficaces dans le traitement de diverses maladies, mais spécialement des maladies de l'appareil digestif. Celles de Caxambú sont surtout recommandées dans les maladies du foie. Les unes et les autres contiennent de l'acide carbonique en grande quantité et de faibles proportions de divers sels, dont les principaux sont le bicarbonate de soude, les chlorures de magnésium, de sodium et de calcium et le sulfate de soude. Dans les eaux de Campanha, l'acide carbonique forme les deux tiers du volume de la dissolution. Ces eaux ont une grande analogie avec celles de Seltz ; et leur usage commence à s'étendre à des localités éloignés des sources, telles que la capitale de l'Empire.

Dans la province de Pernambouc, il y a différentes sources dont la composition se rapproche beaucoup de celle des précédentes ; elles se trouvent dans le lieu nommé Pajehú de Flôres.

Eaux salines.

Les plus remarquables sont celles d'Itapicurú, dans la province de Bahia. Elles ont leur origine dans les montagnes voisines de la rivière Itapicurú , et se rencontrent le long des bords de ce cours d'eau sur une étendue de 11 lieues. Les principales sources sont celle appelée *Mãi d'agua de cipó* située près de la ville de Soure , celles de Mosquete , de la ville d'Itapicurú , et du Rio Quente. Ces eaux ont été examinées par ordre du Gouvernement Impérial et de la présidence de la province. Leur température est supérieure à celle de l'air ambiant et varie de 31° à 41° centigrades suivant les différentes sources. Elles contiennent en petites quantités, de l'acide carbonique, du sulfate de soude, des chlorures de sodium , de calcium et de magnésium , de l'acide silicique et du peroxyde de fer. Elles sont laxatives et sont employées pour bains, avec efficacité, surtout contre les dartres et autres maladies cutanées.

La présidence s'occupe d'augmenter et d'améliorer l'établissement qui existe tout près des eaux.

Eaux thermales.

Parmi ces eaux, les plus estimées sont celles appelées Caldas de Bittencourt (35°,5 centigrades) ; Caldas do Norte do Cubatão (36°) ; Caldas do Sul do Cubatão (45°) et Caldas do Tubarão ; toutes situées dans la province de Sainte Catherine. A peu de distance de la capitale de la province et au-de-là de la ville de São José , se trouve un établissement destiné a faciliter l'usage de quelques-unes de ces eaux, appelé Hôpital des *Caldas* de l'Impératrice. Il contient des baignoires pour les malades , dans des chambres fermées : son réservoir et ses conduits ont été dernièrement réparés par l'ordre du gouvernement provincial. Il est situé dans un lieu agréable et salubre , au milieu d'un terrain couvert de bois vierge sur une grande étendue ; et non loin d'un torrent dont l'eau est excellente. On y arrive par un chemin que quelques travaux pourraient rendre carrossable.

Ces eaux ne sont point sulfureuses; réfroidies , elles sont même agréables à boire. Elles ont été trouvées efficaces dans beaucoup de cas de paralysie, de rhumatismes chroniques , de maladies de peau peu avancées et autres.

Il y a encore des eaux purement thermales dans d'autres provinces ; mais elles n'ont pas été jusqu'à présent suffisamment examinées. Telles sont celles de Sertão do Seridó , dans la province de Rio Grande du Nord, à près de 6 lieues de Villa do Principe. Elles sont saumâtres, toujours tièdes et provoquent une transpiration abondante.

Dans le même cas se trouvent celles de Lagôa-Santa (province de Minas-Geraes) qui se conservent tièdes sur une distance de près d'une demi-lieue, et auxquelles on attribue des propriétés médicinales.

Eaux thermales alcalines.

On en trouve en abondance dans le district de Santa Cruz (province de Goyaz). Elles prennent naissance dans le voisinage de la Serra de Caldas, chaîne de montagnes très-haute, dans les lieux appelés Caldas Novas, Caldas Velhas et Caldas de Pirapitinga. Dans le premier de ces endroits, 13 sources sont mises à profit pour bains ; et il y en a de plus un grand nombre dans le lit même du cours d'eau appelé Corrego das Lavras sur une étendue de 1,500 pas. Dans le second, les sources jaillissent d'une roche quartzeuse aurifère et forment un cours d'eau, à 200 pas de là. Dans le troisième elles forment, par la réunion de leurs eaux, un lac de 150 palmes de long sur 15 à 20 de large, du fond duquel jaillissent aussi des sources en grand nombre. Les eaux de ce lac ont une température tellement élevée que, lorsqu'on veut en faire usage pour donner des bains aux malades, on est obligé de les faire passer dans des réservoirs et d'attendre qu'elles s'y soient suffisamment réfroidies ; dans certains endroits du lac, leur température atteint presque 48°.

Toutes ces sources furent examinées en 1839, par ordre de la présidence de Goyaz ; et on évalua à 110 le nombre des personnes qui durant le mois de septembre de cette année-là, firent usage des eaux comme boisson ou comme bains. Elles furent examinées de nouveau en 1842 par ordre du Gouvernement Impérial. Elles passaient autrefois pour avoir des effets merveilleux dans le traitement de la morphée ; et, quoique cette réputation soit aujourd'hui reconnue comme exagérée, l'expérience a démontré d'une manière indubitable leur efficacité dans de nombreux cas de dartres, et autres maladies de peau, de rhumatismes chroniques, d'ulcères invétérées, de scrofules et d'autres infirmités de la même nature. Elles contiennent principalement des chlorures, des carbonates et silicates de potasse, de chaux, de soude, de magnésie, et d'alumine en petite quantité. Leur température varie en général entre 34° et 36°.

Eaux thermales sulfureuses.

Les plus fréquentées et, sans contestation, les plus importantes de celles connues actuellement au Brésil, se trouvent dans la province de Minas-Geraes. Il y a, á 6 lieues de la ville de Caldas, trois sources qui ont une température de 42° ; et à une lieue de la même ville, sur la rive droit du Rio Verde, il en existe une autre qui offre presque la même température. Ces eaux sont très-utiles dans les maladies qui exigent l'usage prolongé du souffre. D'après les derniers rapports des présidents, le gouvernement provincial s'occupe de les mettre à profit de la manière la plus avantageuse, en faisant construire des réservoirs, des maisons de bains et d'autres ouvrages.

Dans la pensée de fonder sur les lieux un centre de population, on a levé un plan sur lequel sont indiqués toutes les sources d'eaux thermales ainsi que les cours d'eau et ruisseaux auxquels elles donnent naissance.

Dans la ville d'Apodi (province do Rio Grande du Nord) il y a une source d'eau thermale qui passe aussi pour sulfureuse et qui a été trouvée utile dans le traitement de différentes maladies cutanées, quoique sa température ne soit pas aussi élevée que celle des précédentes.

Eaux sulfureuses froides.

Il en existe plusieurs sources très-abondantes dans la ville de São Domingos do Arorá, sur les confins des provinces de Minas-Geraes et de Goyaz. Elles sont mentionnées dans la chorographie d'Ayres de Casal et dans les ouvrages de M. Auguste Saint-Hilaire. Indépendamment de leur application aux maladies pour lesquelles il est d'usage de recommander les eaux sulfureuses, elles sont très-recherchées, d'après le témoignage du premier de ces auteurs, par les animaux sauvages, et mises à profit par les propriétaires pour donner à leurs bestiaux au lieu du sel commun qui se vend dans ces localités, à un prix très-élevé.

Il y a aussi quelques eaux analogues près du Rio Verde (province de Minas-Geraes).

942 Commission provinciale.
Cire jaune.
Cire blanche.

943 — Idem.
Graisse de renard.

944 Firmino Soares de Meirelles.
Bougies en cire, 1$500 la livre.

945 João de Oliveira Barboza.
Vernis pour négatifs (photographies.)

946 Joaquim José Marques de Souza.
Poudre de la racine du *caiapó*.

947 José Candido da Silva Muricí.
Huile de graines de citrouille-fraise (*abobora-morango*).
Huile de ricin.

948.—Idem.
Miel d'abeilles.

949.—Idem.
Bougies de *carnaúba*.

950 José Miró de Freitas.
Cire blanche en tablettes.
Cire blanche en cylindres.

951 Laura Maria do Nascimento Borges. (D.)
Bougies en cire, 1$800 la livre.

952 Manoel José da Cunha Bittencourt.
Huile de graines de thé.

953 Marcellino José Nogueira e José Candido da Silva Hurici.
Huile de ricin.

954 Pedro Aloys Scherer.
Poudre de racine de *velâme*.

955 Vicente Ferreira Loyola.
Gomme de *mariçiçó*.

PROVINCE DE SAINTE CATHERINE.

956 Colonie Militaire.
Cire blanche.
Cire jaune.

957 Duarte & Siqueira. (Desterro.)
Savon.

958.—Idem.
Chandelles de suif.

959 Rischbieter.
Cire blanche.
Cire blanche en tablettes.

PROVINCE DU RIO GRANDE DU SUD.

960 F. C. Lang & Cª.
Savon national.
Savon noir.

961 Philippe Kley.
Vernis fin.

962 João Luiz Huebber.
Colle.

963 João Sauter.
Miel d'abeilles.

964 Leão & Alves.
Huile de graines de pomme de pin purgative.

965.—Idem.
Huile de pied de bœuf, raffinée.
Huile de graisse de porc, raffinée.

966 Mathias Marcos Vieira.
Extrait de *matte*, cristallisé.
Extrait de *matte*, liquide.

967 Valentim Lindemeyer.
Colle.

CLASSE XLV.

Spécimens des procédés chimiques de blanchiment, de teinture, d'impression, et d'apprêts.

PROVINCE DE L'AMAZONES.

968 Estulano Alves Carneiro.
Teinture de *cicaité*.

Plante connue vulgairement sous ce nom; on fait avec la graine de l'encre à écrire, que n'altèrent ni l'acide citrique, ni l'alun.

969 João Pereira da Silveira.
Teinture de roucou.

970 Joaquim Leovegildo de Souza Coelho.
Teinture de *cumaté*.

971.—Idem.
Teinture de *macucú*.

Extraite du fruit de l'arbre connu vulgairement sous ce nom. On la fabrique en râpant les fruits et en faisant macérer la pâte dans de l'eau durant deux jours, et filtrant le liquide qui en résulte. On s'en sert pour teindre en noir les calebasses et les objets en bois : pour cela on les plonge dans le liquide pendant quelque temps ; à la suite de l'immersion, ils ont une couleur rouge et acquièrent la couleur noire en restant exposés aux émanations de l'urine froide.

PROVINCE DU PARÁ.

972 Bento Gomes Felix.
Teinture de *cumaté*.

973 Commission provinciale.
Fibres d'*uaissíma* teintes.

974.—Idem.
Fil de coton teint en *pacuan*.

975.—Idem.
Teinture de *cumaté*.
Teinture de *pracaú*.
Teinture d'*ucuíba*.

976 Domingos Casimiro Pereira Lima.
Teinture de *cumaté*.

Extraite de l'écorce de la plante connue vulgairement sous ce nom. Pour la préparer on broie l'écorce, on la macère dans l'eau et on la laisse exposée au soleil durant 24 heures, après quoi on filtre le liquide résultant. Elle sert à teindre en noir les calebasses et les objets en bois : il suffit de les passer dans ce liquide pour qu'ils prennent une couleur rouge ; ils deviennent ensuite noirs en restant exposés aux émanations de l'urine froide.

977.—Idem.
Teinture de *mangaratdia*.
Teinture d'écorce *d'andirobeira.*
Teinture d'écorce de *muruxi*.

978 Francisco Miguel Fróes.
Teinture d'*uauxiá*.

979 João Henrique Diniz.
Teinture de *pariri*.

980 Joaquim Feliciano Lopes.
Teinture de *cumatê*.

981 Joaquim Honorio da Silva Rebello.
Teinture pour colorer les calebasses.

982 Joaquim Rodrigues dos Santos.
Teinture de *muruxi*.

983 Joaquim Secundo Chaves.
Teinture d'oreille d'once.

984 José Calisto Furtado de Mendonça.
Teinture de *cumatê*.

985 José Verissimo de Mattos.
Teinture de *caápiranga*.

986 Manoel Jorge da Silva Lobo.
Teinture de *cumatê*.
Teinture de *papa terra* (arbre).

987.—Idem.
Fil de coton teint en *mangaratdia*.
Fil de coton teint en indigo.
Fil de coton teint en *cori*.
Fil de coton teint en roucou.
Fil de coton teint avec l'écorce du faux papayer (*mamão-ràna*).

988 Martinho Isidoro Pereira Guimarães.
Teinture de *muruxi*.
Teinture d'écorce d'*andirobeira*.
Teinture de *pariri*.
Teinture de *paina* ou *sumaúma*.
Teinture de *genipapo*.
Teinture d'avocat (*abacate*).
Teinture d'*uaxiá*.

989 Miguel da Cunha Penalber.
Teinture de *corimocó*.
Teinture de *cumaté*.

990 Nicolino Miguel de Aragão.
Teinture de *cumaté*.

991 Pedro Honorato Correia de Miranda.
Teinture de *cumaté*.
Teinture de l'écorce du fruit du *pequiá*.

992 Raymundo Pereira Lima.
Teinture de l'écorce du fruit du *pequiá*.
Teinture de *cumaté*.

993 Souza & Almeida.
Teinture de *marupá*.

PROVINCE DE RIO-DE-JANEIRO.

994 Reyhner Irmãos.
Bandes de soie teintes.

CLASSE XLVI

Cuirs et peaux.

MUNICIPE DE LA CAPITALE DE L'EMPIRE.

996 João Luiz Pedroso & C. (Capitale.)

Cuir de Russie noir pour couvrir les voitures .	22$
Cuir de Russie de couleur pour couvrir les voitures.	25$
Cuir de bœuf verni, chaque moitié, . . 11$ à	13$
Peaux de veaux de couleur vernies, la douzaine	48$
Peaux de veaux vernies en noir, la douzaine. .	48$
Peaux de veaux vernies en noir, et cirées, la douzaine	44$
Basanes en couleur, vernies. . . . . 26$ à	28$
Marroquins de couleurs diverses	40$
Peaux de chêvre en couleur marroquinées, la douzaine . . . . 30$ à	36$
Basanes de couleur marroquinées la douzaine :	18$
Peaux de chêvre lisses, marroquinées ou préparées de toute autre façon, ... 28$ à	32$

SIXIEME GROUPE

INSTRUMENTS ET PROCÉDÉS DES ARTS USUELS.

CLASSE XLVIII

Matériel et procédés des exploitations rurales et forestières.

PROVINCE DE RIO-DE-JANEIRO.

996 Institut Impérial d'Agriculture Fluminense.
Casse-terreau.
Charrue d'après le système de Kleyb.
Extirpateur de Glasl.
Machine pour enlever les mauvaises herbes.
Sarcleur de racines.
Train de devant, de Glasl.
Soc de charrue, de Glasl.
Herse variable.
Train de devant simple.
Machines pour arracher les souches d'arbres, invention de Glasl.

997 João Frederico Richsen.
Ventilateur de café.

998 Luiz Francisco Delouche.
Machine pour enlever la pulpe du café.

CLASSE XLIX

Engins et instruments de la chasse, de la pêche et des cueillettes.

PROVINCE DE CEARÁ.

999 Commission provinciale.
Ligne de pêche (en *carnaúba*).

On prépare avec la *carnaúba* d'excellentes cordes, des filets, des nattes, des paniers, des éventoirs, des chapeaux et beaucoup d'autres ouvrages d'usage domestique. De grandes parties de la province sont couvertes par ce palmier ; ces forêts généreuses abritent les régions du nord contre l'excès des sécheresses, fertilisent les terres, et donnent en outre aux habitans de ces localités, la maison qu'ils habitent, la fécule qui les nourrit et qu'ils tirent des racines, la lumière provenant de la cire des feuilles, et des tissus manufacturés avec les fibres des pailles convenablement préparées.

PROVINCE DE BAHIA.

1000 Francisco Sampaio Vianna.
Lignes de *tucum*.
Lignes de *tucum* (fil).

CLASSE L

Matériel et procédés des usines agricoles et des industries alimentaires.

PROVINCE DE RIO DE JANEIRO.

1001 Francisco Gonçalves Ramos. (Capitale.)
Alambic complet en cuivre.

CLASSE LI

Matériel des arts chimiques, de la pharmacie, de la tannerie.

PROVINCE DE CEARÁ.

1002 Loyolla.
Creusets en terre.

PROVINCE DE PERNAMBOUC.

1003 Directeur de la Maison de détention.
Petites ancres en bois.
Tine-gamelle en bois.
Tine pour la cuisine en bois.
Cuves pour la cuisine.
Seaux.

CLASSE LIII

Machines et appareils de la mécanique générale.

MUNICIPE DE LA CAPITALE DE L'EMPIRE.

1004 Francisco Gonçalves Ramos. (Capitale.)
Une pompe hydraulique.
1005.—Idem.
Deux machines à graduer l'eau.
1006 Manoel Ferreira Lagos. (Capitale.)
Pompe faite du tronc de la *carnaúba*.

1007 **Regis Conteville.** (Capitale.)
Balances pour chemin de fer (modèle).

CLASSE LV

Matériel et procédés du filage et de la corderie.

PROVINCE DE L'AMAZONES.

1008 **Antonio Joaquim da Costa & Irmão.**
Corde d'*uaissíma*.

1009 **Hermenegildo de Souza Barboza.**
Corde de *piassába*.

Fabriquée avec les filaments du palmier connu vulgairement sous ce nom (dont le fruit est dit-on assez huileux) et qui se multiplie sur les bords du Rio Negro et de ses affluents. La fabrication de ce genre de corderie y existe par l'initiative des indigènes de la province; toutes les manipulations sont faites à bras, et bien que les procédés employés soient primitifs, les produits de la *piassába* sont exportés, soit pour le service de la navigation, soit pour la confection de divers objets d'usage domestique, comme balais, brosses, etc. L'Etat a eu à Bararaá, (aujourd'hui Thomar) une corderie, qui a été ensuite fermée.

1010 **João Marcellino Taveira Páo Brasil.**
Corde de *tucum*.

Le cordage fabriqué avec les fibres extraites des feuilles du palmier vulgairement connu sous le nom de *tucum*, est supérieur à celui de lin ou de chanvre, tant par sa flexibilité naturelle et sa résistance, que par sa durée, même en plein air. Cependant sa fabrication dans la province de l'Amazones est encore soumise à des procédés primitifs et élémentaires, comme on l'a dit ci-dessus pour la *piassába*.

1011 **Joaquim Gomes Freire da Silva.**
Corde de *mongúba*.
Corde d'*uaissíma*.

1012 **José Joaquim Palheta.**
Corde de *mongúba*.

1013 **Manoel Caetano Prestes.**
Corde d'*uaissíma*.

1014 **Torquato Antonio de Souza.**
Corde pour harpon.

PROVINCE DE PARÁ.

1015 **Commission provinciale** et **Torquato Galvão Vinhaes.** (Porto de Moz.)
Corde de *curauá*.

1016 Commission provinciale.
Corde de bois de singe.
Corde de *tururí*.
Corde de *murutí*.

1017 José de Araujo Roso Danin.
Corde de crin.

1018 Luiz Maximino de Miranda.
Corde de crin.

1019 Marcolino Ferreira Novaes.
Corde de crin.

1020.—Idem.
Cordes de filaments d'*uaissima* peintes.

1021 Pedro Honorato Correia de Miranda.
Corde de *perequitá*.

1022 Procopio Antonio Rolla.
Corde de *tururí*.

1023 Raymundo Pereira Lima.
Corde de *curauá*.

PROVINCE DE CEARÁ.

1024 Comission provinciale.
Entraves de palmier.
Cordeau de palmier.

PROVINCE DE LA PARAHYBA DU NORD.

1025 Ignacio do Rego Toscano Barreto.
Cordes faites de filaments de la mauve des champs.

1026 José Tavares da Cunha e Mello.
Cordeau de *gravatá*.

Cette fibre s'emploie pour fabriquer des filets de pêche et des cordes, et l'on peut en·préparer divers tissus ; elle n'a pas de prix fixe dans le commerce.

PROVINCE DE PERNAMBOUC.

1027 Francisco Severino da Costa.
Cordes d'*embira* rouge.

PROVINCE DE BAHIA.

1028 Francisco Sampaio Vianna.
Corde de crin.

1029. — Idem.
Corde de *piassába* couverte d'*embira*.
Corde de *piassába* rayée.

PROVINCE DE RIO-DE-JANEIRO ET MUNICIPE DE LA
CAPITALE DE L'EMPIRE.

1030 Ernesto Frederico dos Santos e João Francisco dos Santos.
Cordes fines de *carrapicho*.
Grosses cordes de *carrapicho*.
Guachêta pour machines, de *carrapicho*.

1031 José Duval.
Câble pour tirer.
Câble en cuir.
Câbles de lin goudronnés.
Cordes de lin goudronnées, de différentes grosseurs.
Cordes de lin blanc, de différentes grosseurs.
Merlin.
Cordes fines.
Cordeau de barque goudronné.
Cordeau de barque en blanc.
Corde de pite.
Corde de laiton.

1032 Atelier de la corderie de l'arsenal de marine. (Capitale.)
1 Pièce câble de cuir blanc.
1 Pièce câble de lin blanc.
2 Pièces de sonde.
6 Pièces de corde de barque.
2 Pièces de corde spéciale.
4 Pièces de merlin blanc.
4 Pièces de corde goudronnée.
4 Pièces de merlin goudronné.

PROVINCE DE PARANÁ.

1033 Comission provinciale.
Cordons de *tucum*.

1034.—Idem.
Quenouillée de lin.

3035 Francisco Pereira Alves.
Quenouillée de lin.

1036 Francisco Xavier de Assis.
Quenouillée de lin.

PROVINCE DE SAINTE CATHERINE.

1037 Francisco José de Oliveira.
Corde de crin.

1038 Manoel Antonio Vieira.
Corde d'*embira* blanche.

1039 Societé agronomique.
Corde de *gravatá*.
Longes de corde de *gravatá*.

1040 Wenceslão Martins da Costa. (Desterro.)
Corde de pite.

PROVINCE DE RIO GRANDE DU SUD.

1041 Emilio Schilder.
Ficelles.
Câble de gros chanvre.
Cordes de chanvre.
Cordes de lin pour ventrières (sangles).
Cordon de charpentier.

1042 Manoel Pereira da Silva Ubatuba.
Cordelettes pour ventrières (sangles).

1043 M. Morgenstern.
Grosse corde de lin.

CLASSE LVII.

Matériel et procédés de la couture et de la confection des vêtements.

MUNICIPE DE LA CAPITALE DE L'EMPIRE.

1044 Adolpho Leterre. (Capitale.)
Formes pour chaussures.

CLASSE LIX.

Matériel et procédés de la papéterie, des teintures et des impressions.

PROVINCE DE RIO GRANDE DU SUD.

1045 José Becker & Irmão.
Machine à marquer le papier.

CLASSE LX.

Machines, instruments et procédés usités dans divers travaux.

MUNICIPE DE LA CAPITALE DE L'EMPIRE.

1046 Hôtel de la monnaie. (Capitale.)
1 Machine complète à frapper de la monnaie.
1 Paire de ciseaux circulaires mûs à la vapeur pour couper les rognures.

CLASSE LXII

Bonrrellerie et de sellerie.

MUNICIPE DE LA CAPITALE DE L'EMPIRE.

1047 Francisco Catinot. (Capitale.)
Harnais pour voitures.

1048 João Marcellino da Silva & C. (Capitale.)
1 selle pour dame, brévetée.
1 selle brodée, pour dame, brévetée.
1 selle pour homme brévetée.
1 selle à ressorts élastiques, pour homme, brévetée.
1 selle d'enfant.
1 Têtière en cuir corroyé.
1 Têtière en cuir corroyé.

1049 Intendance de la Maison Impériale. (Capitale.)
Selle *riograndense* en cuir travaillé et peint, avec tous
ses accessoires, tels qu'ils sont en usage dans la
province de Rio Grande du Sud.

1050 Tarquinio Theotonio de Abreu Guimarães. (Capitale.)
Selles rases de différents modèles.
Harnais tressé complet.
Deux paires de bottes en cuir de boa. (Serpent.)

PROVINCE DU PARANÁ.

1051 Feliciano Nepomuceno Pràtes.
Etoffe de grosse laine.
Sangle en laine plus fine.
Etoffe de laine et coton.

1052 Francisco Martins de Araujo.
Tapis de laine pour selle.

PROVINCE DE SAINTE CATHERINE.

1053 Guilherme Christiano Lopes.
Harnais de cuir corroyé blanc.
Harnais de cuir corroyé noir.

PROVINCE DU RIO GRANDE DU SUD.

1054 Antonio Guenther Huhafleisch.
Giberne.

1055 Ernesto Ruperti.
Harnais de luxe ornés de peau de tigre.

1056 John Proudfoot.
Etoffe grossière de laine pour mettre sous la selle.

1057 M. Morgenstern.
Rêne de cuir pour cheval.

1058 Rita Maria Duarte. (D.)
Fouet en peau de loutre tressée.

CLASSE LXIV

Matériel et procédés de la télégraphie.

MUNICIPE DE LA CAPITALE DE L'EMPIRE.

1059 Atelier des Télégraphes. (Capitale.)
Planchette avec alidade.
Paratonnerre, système Digney.
Commutateur.

CLASSE LXV.

Matériel et procédés du génie civil, des travaux publics et de l'architecture.

PROVINCE DE PARÁ.

1060 Commission provinciale.
Tuiles et planches de *muruti* (bois).

PROVINCE DE RIO-DE-JANEIRO ET MUNICIPE DE LA CAPITALE DE L'EMPIRE.

1061 Bulhões & Faria.
Briques.

1062 Joaquim Antonio de Amorim Carrão et Mariano Antonio de Amorim Carrão.
Briques.

1063 Rougeot Ainé. (Capitale.)
Carreaux hydrauliques.

CLASSE LXVI.

Matériel de la navigation et du sauvetage.

PROVINCE DE L'AMAZONES.

1064 Maria Augusta R. Ferreira. (D.)
Modèle de coque pour *montaria* (canot).
Modèle de coque avec ses accessoires.
Modèle de pirogue avec ses accessoires.
Modèle de pont avec ses accessoires.

PROVINCE DE RIO GRANDE DU NORD.

1065 Commission provinciale.
Modèle de radeau.

PROVINCE DE PERNAMBOUC.

1066 Arsenal de marine.
Modèle d'un transport de guerre à hélice.
Modèle d'une corvette à vapeur cuirassée.

1067. — Idem.
Modèle d'un cuirassé.
Modèle d'un transport de guerre.

MUNICIPE DE LA CAPITALE DE L'EMPIRE.

1068 Maison de correction.
Modèle de bouée de sauvetage.
Modèle de bouée pour amarrage.
Modèle de bouée de manœuvre.

SEPTIEME GROUPE.

ALIMENTS (FRAIS OU CONSERVÉS) A DIVERS DEGRÉS DE PRÉPARATION.

CLASSE LXVII.

Céréales et autres produits farineux comestibles, avec leurs dérivés.

PROVINCE DE L'AMAZONES.

1069 José Joaquim Palheta.
Farine d'eau de racine de manioc.

La fabrication de cette farine diffère de la sèche. La voici : on fait tremper le manioc durant quatre ou cinq jours, on le pétrit ensuite avec l'eau et on le presse pour en extraire le suc ; — la farine qui résulte est ensuite tamisée et cuite dans des fours en terre. On ajoute presque toujours un peu de pâte fraîche au manioc fermenté.

Il y a dans la province de l'Amazones quatorze qualités de manioc : les unes blanches, les autres jaunes. Quelques-unes atteignent leur développemenl complet en six mois ; d'autres en dix ou en douze. Les indigènes profitent de la baisse des cours d'eau pour planter le manioc de six mois sur les rives ainsi mises à découvert durant l'été.

1070 José Joaquim Palheta.
Farine sèche de racine de manioc.

Le procédé suivi par les indigènes de la province de l'Amazones pour la fabrication de la farine sèche, est le suivant : On râpe le manioc à la main, on y ajoute de l'eau, on met la pâte sous presse pour la sécher, on la tamise et on la cuit.

On laisse reposer le suc durant quelque temps pour faire déposer l'amidon, qui est lavé deux ou trois fois, puis séché au soleil, et livré au commerce sous le nom de gomme. On fabrique le *tapióca* en mettant cet amidon à cuire au four.

Le jus du manioc après avoir été bien bouilli sert de sauce sous le nom de *tucupí*.

1071. — Idem.
Farine de *tapióca*.

1072 José Ricardo Zanny Pacinoty.
Farine d'eau de racine de manioc.
Farine de manioc sèche.

1073 Thury & Irmãos.
Maïs du Pérou.

Cette plante qui est cultivée dans des terres sèches, croît plus haute que celle qui produit le maïs commun et ses feuilles sont plus larges. La récolte se fait six mois après la plantation. Le grain sert à l'alimentation soit en soupe soit en bouillie. Les habitants de la province de l'Amazones nourissent avec ce maïs les granivores, principalement les gallinacès. On le suppose originaire du Pérou.

PROVINCE DE PARÁ.

1074 Aniceto Clemente Malcher. (Acará.)
Amidon de manioc, 4$500 l'*alqueire*.

1075. — Idem.
Tapióca de manioc, 4$ a 8$ l'arrobe.

1076 Bernardino José Pereira. (Vizeu.)
Farine sèche de *macacheira (aipim)*, 2$500 l'*alqueire*.

1077 Commission provinciale.
Farine de manioc, 2$ l'*alqueire*.
Farine de manioc à gros grains, 2$ l'*alqueire*.
Farine de manioc jaune, 2$ l'*alqueire*.

1078. — Idem.
Farine d'eau de manioc jaune, 2$ l'*alqueire*.
Farine de maïs blanc.

1079 Commission Provinciale. (Vigia.)
Tapióca de manioc, 3$500 l'*alqueire*.

1080.— Idem. (Porto de Moz.)
Tapióca de *macacheira* (*aipim*), 400 rs. la livre.

1081. —Idem.
Riz en paille.

1082.— Idem.
Fécule d'une pomme de terre du Brésil (*mairá*).

1083 David Joaquim Leal.
Carimã (sorte de gâteau) de *macacheira*, 4$500 l'*alqueire*.

Le *carimã* se prépare en amollissant dans l'eau le manioc déjà fermenté ; après quoi on le filtre et on le comprime dans un tissu de paille ou sorte de tamis de manière à donner à la pâte la forme de petits gâteaux. Elle vient au marché, soit dans cet état, soit quelque fois aussi réduite en farine. On s'en sert pour faire des boullies ou d'autres mets selon l'usage de chaque localité.

1084.— Idem.
Farine sèche de *macacheira* (*aipim*), 2$500 l'*alqueire*.

1085 Estevão Luiz de Hollanda.
Carimã de manioc, 3$500 l'*alqueire*.

1086 Francisco Xavier Armando de Oliveira.
Farine de manioc, 2$ l'*alqueire*.

1087.—Idem.
Tapióca de manioc, 3$500 l'*alqueire*.

1088.— Idem. (Rio Acará.)
Pâte de manioc cuite (*beijú*), 200 rs. la livre.

1089.— Idem. (Rio Capim.)
Amidon de manioc, 4$500 l'arrobe.

1090 Hilario Ferreira Moniz.
Farine sèche de manioc, 2$500 l'*alqueire*.

1091.— Idem. (Melgaço.)
Pâte de manioc cuite, 200 rs. la livre.

1092.— Idem.
Tapióca de manioc, 3$500 l'*alqueire*.

La fécule extraite du manioc est celle que l'on fabrique le plus communément dans la province ; la fabrication des fécules extraites des autres racines est très-limitée.

1093 Januario Prudencio da Cunha.
Farine d'eau de manioc, 2$ l'*alqueire*.

1094 Januario Prudencio da Cunha.
Farine de manioc jaune, 2$ l'*alqueire.*

1095 João Henrique Diniz. (Rio Acará.)
Tapióca de manioc, 2$800 l'*alqueire.*

1096.— Idem.
Farine de manioc d'eau, 2$ l'*alqueire.*
Farine sèche de manioc blanche, 3$ l'*alqueire.*
Farine sèche de manioc jaune, 2$ l'*alqueire.*

1097 João Marcellino Taveira Páo Brasil.
Amidon.

1098 João Wanzeler de Albuquerque Sobrinho.
Amidon de manioc, 4$500 l'arrobe.

1099 José de Araujo Roso Danin. (Santarém.)
Fécule d'*ararúta*, 4$500 l'arrobe.

L'*ararúta* produit une fécule fine et délicate qui est éminemment alimentaire.

Les terres de la province du Pará sont propres à la culture de cette plante. On en connait deux espèces : l'une appelée *ararúta* longue à cause de la dimension de sa racine, et l'autre plus petite appelée main d'once à cause de son analogie avec la patte de cet animal. La première produit plus de fécule.

1100 José de Araujo Roso Danin.
Farine de manioc blanche.

1101.— Idem
Farine d'eau, 2$ l'*alqueire.*
Farine d'*ararúta.*

1102.— Idem.
Amidon de manioc, 4$500 l'*alqueire.*
Tapióca de manioc, 3$ l'arrobe.

1103 José Caetano Ribeiro.
Amidon de manioc, 4$500 l'arrobe.

1104 José Calisto Furtado de Mendonça.
Farine de manioc, 2$500 l'*alqueire.*
Farine de manioc d'eau, 2$.
Farine de *macacheira*, 3$.
Farine de manioc, 2$.

1105.— Idem.
Amidon de manioc, 4$500 l'arroba.
Tapióca de manioc, 4$500.
Tapióca de manioc, 3$500.

1106 José Verissimo de Mattos.
Fécule d'*ararúta*.
Fécule d'*ituá*.

1107.— Idem. (Obidos.)
Farine de maïs.

1108 J. Bernardo Brandão.
Maïzène de maïs.

1109 Luiz A. Correia.
Farine d'eau de manioc.
Ararúta.

1110 Miguel da Cunha Penalber.
Farine d'eau de manioc.

1111 Miguel Joaquim Fernandes.
Jugeoline (semences) (*gergelim*).

L'huile des graines de ce végétal sert à la fabrication du savon,
pour brûler, et pour la cuisine; quoi qu'elle ne soit pas si pure que
celle d'amandes. On l'emploie aussi dans la parfumerie et dans la
médecine contre les ophthalmies. On en fait de la farine et du *tapióca*.
La graine du *gergelim* grillée et mêlée ensuite avec de la farine de
manioc ou avec de l'*amendoim* grillé et moulu, forme un aliment
stimulant.

1112 Pedro Honorato Correia de Miranda.
Farine de manioc jaune, 2$ l'*alqueire*.

Les farines de manioc sont d'une fabrication très-générale dans diverses localités de la province; celle qui est appellée d'*agua* (d'eau)
est cependant la plus commune; la sèche ne se prépare que rarement.
La farine de maïs est peu usitée; celle de *mairá* est de date récente
et inférieure à celle de manioc.

1113.— Idem.
Farine de fécule de manioc blanche, 4$ l'*alqueire*.

1114.— Idem.
Amidon de manioc, 4$ l'*alqueire*.
Amidon d'*ararúta*, 4$500 l'*alqueire*.

1115.— Idem. (Igarapé-merí.)
Tapióca de manioc, 3$500 l'*alqueire*.

1116 Pinto & Irmão.
Riz pilé, 2$600 l'arrobe.

Le riz abonde dans toutes les localités ici mentionnées, principalement sur les bords du rio Acará, ou la production de cette céréale
est très-considérable. Le riz pilé se prépare dans plus d'un établissement des faubourgs de la capitale de la province; quelques uns

emploient des machines à vapeur, d'autres des moteurs hydrauliques ;
celui qui se trouve actuellement monté à l'embouchure de la rivière
Una, est celui qui produit le plus, tant pour la consommation intérieure que pour l'exportation.

1117 Raymundo Antonio Pereira de Castro. (Belém.)
Tapióca de manioc, 4$ l'*alqueire*.

PROVINCE DE MARAGNON.

1118 Antonio Cesar Berredo. (Itapicurú.)
Farine de maïs (*tapióca*).

1119.— Idem. (Itapicurú-merí.)
Fécule de maïs (maïzène).

1120 A. C. de Mendonça Bittencourt. (Cururupú.)
. Fécule de *tapióca* de fourneau.

1121.—Idem, idem.
Tapióca d'*ararúta*.

1122 Antonio José Pires Lima.
Fécule d'*ararúta púba*.

L'*ararúta* trempée dans de l'eau courante enterrée dans la boue
jusqu'à ce qu'elle fermente, se change en une masse plastique à la
quelle on donne le nom de « *púba* », nom que reçoit aussi le manioc
soumis à la même opération.

1123.— Idem.
Tapióca de fourneau

1124 Commission provinciale.
Riz en paille.

1125 J. J. T. V. Belfort.
Farine d'eau de manioc.
Farine de manioc séchée.

1126.— Idem. (Rosario.)
Tapióca d'*ararúta*.

1127 Sergio Antonio Vieira. (Cutem).
Fécules de gomme ou amidon.

PROVINCE DE CEARÁ.

1128 Commission provinciale.
Farine de manioc.

C'est le principal aliment de la population. Il y a environ 14,000
fabriques dont la production est evaluèe à plus de 500,000 *alqueires*.
Dans les années pluvieuses la farine baisse à 2$000 l'*alqueire*,

mais dans les années sèches il n'est pas rare qu'elle monte à 8$000. L'exportation a atteint à plus de 30,000 *alqueires*; pourtant pendant les dernières années elle a été presque nulle, en conséquence de l'impôt de 2$ par sac exporté, qui a été heureusement aboli en 1865.

1129 Commission Provinciale.
Fécule de manioc.
Fécule d'*ararúta*.

1130.— Idem.
Gomme de potiron jaune.
Gomme de mangue.

1131 João Cabral de Mello.
Riz blanc.

1132 João da Rocha Moreira.
Gomme d'une pomme de terre du Brésil.

1133 José Joaquim de Souza Sombra.
Riz *Macapá*.

1134 José da Silva Albano.
Farine de manioc, 4$ l'*alqueire*.

1135 Manoel Lourenço dos Santos.
Riz blanc, *Carolina* (en paille).

1136 Paulo Gonçalves de Souza.
Riz rouge plat.

1137 Raymundo Francisco da Costa Tavares.
Riz *saquarêma*.

PROVINCE DE RIO GRANDE DU NORD.

1138 Commission provinciale.
Gomme de *carnaúba*.

PROVINCE DE LA PARAHYBA DU NORD.

1139 Antonio Quirino de Souza.
Farine de *macacheira* (*aipim*).

1140 Carlos Coelho Alverga.
Farine de manioc.

1141.— Idem.
Fécule d'*ararúta* (gomme).

1142 Francisco Alves de Souza Carvalho.
Fécule de manioc (gomme).

PROVINCE DE PERNAMBOUC.

1143 Directeur de la Colonie Militaire de Pimenteiras.
Riz en paille.

1144 José Felix da Camara Pimentel.
Farine de manioc, de 2⊅ à 4⊅ l'*alqueire*.

1145 Lourenço Bezerra Carneiro da Cunha.
Amidon de maïs.
Pâte de manioc.

1146 Ramaugé.
Fécule de bananes.

PROVINCE DE SERGIPE.

1147 Antonio Dias Coelho e Mello.
Tapióca de manioc.

1148 Firmino Rodrigues Vieira.
Fécule d'*ararúta*.

1149 José Correia Dantas Serra.
Farine de manioc.

PROVINCE DE BAHIA.

1150 Commission provinciale.
Gomme d'une pomme de terre du Brésil.

1151 João de Cerqueira Lima Filho.
Fécule d'*ararúta*.

1152 Paulo Pereira Monteiro.
Farine de manioc.

1153.— Idem.
Farine de *tapióca*.
Fécule d'*ararúta*.

1154 Umbelino da Silva Tosta.
Pâte de manioc cuite.

1155.— Idem.
Farine de manioc.
Farine d'*inhame*.

PROVINCE DE RIO-DE-JANEIRO ET MUNICIPE DE LA CAPITALE DE L'EMPIRE.

1156 Instituto Impérial Fluminense de Agricultura. (Capitale.)
Farine fine de fruit de pain (*fruta pão*).

Farine grosse.
Farine d'*aipim*, 1ª et 2ª qualité (*amylo*).
Maïzène.

1157 José Ildefonso de Souza Ramos.
Riz en paille.
Maïs en épis.

1158 João José Rebello.
Farine de manioc.

1159 João Marinho da Fonseca et Marinho & Irmão.
Farine de manioc.
Farine de maïs.
Farine de pomme de terre de Démérara.
Farine de *tapióca*.
Fécule d'une pomme de terre du Brésil.

1160 José Aristides de Macedo Freitas.
Farine de manioc sèche, 20$ le sac.

1161 José Francisco de Paula Leitão.
Farine de manioc.

1162 José Pedro de Azevedo Sudré.
Gomme d'une pomme de terre du Brésil.
Fubá de râclure de manioc.

1163 Luiz Manoel de Azevedo Soares.
Carimã.

1164.— Idem.
Cangica de maïs.

On donne ce nom à une préparation faite avec le maïs.

On fait macérer le maïs dans l'eau, on le concasse de manière à en séparer les pellicules, puis on le sèche au soleil. Dans d'autres provinces on donne le nom de *cangica* à un mets fort délicat que l'on prépare avec du maïs vert, bouilli dans du lait de coco, avec du sucre et du beurre, jusqu'à prendre une consistence plastique qui augmente en réfroidissant.

1165.— Idem.
Amidon de manioc.

La gomme est extraite de la racine de manioc râpée, par le moyen de la pression. Le liquide obtenu par ce procédé dépose la gomme, qui, lavée et évaporée par la chaleur, perd le principe vénéneux qu'elle contenait ; dans cet état on l'emploie de différentes manières, soit pour remplacer la colle ou comme amidon pour empeser le linge.

PROVINCE DE MINAS-GERAES.

1166 Baroneza de Sant'Anna.
Fubá mimoso d'*arrarúta*.
Fubá mimoso de maïs.
Fubá mimoso de riz.
Tpióca de manioc.
Fécule de manioc (gomme).
Farine de manioc.
Cangica de maïs blanc.

1167.— Idem.
Riz en paille.
Riz pilé.

PROVINCE DE PARANÁ.

1168 Antonio Gomes Vidal.
Farine de maïs blanc, 4$ l'*alqueire*.

1169 Augusto Stellfeld.
Froment sarrasin.

1170 Commission provinciale.
Avoine, 5$ l'*aqueire*.

1171 Feliciano Nepomuceno Prates.
Fécule de manioc (gomme).
Farine de maïs blanc.

1172 João Antonio Barros Junior.
Fécule de manioc (gomme).

1173.— Idem.
Farine de manioc.

1174 Joaquim Leite Mendes.
Riz en paille, 6$ à 8$ le sac.

1175 Joaquim Pereira Alves.
Fécule d'*ararúta* (gomme).

1176 José Candido da Silva Murici.
Gomme de pomme de pin du Brésil.
Farine de pomme de pin du Brésil.
Gomme de *xúxú*.

1177.— Idem.
Amidon de *taiá* (*inhâme*).

1178 José Pereira Linhares.
Fécule de pomme de pin du Brésil (gomme).

1179 **J. Severo Correia.**
Gomme de *jacatupé*.

Extraite de la racine bulbeuse du *jacatupé*, liane dont la feuille est extrêmement vénéneuse, et la culture très-difficile. Elle est assez substantielle et sert à faire des soupes, et d'autres mets. Elle possède des qualités médicinales fort importantes, et est appliquée avantageusement pour guérir les dyssenteries, les maladies néphrétiques et autres.

1180 **Manoel da Cruz Carneiro.**
Farine de maïs rouge.
Farine de maïs blanc.

1181 **Mariano de Almeida Torres.**
Farine de maïs blanc.

1182 **Modesto Gonçalves Cordeiro.**
Farine de manioc.

1183 **Vicente Ferreira Loyola.**
Fécule ou amidon de *xúxú* (du tubercule).

1184 **Vicente Ferreira da Luz.**
Gomme d'*ararúta*.

PROVINCE DE SAINTE CATHERINE.

1185 **Barão Schneebourg.**
Riz blanc.

1186.— Idem.
Farine de manioc.

1187 **Carl Kopke.**
Fécule d'*ararúta*.

1188 **Carlos Otto Schlapall.**
Amidon de manioc.

1189 **Direction de la colonie D. Francisca.**
Riz en paille.

1190 **Direction de la colonie Blumenau.**
Riz *maruhi*.

1191 **Francisco José de Oliveira. (Desterro.)**
Carimã.

1192 **Gebien.**
Farine de manioc.

1193 **Joaquim Soares.**
Farine de manioc.

1194 **Rühl.**
Riz en paille

1195 Manoel Pereira. (Barreiros.)
Farine de manioc.

1196 Société Agronomique.
Farine de manioc,   1$280 *l'alqueire*.
Farine de manioc,   1$400 *l'alqueire*.

La production de cette farine est considérable dans la province de S. Catherine ; on y emploie déjà des machines perfectionnées, principalement dans les colonies ; ces farines fournissent le marché de la capitale et ceux d'autres provinces. La farine de manioc exportée de cette province au dehors de l'Empire monta durant l'exercice de 1864 à 1865 à 145,722 alqueires d'une valeur officielle de 190:792$330, au prix moyen de 1$309 par *alqueire*.

1197.— Idem.
Farine de maïs blanc (*cangiquinha*).

1198 Welmann & Bade.
Farine de manioc.
Farine de maïs.

1199.— Idem.
Farine de *tapióca*.

PROVINCE DE S. PIERRE DE RIO GRANDE DU SUD

1200 Carlos Buss et Frederico Guilberme Bartholomay.
Riz blanc en paille.
Orge de 1re qualité.

1201.— Idem.
Colza.

1202.— Idem.
Avoine claire.
Avoine brune.

1203.— Idem.
Farine de froment.

Les farines des céréales de cette province sont excellentes ; celles de froment suffisent déjà à la consommation locale et il faut espérer que dans quelques années elles fourniront aussi les marchés de la capitale et des autres provinces , comme cela a déjà eu lieu autrefois. Sans contestation, le Rio Grande du Sud est destiné à devenir le grenier de l'Empire, car la culture des céréales y augmente constamment.

1204 Eduardo von Borusky.
Maïs jaune (nord américain).

1205 Philippe Jacob Sellbach. (Capitale.)
Amidon.

1206 Leonidio Antonio da Silveira.
Amidon d'*ararúta*.

1207 Manoel Pereira da Silva Ubatuba.
Farine de maïs (maïzène).

1208.— Idem.
Millet.

CLASSE LXVIII

Produits de la boulangerie et de la pâtisserie.

MUNICIPE DE LA CAPITALE DE L'EMPIRE.

1209 Antonio José do Couto. (Capitale.)
Biscuits, biscuits de mer, biscuits ronds , etc. , de diverses qualités.

CLASSE LXIX

Corps gras alimentaires.

PROVINCE DE L'AMAZONES.

1210 Alexandre Paulo de Brito Amorim.
Huile de châtaignes du Brésil.
Huile de *caiaué*.

1211 Carlos Baptista Mardel.
Huile de *pupúnha*.

1212 Emilio Ayres Palheta. (Manáos.)
Huile de caiaué.

1213 João Marcellino Taveira Páo Brasil.
Graisse de tortue.

Extraite des œufs et des parties grasses de différentes espéces de tortues du genre émis, par la fermentation et la décoction. Elle est jaune et opaque quand elle est mal preparée, et liquide et claire quand elle est purifiée, et a une odeur spéciale. Elle est employée comme assaisonement principalement par la classe pauvre, et sert aussi de pommade pour les cheveux. On l'applique aussi en médecine contre les affections rhumatismales en traitement externe, et autrefois on lui attribuait la propriété de guérir l'éléphantiasis.

1214 Manoel Jorge da Encarnação.
Huile de *caiaué*.

PROVINCE DE PARÁ.

1215 Candido do Prado Pinto.
Huile d'œufs de tortue.

1216.— Idem.
Huile de *pupúnha*.

On l'emploie comme assaisonnement en substitution de l'huile d'olives. Sa fabrication est encore très-limitée, parceque le fruit dont on l'extrait se mange comme dessert.

1217 Commission provinciale.
Huile d'œufs de tortûe.

1218 José de Araujo Roso Danin.
Huile de *dendê*.

1219.— Idem.
Huile de *pupúnha*.

1220 Martins & Tedeschi.
Huile de tortue.

PROVINCE DE MARAGNON.

1221 José Joaquim Teixeira Vieira Belfort.
Huile de *dendê*.

PROVINCE DE RIO GRANDE DU NORD.

1222 Commission provinciale.
Huile de *dendê*.

1223 Estevão José Barboza de Moura, Urbano Hygino da Silva Costa et Commission provinciale.
Huile de *batiputá*.

Le végétal qui produit le *batiputá* est connu sous ce nom, et on le rencontre en grandes quantités sur tous les plateaux des montagnes de la province de Rio Grande du Nord ; il n'est pas grand et son bois ne sert à rien. La floraison de ce végétal commence au mois de janvier et en avril la semence acquiert sa maturité. Les fleurs se développent sur des tiges minces de huit pouces environ de longueur et sont d'une belle couleur jaune. Le fruit varie dans sa forme mais son diamètre n'excède jamais un pouce. Dans la capsule se trouve la semence d'où on extrait l'huile. Quand le fruit est mûr il est d'une couleur rouge très-vive et les graines jaunes rayées de noir. Dans cet état on les cueille et la semence se détache alors avec facilité. Ce fruit ne sert pas pour l'alimentation ; mais les graines en sont très-recherchées, à cause des applications avantageuses de l'huile qu'on en extrait. Le procédé de fabrication usité dans la province est le suivant : les semences bouillies jusqu'à ce que l'enveloppe s'ouvre, sont déposées dans l'eau froide pendant quelques heures, après quoi on les presse avec assez de force, pour obtenir la séparation de la pulpe qui enveloppe les graines ; ceci fait, on les remet au feu et l'huile qui s'elève est soigneusement retirée. On laisse refroidir le liquide et on ramasse toute l'huile que nage à la surface, laquelle est mise de nouveau au feu pour se purifier. En médecine cette huile est surtout employée contre les affections rhumatismales et les éruptions de la peau. Elle est aussi fort estimée pour la préparation du poisson frit.

1224 Estevão José Barboza de Moura.
Huile de *dendê*.

PROVINCE DE LA PARAHYBA DU NORD.

1225 José Tavares da Cunha e Mello.
Huile de *dendê*.

PROVINCE DE BAHIA.

1226 Francisco José da Rocha.
Huile fine de *dendê*.

PROVINCE DE RIO-DE-JANEIRO.

1227 S. P. Halliot & C.
Beurre frais
Lait naturel.
Graisse de vache.

CLASSE LXX

Viandes et poissons.

PROVINCE DE L'AMAZONES.

1228 Manoel José de Souza Coelho.
Pirá-cuhí (farine de poisson).

Aliment préparé avec du poisson rôti. Dans cet état on retire au poisson ses arêtes et on le pile dans un mortier ; la pâte est ensuite séchée dans des écuelles de terre cuite.

Cette manière de conserver le poisson, qui lui donne une longue durée, est beaucoup en usage dans quelques provinces du Nord.

1229.—Idem.

Piarucú séché (poisson).

Grand poisson dont la longueur va jusqu'à 2,2^m (10 palmos). La pêche faite, on porte les poissons à l'établissement de préparation où on les écorche et en sale les tranches que l'on laisse empilées les unes sur les autres pendant trois heures, après quoi on les étend pour les faire sécher au soleil. Cette salaison fournit à la province de l'Amazones une de ses principales branches de commerce.

La pêche de ce poisson est intéressante dans ses détails, parce que d'abord il est attaqué à coup de flèches et puis harponné. Quand le poisson est loin de l'embarcation (que montent deux personnes) on le tue avec des flèches ; s'il s'approche on le harponne avec un grand harpon, que manie un homme placé à la proue.

PROVINCE DE BAHIA.

1230 Francisco José da Rocha.

Poisson séché.

PROVINCE DE RIO-DE-JANEIRO ET MUNICIPE DE LA
CAPITALE DE L'EMPIRE.

1231 A. Castagnier & Irmão. (Capitale.)
Crevettes dans de la graisse.
Crevettes sèches.
Garoupa en marinade.

1232 Claudio Capdeville. (Nitheroy.)
Sardines à l'huile (pareilles à celles de Nantes).

1233 Gouthiere & Wagner. (Capitale.)
Poisson conservé dans de l'huile (*bijupirá*).
Tête de cochon préparée.
Poisson en marinade (*bijupirá*).
Poisson à l'huile (*lulas*).

1234 L. P. Halliot & C.
Viande bouillie avec du chou.
Viande avec des carottes.
Viande assaisonnée.
Viande hâchée.
Poisson.
Bouillon.
Julienne.
Bouillon concentré.
Ragoût.
Sardines.

PROVINCE DE RIO GRANDE DU SUD.

1235 Commission provinciale.
Barrils contenant de la viande salée.
Barrils contenant de la viande de bœuf salée.

1236 Manoel Pereira da Silva Ubatuba.
Extrait de viande, 5⅌ la livre.

CLASSE LXXI

Légumes et fruits.

PROVINCE DE PARÁ.

1237 José de Araujo Roso Danin.
Haricots menus.

En général la culture de ce légume est très-limitée: chaque laboureur cultive la quantité dont il a besoin pour sa propre consommation La province importe du Sud le supplément de cette denrée.

PROVINCE DE CEARÁ.

1238 Commission provinciale.
Haricots *careta*.

1239 Manoel da Silva Albano.
Haricots de corde.

1240.— Idem.
Haricots *landin*.
Haricots *mulatinho*.
Haricots *olho de ovelha* (œil de brebis).
Haricots noirs.

PROVINCE DE PERNAMBOUC.

1241 Commandant du presidio (établissement pénitentiaire) de Fernando de Noronha.
Haricots *macassá*.
Maïs.

1242 Direction de la colonie militaire de Pimenteiras,
Haricots *mulatinho*.

1243 Manoel José do Espirito-Santo.
Haricots *mulatinho*.

PROVINCE DE SERGIPE.

1244 João Paulo da Silva.
Haricots *curuja* (chouette).

PROVINCE DE BAHIA.

1245 Francisco Sampaio Vianna.
Haricots *olho de pombo* (œil de pigeon).
Haricots noirs.
Haricots plomb.

PROVINCE DE RIO-DE-JANEIRO ET MUNICIPE DE LA
CAPITALE DE L'EMPIRE.

1246 A. Castagnier & Irmão. (Capitale.)
Palmito conservé (chou-palmiste.)
Feijoada (pâte de haricots.)

1247 Gouthiere & Wagner. (Capitale.)
Fèves.
Choux-palmistes au naturel.

1248 Instituto Impérial Fluminense d'Agricultura. (Capitale.)
Bananes séchées.

Fruit très-abondant dans tout le Brésil. C'est un fruit agréable,
nutritif et employé généralement comme aliment, tant cru que confit.
Les feuilles et même le fruit du bananier ont des applications médicinales, et le suc est excessivement astringent. Des fibres on fabrique
des cordes; mais elles pourraient aussi servir à faire des tissus fins et
à la fabrication du papier. Il y a au Brésil de nombreuses variétés de
bananiers tant indigènes qu'exotiques.

1249,—Idem.
Fruit de pain cuit.
Fruit de pain sec.

1250 L. P. Halliot & C.
Feijoada.
Petits pois.
Petits pois en cosses.
Haricots verts en grains.
Fèves.
Betteraves.

1251 Matheus da Cunha.
Haricots *cavallo* (cheval).
Petits haricots.
Haricots *amendoim.*

PROVINCE DE MINAS-GERAES.

1252 Baroneza de Santa Anna.
Haricots *amendoim.*
Haricots *baetão.*

Haricots blancs.
Haricots *cavallo*.
Haricots *fradinho*.
Haricots *guando*.
Haricots *guando*, jaunes.
Haricots *mangalô*, blancs.
Haricots *mangalô*, violets.
Haricots butyreux.
Haricots *mulatinho*.
Haricots noirs.
Haricots rayés.
Pois.
Amendoim.

PROVINCE DE PARANÁ.

1253 José Candido da Silva Muricí.
Fèves.

1254 Mariano de Almeida Torres.
Haricots noirs.

PROVINCE DE SAINTE CATHERINE.

1255 Carlos Otto Schlapall.
Haricots *amendoim*.
Petits haricots blancs.

1256 Direcção da Colonie D. Francisca.
Haricots blancs.
Haricots *cavallo*.

1257 João Pinto da Luz.
Amendoim.

1258.— Idem.
Fèves.
Guandos.

1259 José Ferreira Barreto.
Haricots *mulatinho*.

1260 Luiz Niemeyer. (Colonie D. Francisca.)
Haricots blancs.

PROVINCE DE RIO GRANDE DU SUD.

1261 Auguste Krueger.
Haricots soufre.
Haricots noirs.

1262 Carlos Buss et Frederico Guilherme Bartholomay.
Haricots blancs communs.

Petits haricots blancs.
Haricots noirs.
Pois chiches.
Petits pois.
Haricots rayés.
Fèves.

1263 Eduardo von Barousky.
Asperges en conserve.

1264 Philippe Jacob Sellbach.
Lentilles.
Haricots noirs.

1265 João Agulha.
Haricots, quatre espèces.

1266 João Hak.
Haricots noirs.

1267 Leonidio Antero da Silveira.
Petits haricots blancs.

CLASSE LXXII

Condiments et stimulants ; sucres et produits de la confiserie.

PROVINCE DE L'AMAZONES.

1268 Joaquim Leovegildo de Souza Coelho.
Pichúna tucupí.

Les indigènes de la province de l'Amazones nomment ainsi le jus du manioc bouilli et exposé au soleil. Il sert d'assaisonnement pour manger le poisson.

1269 Joaquim do Rego Barros.
Conserve de *cubio*.

PROVINCE DU PARÁ.

1270 Aniceto Clemente Malcher.
Sucre brut sec, 2$500 l'arrobe.
Sucre purifié, 4$500 l'arrobe.
Sucre raffiné, 5$000 l'arrobe.

La culture de la canne à sucre commence à peine dans la province du Pará ; ce retard est probablement dû à la profusion de ses grandes richesses naturelles. Le cultivateur ne se sert que de la hache pour abattre les bois; du feu et d'une espèce de coutelas pour débarrasser les terres des broussailles après et durant la récolte. Cependant les terres ne s'appauvrissent pas, parce qu'elles sont inondées deux fois le jour par le flux et le reflux, qui y déposent les principes fertilisants absorbés par la végétation. La récolte y est mal faite ; le cultivateur perd le plus souvent une grande partie de sa plantation, et ne tire pas de la canne tout le sucre qu'elle contient ; toute son attention se concentre dans la fabrication du sucre et de l'eau-de-vie, et il néglige la culture, peut-être en raison de la prodigieuse fécondité des terres. Le transport de la canne du lieu de la plantation aux moulins à sucre exige peu de frais parce qu'il se fait toujours par les rivières et les ruisseaux sur le véhicule nommé *batelão*, (embârcation grossière et semblable à la *montaria* ou pirogue). On préfère fabriquer le sucre brut qui est exporté, et les eaux-de-vie, produit de vente facile. La consommation intérieure est desservie par le sucre blanc importé de la province de Pernambouc, lequel est raffiné dans quelques fabriques de la capitale de la province. La province compte assurément 30 et tant de moulins (engenhos) mus à la vapeur, et sans doute le double mus par des moteurs hydrauliques.

1271 Antonio José Pinheiro. (Monte-Alegre.)
Vinaigre de mélasse de canne.

1272 Commission provinciale.
Conserve de *tucupí*.

1273.— Idem.
Conserve de piment.

1274.— Idem.
Sucre sec, blanc, 2$500 l'arrobe.

1275.— Idem.
Liqueurs assorties, 12 bouteilles, 8$000.
Liqueur de canelle.
Liqueur de roses.
Liqueur d'anis.
Liqueur d'orange.
Liqueur de girofle.

1276 David Joaquim Leal.
Conserve de piment.

Il y a deux fabriques de liqueur dans la ville de Santarem, et quelques-unes dans la capitale de la province, aussi bien que dans quelques maisons de campagne particulières. On utilise ainsi une grande quantité des fruits sauvages que produit le pays. Cette production est totalement consommée à l'intérieur, et l'on importe aussi des liqueurs fines de l'extérieur.

1277.— Idem.
Chocolat de *cupuassú*.

Le *Cupuassú* (*Deltonea luctea*) avec lequel on prépare le chocolat, donne des fruits rafraîchissants et d'une saveur agréable.

La fabrication du chocolat est limitée dans la province du Pará, à un petit nombre de fabriques, dont la principale se trouve dans la capitale. Le chocolat de *Cupuassú* du reste n'est qu'un essai: sa fabrication ne s'est pas multipliée jusqu'à présent, parce qu'il est très-hygrométrique et d'un goût inférieur à celui du chocolat de cacáo.

1278.— Idem.
Gelée de grenadille.
Gelée de fruits.
Gelée de grand *bacuri*.
Confiture de *cupuassú*.

1279 Domingos Casimiro Pereira Lima.
Conserve de piment.

1280 Feliciano Ramos Bentes.
Gelée de *muruti*.

1281 Fortunato Alves de Souza.
Sucre blanc, 4$000 l'arrobe.

1282 Hilario Ferreira Moniz.
Tucupí.

1283 Januario Antonio da Silva.
Sucre blanc de 2ᵉ qualité, 4$000 l'arrobe.
Sucre blanc de 1ᵉ qualité, 5$000.
Sucre moscouade, 4$000.
Sucre raffiné, 6$500.
Sucre raffiné, 7$000.
Sucre raffiné, 5$500.

1284 João Antonio Cypriano de Faria.
Chocolat médicinal et non-médicinal.

1285 João Martins da Silva Coutinho.
Crême (liqueur).
Crême de cacao.
Crême de cinamome.

1286 João Wanzeller de Albuquerque Sobrinho.
Conserve de piment.
Conserve de *tucupí*.

1287 Joaquim Honorio da Silva Rebello.
Conserve de piment.

1288.— Idem.
Vinaigre de *cajú*.

1289.— Idem.
Liqueur d'ananas, douze bouteilles 12$000.
Liqueur de cacao, douze bouteilles 24$000.
Liqueur de café.
Liqueur de fleur d'orange.

1290 **José de Araujo Roso Danin.**
Gelée de cacao,
Miel de canne à sucre.

1291 **José Caetano Ribeiro.**
Sucre blanc, 5$000 l'arrobe.

1292 **José da Silva Leite.**
Conserve de piment.

La province du Pará possède une profusion de variétés de piments pour assaisonnements, ainsi qu'on en peut juger par celles qui sont ici mentionnées. Leur production est presqu'en entier employée en conserves, par les fabriques de vinaigre.

1293.— Idem. (Obidos.)
Vinaigre de cacáo, 2$000 la bouteille.

1294.— Idem.
Gelée de cacao.

1295 **José Verissimo de Mattos.**
Conserve de poivre du Brésil.

1296 **Luiz de La-Roque.**
Sucre brut, sec, 3$000 l'arrobe.
Sucre purifié, 4$000 l'arrobe.

1297 **Martins & Tedeschi.**
Vinaigre de cacao.

1898 **Pinto & Irmão.**
Vinaigre de *cajú*.
Vinaigre de canne à sucre.

1299.— Idem.
Conserve de *tucupi*.

1300 **Pinto & Irmão.**
Sucre blanc, 5$000 l'arrobe.

PROVINCE DE MARAGNON.

1301 **Antonio José Pires Lima.** (Cururupú.)
Vinaigre de canne.
1302 **J. J. T. V. Belfort.** (Rosario.)
Vinaigre de canne.
1303.— Idem.
Sucre 1e qualité.

Sucre blanc raffiné.
Sucre cristallisé.

1304 Luiz Pereira Lapa. (Ilha.)
Vinaigre de *cajú*.

1305 Sergio Antonio Vieira.
Conserve de *tucupí*.

1306.— Idem. (Cutim.)
Vinaigre de *cajú*.

1307.— Idem. (Cutim.)
Liqueur de *cajú* (ratafia).
Liqueur du fruit du génipayer (*genipapo*) (ratafia).

PROVINCE DE CEARÁ.

1308 Commission provinciale.
Vinaigre d'*imbú*.

1309 João Correia de Mello.
Vinaigre de bananes.

1310.— Idem.
Café trié, de 6$ à 7$ l'arrobe.

C'est la culture la plus récente de la province; mais elle commence à se développer sur une grande échelle dans les montagnes de Maranguape, Aratanha, Baturité, Araripe, Machado, Uruburetama; bien que la production en ait diminué depuis 1863, les plantations de café ayant été attaquées par les insectes. Elle continue néanmoins à être la seconde branche d'exportation de la province. Dans l'exercice de 1862—63, on a exporté dans l'intérieur de l'Empire 32,808 arrobes; à l'extérieur, 147,776 arrobes, total, 180,584 arrobes, de la valeur officielle de 1,239:257$715. En 1863—64 le total de l'exportation a été de 151,839 arrobes, de la valeur officielle de 932:981$760. En 1864—65, 69,965 arrobes, valeur 446:393$920. En 1865—66, 103,390 arrobes, valeur 641:885$884. Le prix commun varie de 6$ à 7$ l'arrobe.

1311 José Francisco da Costa Albano.
Café lavé, dont on a enlevé la pulpe.

1312 Luiz Ribeiro da Cunha.
Café trié couleur de plomb.

1313 Manoel Ferreira Vieira
Café trié.

1314 Manoel Nunes de Mello.
Café trié, une arrobe.

1315 Marrocos.
Café trié couleur de plomb.

PROVINCE DE RIO GRANDE DU NORD.

1316 Caetano Estellita Cavalcanti Pessoa.
Sucre blanc brut.

La canne à sucre est l'une des sources de la richesse du Brésil. La canne qui croît sans le travail du laboureur dans les terres du nord du Brésil, se cultive avec avantage dans le sud de l'Empire. C'est de cette plante que l'on extrait exclusivement le sucre qu'on consomme dans le pays et qu'on exporte en grande échelle pour l'extérieur. Bien que la fabrication ne soit pas assez perfectionnée pour qu'on puisse tirer tout l'avantage possible de la grande richesse saccharine qu' offre la canne, cependant, dans ces derniers temps, on a suppléé à la diminution des bras appliqués à cette culture, par le perfectionnement de la fabrication au moyen de moulins à vapeur, d'appareils pneumatiques et autres.

PROVINCE DE LA PARAHYBA DU NORD.

1317 Commission provinciale.
Gelée de goyave.
Confiture de *cajú*.

1318 Domiciano Lucas de Souza Rangel.
Vinaigre de canne à sucre.

1319 Francisco Alves de Souza Carvalho.
Sucre blanc.

Le sucre brut et moscouade forme une des principales branches de la production et du commerce d'exportation ds cette province. Pour l'étranger on n'exporte que du sucre moscouade ; cette exportation dans l'exercice de 1864 à 1865 a monté à 400,998 arrobes, de la valeur de 620:955$600 au prix moyen de 1$575. Dans celui de 1861 à 1862 elle s'était élevée à 742,545 arrobes, de la valeur de 1,123:703$000 au prix moyen de 1$513 : ce prix, dans l'éxercice de 1863 à 1864, est monté à 1$903.

Le sucre blanc ou bien est consommé dans la province, ou bien va chercher un débouché dans celle de Pernambouc, pour laquelle celle de la Parahyba exporte une grande partie de ses produits, principalment le sucre et le coton.

1320 Luiz da Gama Porto.
Sucre blanc.

PROVINCE DE PERNAMBOUC.

1321 Antonio Paes de Mello Barreto.
Sucre blanc purifié, 3$200 l'arrobe.

1322 Commission provinciale.
Sucre blanc brut, 1ʳᵉ qualité.
Sucre blanc brut, 2ᵐᵉ qualité
Sucre blanc brut, 3ᵐᵉ qualité.
Sucre blanc brut, 4ᵐᵉ qualité.
Sucre moscouade, 1ʳᵉ qualité.
Sucre moscouade, 2ᵐᵉ qualité.

1323 Delouche & Gadaut.
Chocolat.

La fabrication de cet article a lieu dans une seule fabrique, depuis peu établie dans la province, par les exposants Delouche et Gadant. Cette fabrique est bien montée et en état de fournir aux besoins du commerce. On importe le cacao et la vanille des provinces de Maragnon et de Pará. Le chocolat qu'on y fabrique est tout-à-fait pareil à celui des échantillons présentés; il est estimé dans la province et commence à être préféré à celui qui vient de l'étranger. Cet établissement emploie des machines et des appareils perfectionnés, mûs à la vapeur et importés d'Europe. On y vend le chocolat à 800 rs. la livre. Dans le même établissement on fait en quantité de la glace artificielle qu'on vend à 100 rs. la livre.

1324 José Felix da Camara Pimentel.
Sucre blanc purifié.

La province de Pernambouc est celle où prospère le plus la canne à sucre; ses terrains et son climat étant les plus favorables à cette culture. Dans les nombreuses fabriques qui y existent, on a adopté de nouveaux procédés, des machines à vapeur, des appareils à vide et d'autres améliorations. Les sucres qui en résultent sont généralement les plus estimés sur les marchés consommateurs.

L'exportation dans l'exercice de 1864 — 65 a été de 2,806,671 arrobes de la valeur officielle de 5,806:450$000.

1325 Luiz Antonio Gonçalves Penna & C.
Sucre blanc raffiné, 6$400 l'arrobe.
Sucre moscouade brut, 3$840 l'arrobe.
Sucre blanc nettoyé avec du sable, raffiné.

1326 Livio de Souza e Silva.
Sucre blanc cristallisé, 6$ l'arrobe.
Sucre blanc raffiné, 6$ l'arrobe.

1327 Manoel Marques de Oliveira & C.
Sirop de tamarin, 1$ la bouteille.
Sirop de pomme, 1$ la bouteille.
Sirop de citron, 1$ la bouteille.
Sirop d'orange, 1$ la bouteille.

Sirop de roses, 1$ la bouteille.
Sirop de coing, 1$ la bouteille.

1328.— Idem.
Crême (liqueur) de pomme, 1$500 la bouteille.
Crême de grenadille, 1$500.
Crême de senipe des Alpes, 1$500.
Crême impériale, 1$500.
Crême de poire, 1$500.
Crême de cerise, 1$500.
Crême de pêche, 1$500.
Crême de fleur d'orange, 1$500.
Crême de *neitáo*, 1$500.
Crême de *rosolio*, 1$500.
Crême de fraise, 1$500.
Crême de saubac, 1$500.
Crême parfait amour, 1$500.
Crême de groseille, 1$500.

1329 Rabello & Branco.
Sucre blanc raffiné, 6$ l'arrobe.
Sucre blanc brut.

PROVINCE DE SERGIPE.

1330 Felix Zeferino Cardoso.
Sucre raffiné et clarifié au lait.

La fabrication du sucre n'est pas très-perfectionnée dans cette province, La plus grande partie de ses produits sont dirigés sur d'autres provinces d'où ils passent ensuite à l'étranger. La province a exporté 332,726 arrobes de sucre, de la valeur de 651:370$617, au prix moyen de 1$957.

1331 Francisco Pinto Lebão.
Conserve (*giquitaia*).
Conserve de piment *malagueta.*

1332.— Idem.
Sucre raffiné.
Sucre blanc purifié.

1333 Pompilio da Franca Amaral.
Liqueur de jamerose.

PROVINCE DE BAHIA.

1334 Antonio Alvares dos Santos.
Cacáo grillé.

1335 Azevedo & C.
Sucre cristallisé de 1re qualité.

Sucre cristallisé de 2me qualité.
Sucre cristallisé de 3me qualité.
Sucre en poudre de 1re qualité.
Sucre en poudre de 2me qualité.
Sucre en poudre de 3me qualité.
Sucre en poudre de 4me qualité.

La province de Bahia est celle qui produit le plus de sucre ; l'exportation au dehors dans l'exercice de 1864 à 1865 a été de 2,642,005 arrobes de sucre moscouade, de la valeur de 5,281:908$788, au prix moyen de 1$998, et 365,508 arrobes de sucre blanc, de la valeur de 1,034:686$805 le terme moyen étant de 2$830.

On exporte aussi du sucre de cette province pour les autres. Il y a aujourd'hui beaucoup de sucreries où travaillent des machines modernes et diverses raffineries y prospèrent aussi.

1336 Francisco Pereira de Vasconcellos.
Conserves de différents légumes.

1337 Francisco Sampaio Vianna.
Vinaigre de canne.

1338.— Idem.
Clous de Girofle.
Canelle.

1339 José Cezimbra.
Vinaigre blanc de canne à sucre.
Vinaigre rouge.

1340 José Machado Guimarães.
Cacáo lavé d'Ilheos.
Cacáo lavé de Canavieiras.
Cacáo non lavé de Valença.

On prépare ce produit pour le commerce, en cueillant le fruit mûr, en ôtant les graines et les faisant sécher au soleil. Les indigènes de la province de l'Amazones en fabriquent du chocolat pour leur usage domestique; ainsi que du savon et quelques autres articles. Il réussit bien dans les plaines, surtout sur les bords des fleuves Madeira et Solimões ; on en fait deux récoltes par an, la première de décembre à janvier et l'autre de mai à juin ; celle-ci est la plus abondante. Sauvage aussi bien que cultivó, le cacáo ne souffre pas du débordement des rivières, quoique les troncs des arbres restent baignés pendant ce temps jusqu'à la hauteur de quatre palmes et plus.

Le cacáo se cultive dans les provinces de l'Amazones, du Pará, de Maragnon, de Bahia, et sur une petite échelle dans celle de Rio-de-Janeiro ; en dehors de ces localités, la culture en est rare.

Dans les provinces de l'Amazones et du Pará, le cacáo croit naturellement sans culture, et en général les plantations arrivées à l'état de production, n'exigent aucun soin jusqu'à la récolte ; aussi dans ces endroits, elles constituent un revenu qui sert à doter les filles des cultivateurs.

On extrait du cacáo la partie huileuse ou beurre: d'une couleur jaune clair quand il est purifié, il a la consistance du beurre de lait, et est employé dans les confiseries, les parfumeries et les pharmacies. On fait avec la pulpe de bon vinaigre.

Le cacào du Brésil contient une grande quantité de principe astringent-tannin dans sa fécule qui sert à fabriquer le chocolat.

L'exportation de l'excellent cacao de l'Amazones se fait par le Pará. Les documents officiels montrent que, dans l'exercice de 1864 á 1865, le Pará a exporté hors de l'Empire 216,485 arrobes, de la valeur de 1,178:120$330 au prix moyen de 5$417 l'arrobe.

1341 Umbelino da Silva Tosta.

Vinaigre blanc et rouge.

1342 Antonio Cornelio dos Santos.

Café pilé.

1343 Antonio Joaquim Soares Ribeiro.

Sucre blanc de la canne *cayenna*, de 4$ à 5$ l'arrobe.
Sucre de canne violette, de 4$ à 5$ l'arrobe.
Sucre de canne verte, de 4$ à 5$ l'arrobe.
Sucre moscouade de canne *cayenna*, de 3$ à 4$ l'arrobe.
Sucre de canne violette, de 3$ à 4$ l'arrobe.
Sucre de canne verte, de 3$ à 4$ l'arrobe.

1344 Antonio José Barboza de Andrade.

Café pilé non lavé.

1345 Barão da Bella Vista.

Café de *terreiro* (terrasse où l'on fait sécher le café) pilé.

1346 Barão de Itaguahy.

Café pilé.

1347.— Idem.

Sucre blanc.

1348 Barão de Nova Friburgo.

Café dépouillé de sa pulpe, 9$ l'arrobe.
Café de *terreiro*, dépouillé de sa pulpe 7$ à 7$400 l'arrobe.
Café *em côco* (dans son écorce).
Café en écorce mince.

1349 Barão do Rio Novo.
Café dépouillé de sa pulpe, graine de Porto Rico.
Café dépouillé de sa pulpe, graine de Jamaïque.
Café dépouillé de sa pulpe, graine de Moka.
Café dépouillé de sa pulpe, graine de myrthe.
Café dépouillé de sa pulpe, graine du pays.

1350 Claudio Capdeville. (Nitheroy.)
Ananas au naturel.
Cajú en conserve.

1351 Coutinho Vianna & Bosisio. (Nitheroy.)
Crême (liqueur) de cacao, 12 bouteilles 24$000.
Crême de thé, 12 bouteilles 15$.
Crême de café, 12 bouteilles 15$.
Crême de noyau.
Crême de menthe.
Crême stomachique.
Crême d'anisette.
Crême de canelle.
Crême de girofle.
Crême de roses.
Crême de curaçao.

1352.— Idem. (Nitheroy.)
Sirop d'orange, 400 rs. la bouteille.
Sirop de gomme, 400 rs. la bouteille.
Sirop de pitanga, 400 rs. la bouteille.
Sirop de cajú, 400 rs. la bouteille.
Sirop de vanille, 400 rs. la bouteille.
Sirop de salsepareille, 400 rs. la bouteille.
Sirop de framboise, 400 rs. la bouteille.
Sirop de citron, 400 rs. la bouteille.
Sirop de groseille, 400 rs. la bouteille.
Sirop de fleur d'orange, 400 rs. la bouteille.
Sirop d'ananas, 400 rs. la bouteille.
Sirop simple, 400 rs. la bouteille.
Sirop de capillaire, 400 rs. la bouteille.

1353 Francisco Innocencio Lessa.
Fruits et feuilles de café (dans l'alcool).

1354 Francisco Marcondes Machado. (Apparecida.)
Café dans son écorce.
Café pilé.
Café sans pulpe, 9$ l'arrobe.
Café avec écorce mince.

1355 Francisco Mazars. (Nitheroy.)

Liqueur chartreuse, 12 bouteilles 18$.
Elixir stomachique, 12 bouteilles 18$.
Liqueur Braves d'Uruguayana, 12 bouteilles 18$.
Liqueur curaçao, 12 bouteilles 18$.
Liqueur d'anisette, 12 bouteilles 18$.
Liqueur huile de roses.
Liqueur de vanille.

1356 Fernando Dias Paes Leme et **Pedro Dias Gordilho Paes Leme.** (Itaguahí.)

Sucre.
Sucre blanc.
Sucre moscouade.
Sucre moscouade raffiné.

Le municipe de Campos est dans la province de Rio-de-Janeiro, le principal entrepôt de cette importante branche de commerce. On y cultive la canne à sucre sur une grande échelle. C'est sur les bords de la Parahyba que se trouvent les terrains les plus favorables à cette culture.

La culture bien entendue de la canne à sucre commence à s'établir dans quelques plantations dont les productions attestent son efficacité ; les améliorations introduites soit dans la fabrication du sucre **brut,** soit dans la raffination, ont beaucoup élevé la qualité des produits qui approvisionnent la place et qui sont exportés hors de l'Empire.

Le système, généralement employé, jusqu'ici, de cuire le jus de la canne au feu est remplacé par les appareils à vapeur,

Les *almanjarras* tirées par des bœufs, commencent aussi à être abandonnées, et changées contre de beaux moulins mûs par l'eau ou la vapeur.

Diverses raffineries emploient des appareils à vide, des turbines, et possèdent enfin toutes les machines employées dans les grandes raffineries de l'Europe et des autres pays.

On a exporté de la capitale au dehors dans l'année 1864 à 1865, 116,092 arrobes de sucre blanc de la valeur de 564:475$000, au prix moyen de 4$862 ; l'exportation du sucre moscouade a été de 167,085 arrobes, de la valeur de 450:225$000, au prix moyen de 2$694.

1357 Giacomo Berrini. (Capitale.)

Chocolat, 800 rs. la livre.
Chocolat à la vanille, 800 rs. la livre.
Chocolat à la cannelle, 800 rs. la livre.
Chocolat homœopathique, 800 rs. la livre.
Chocolat au lichen, 800 rs. la livre.

1358 Gouthiere & Wagner. (Capitale.)
Abacachi (sorte d'ananas) en conserve.
Ananas en conserve.

1359 Imperial Fazenda de Santa Cruz. (Capitale.)
Thé vert.

1360 Instituto Imperial Fluminense de Agricultura. (Capitale.)
Conserves de diverses qualités.
Clous de girofles.
Vinaigre de graines aromatiques.
Vinaigre d'herbes.
Vinaigre de canne.
Vinaigre de raisin américain.

1361 João de Almeida Pereira Filho.
- Sucre moscouade raffiné.

1362 João Bernardo Nogueira da Silva.
Thé appellé *Paquequér*, 2$ la livre.
Thé noir, 2$400 la livre.
Thé vert, 2$ la livre.

1363 João Henrique Habbert. (Capitale.)
Vinaigre rouge, 40$ la pipe.
Vinaigre blanc, 40$ la pipe.

1364 João José Carneiro da Silva.
Sucre moscouade raffiné.

1365 João Maria da Fonseca Marinho & Irmão.
Sucre blanc raffiné.
Sucre blanc, *redondo*.

1366 Joaquim Antonio de Carvalho Agra. (Nitheroy.)
Vinaigre de *cajú*.

1367 Joaquim Gomes Jardim.
Café de *terreiro*, 7$500 l'arrobe.
Café lavé, 8$500 l'arrobe.

1368 Joaquim Mariano de Azevedo Soares.
Café lavé préparé, 7$ à 9$ l'arrobe.
Café en écorce, 7$ l'arrobe.
Café lavé, 7$ à 9$ l'arrobe.

1369 Joaquim Marinho de Queiroz.
Café pilé.
Café avec écorce mince.
Café dans son écorce.
Cendre de café.

Les échantillons suivants accompagnent cos cafés :

Poussière de café.
Terre à café.
Charbon de café.

1370 Joaquim Peixoto da Fonseca.
Café pilé purifié du suc de l'écorce.

1371 José Caetano Carneiro da Silva.
Sucre moscouade raffiné.

1372 José Ildefonso de Souza Ramos. (Fazenda das Tres Barras.
Café dans son écorce.
Café dépouillé de la pulpe (non poli).
Café dépouillé de la pulpe (poli).
Café de *terreiro* pavé.

Le café peut croître dans presque toutes les localités du Brésil; car la température moyenne d'au moins 20° centigrades qu'il exige, se rencontre dans la plus grande partie de l'Empire.

Le caféier prospère même dans les lieux exposés au froid et semble parfois y végéter avec plus de vigueur; mais la fructification n'y est pas aussi abondante et n'offre pas la périodicité et la régularité nécessaires pour rendre la récolte avantageuse.

Si la culture du café n'est pas encore généralisée dans toutes les parties de l'Empire, c'est au manque de bras et de moyens de transport qu'il faut l'attribuer.

Les semences que l'on emploie au Brésil sont de bonne qualité; et beaucoup d'agriculteurs pensent que nous n'avons rien à envier sous ce rapport aux autres pays producteurs de cette denrée.

En effet, aucune expérience scientifique n'a jamais, à notre connaissance, reconnu au café de Moka, par exemple, (de tous le plus renommé), des propriétés chimiques ou des qualités intrinsèques qui le constituent supérieur aux autres; et la question se réduit pour le moment à la manière de le préparer ou à d'autres circonstances étrangères à la nature de la semence.

A cette occasion, nous ne devons pas cacher que beaucoup de planteurs n'ont accordé pendant longtemps que fort peu d'attention à la perfection de leurs produits. Ceci tenait surtout à ce qu'ils ne se sentaient stimulés par aucune différence dans les prix. Aujourd'hui cette indifférence a disparu; on construit des terraces appropriées à la dessication des grains, et on emploie des machines pour les autres opérations. Ce qui d'ailleurs a surtout contribué à déprécier lo café bresilien dans l'estime des consommateurs européens, c'est l'habitude de vendre nos cafés de première qualité, comme venant d'autres pays;

et de réserver la désignation de cafés brèsiliens pour ceux de qualité inférieure. On a rencontré à Rio-de-Janeiro un échantillon de café artificiel, fait avec de la farine, et imitant avec une perfection remarquable, une bonne qualité de café brésilien : il n'avait certainement pas été fabriqué au Brésil où le prix de la main d'oeuvre éut été supérieur à celui du produit naturel.

L'expérience enfin a montré que les variétés dites de Moka, de Java et autres, tendent à se confondre avec celle ordinairement cultivée au Brésil ; et qu'au bout de peu de temps il ne subsiste aucune différence entre les fruits de l'une et de l'autre origine. Il en arriva ainsi pour les plantes qu'en 1857 le Gouvernement fit venir de l'Ile de la Réunion, comme l'attestent tous les propriétaires qui les cultivèrent. Le café qui se rencontre sur le marché brésilien, avec la forme ovoïde du café de Moka, provient des caféiers brésiliens d'un certain âge, ou bien encore des branches supérieures des jeunes caféiers qui se trouvent plus exposées á l'irradiation solaire. Ces grains sont séparés des autres postérieurement à la récolte au moyen de tamis.

Le même phénomène a été observé á la Martinique où l'Amiral de Mackau introduisit em 1818 du café de Moka : au bout de peu d'années, ce café ne différait plus en rien de celui cultivé antérieurement dans l'île.

Ces faits méritent d'être étudiés.

La récolte et la préparation du café n'exigent pas de travail pénible et peuvent être faites par des femmes et des enfants ; mais elles demandent beaucoup d'attention et de soin.

La floraison et la fructification qui la suit ayant lieu dans deux périodes ; il résulte que la récolte doit aussi se faire en deux fois. Il est absolument nécessaire que durante la dessication le fruit n'entre pas en contact avec la terre, ce qui nuirait beaucoup à sa bonne qualité ; et par conséquent indispensable, pour la grande culture, de disposer des terrasses (*terreiros*) en pierre ou en toute autre matière analogue. La petite culture peut faire usage de plateaux faits de bambous ou bien de taquarussus, plante presque partout fort abondante.

Les terrasses en pierre étant fort dispendieuses, il y a grand avantage à employer des machines á séparer la pulpe qui dispensent d'avoir des terrasses d'une très grande étendue ; bien qu'à leur tour, ces machines ne laissent pas que d'être dispendieuses à cause des travaux hydrauliques qu'elles rendent nécessaires.

Plus tard, lorsqu'auront prévalu dans la culture les méthodes intelligentes, économiques et industrielles basées sur la division du travail et l'emploi mieux entendu du temps, des bras et des capitaux, les petits propriétaires vendront leurs récoltes aux grands ; ce qui, permettant de doubler la production, tournera au profit reciproque et à l'augmentation de la richesse publique.

Le café étant sec, il reste à le dépouiller de son écorce, à le nettoyer au moyen de la ventilation et à le lisser. La nature des machines que l'on emploie à ces opérations n'a pas grande influence sur la perfection du produit. C'est uniquement une question de temps et travail , plutôt économique qu'industrielle ; pourvu que dans tous les cas, on applique avec le soin nécessaire le procédé que l'on préfère. En effet on ne saurait imaginer des appareils plus simples et plus primitifs que ceux en usage dans les pays dont le café est le plus estimé sur les marchés européens.

La valeur officielle du café exporté durant l'exercice de 1864 à 1865 s'est élevée, pour tout l'Empire, à 64,144:555$. Le café consommé dans le pays constitue environ le cinquième de la production totale.

Le café est la culture principale des provinces de Rio-de-Janeiro, Minas-Geraes et Saint-Paul : elle y a produit des fortunes plus considérables que n'en ont jamais fait naître les plus riches mines d'or et de diamants. Les deux premières de ces provinces et une partie de la dernière ont exporté, dans l'exercice déjà cité 8,791,247 arrobes, valant 53,225:452$470 rs. Le reste de la province de Saint-Paul a exporté, par la douane de Santos, 1,672,486 arrobes, valant 9,002:145$516. Le prix moyen a été, durant la dite année financière et les quatre précédentes, de plus de 5$ l'arrobe.

La culture du café n'est pas seulement la source principale de notre richesse actuelle ; elle est encore, par l'abondante récompense qu'elle garantit au travail, le gage de la grandeur de la nation dans l'avenir.

Dans un espace de 15,000 brasses carrées, on peut planter 11,720 pieds de caféier, éloignés l'un de l'autre de 1^m80 dans un sens et de 3^m50 dans l'autre ; et il reste encore de la place pour planter des céréales et autres végétaux nécessaires à l'alimentation. Tout colon peut obtenir de l'Etat um terrain de la dimension ci-dessus indiquée, au prix de 15$000, payable en cinq ans moyennant un intérêt de 6 °/o par an. On peut aussi en acheter aux particuliers', dans le voisinage du chemin de fer D. Pedro Segundo ou de la route União e Industria, à 20 rs. la brasse carrée ; c'est à dire, pour les 15,000 brasses, 300$ qui, à l'intérêt de 7 °/o, font une dépense annuelle de 21$000.

Cinq travailleurs robustes, ou bien une famille de dix personnes des deux sexes et de différents âges suffisent pour cultiver la plantation et prendre soin des céréales, légumes et animaux nécessaires à leur alimentation. La plantation commence à donner des fruits au bout de trois ans. Au bout de six, sa valeur est de 2:000$ à 4:000$, suivant qu'elle est plus ou moins éloignée des voies de communication qui conduisent au marché ; elle produit alors de 600 a 1,200 arrobes de café. L'arrobe vaut au moins 3$ sur les lieux et 5$ sur le marché.

Avec la manière de planter que nous avons indiquée, il devient inutile d'avoir des terres au repos. Mais, même en calculant pour la plantation une étendue de terrain triple de celle-là, il n'y a pas d'exagération à affirmer que la culture du café laisse un revenu net de plus de 500$ par travailleur. Sans parler de la théorie qui le démontre, l'expérience de tout propriétaire qui sait diriger la culture de ses terres, est là pour le prouver.

On peut extraire de l'huile de la semence du café et de l'eau-de-vie de sa pulpe ; mais ces produits ne sauraient compenser le travail de leur fabrication, dans des régions où la canne à sucre donne d'une manière prodigieuse et où il existe tant de graines qui produisent de l'huile en abondance. L'écorce seule du café s'utilise : elle constitue un excellent engrais.

1373 José Pedro Dias de Carvalho. (Capitale).
Café avec écorce mince.
Café pilé.

1374 José de Souza da Silva Braga. (Capitale.)
Orgeat de pépins de pastêque.

1375 José Vieira Armando.
Sucre blanc et moscouade.

1376 José Ribeiro de Castro.
Sucre moscouade raffiné.

1377 Léon Leiden & C. (Capitale.)
Vinaigre blanc.
Vinaigre rouge.

1378 Luiz Bonifacio Lindemberg. (Capitale.)
Sel raffiné.

1379 Luiz Manoel de Azevedo Soares.
Café lavé à écorce mince.

1380 Luiz da Rocha Miranda.
Café pilé.

1381 Lauriano Rodrigues de Andrade.
Café pilé.

1382 Manoel Antonio Ayrosa.
Café dépouillé de la pulpe, pilé.
Café dépouillé avec écorce mince.

1383 Manoel Carneiro da Silva.
Sucre moscouade raffiné.

1384 Manoel Francisco de Oliveira.
Café dépouillé de la pulpe, avec écorce mince.

1385 Manoel Nepomuceno Baptista Pereira.
Café dépouillé de la pulpe, avec écorce mince.
Café dépouillé de la pulpe et pilé.
Café à écorce mince (graine de myrthe).
Café à écorce mince (rond).

1386 Manoel da Rocha Leão.
Café vert doré, 7$500 à 8$ l'arrobe.

1387 Mansell Carré & C.
Sucre blanc en pain, 6$800 l'arrobe.
Sucre blanc en poudre, 6$ l'arrobe.
Sucre blanc en poudre, 5$600 l'arrobe.
Sucre blanc en poudre, 5$200 l'arrobe.
Sucre moscouade, 3$200 l'arrobe.

1388 Pedro Antonio Brasil. (Nitheroy.)
Vinaigre blanc, 65$ la pipe.
Vinaigre rouge, 65$ la pipe.

1389 Peixoto Braga & Irmão. (Capitale.)
Crême de café.
Crême d'orange.
Crême d'anis.
Crême d'amandes.
Crême de roses.
Crême d'anisette.

1390 Queiroz & Menezes.
Fruits secs cristallisés.
Ananas conservé au naturel.

1391 Sá & Figueiredo. (S. Fidelis.)
Poivre en poudre (imitation de celui de Cayenne).

1392 Virgolino da Costa Guimarães. (Mangaratiba.)
Vinaigre de canne.

PROVINCE DE MINAS-GERAES.

1393 Baroneza de Sant'Anna.
Café dépouillé avec écorce mince.
Café pilé.
Café de séchoir, plantation de 2 années.
Café de séchoir, plantation de 4 années.
Café de séchoir, plantation de 8 années.
Café de séchoir, plantation de 16 années.
Café de séchoir, plantation de 20 années.
Café de séchoir, plantation de 30 années.

1394 Manoel Teixeira de Souza.
Thé *Uchin*.
Thé *Aljofar*.
Thé Perle.

PROVINCE DE S. PAUL.

1395 Manoel de Aguiar Vallim.
Café moka.
Café java.

PROVINCE DU PARANÁ.

1396 Antonio Gomes Vidal.
Sirop de coing.

1397 Firmino José dos Santos Lima.
Matte en feuilles.

1398 Joaquim Severo Correia.
Sucre blanc.

1399 José Candido da Silva Murici. (Coritiba.)
Liqueur de coing.
Liqueur de *matte*.

1400 José Joaquim Teixeira Ramos.
Sirop de coing.

1401 Laura Maria do Nascimento Borges. (D.)
Miel d'abeilles préparé pour confitures.

1402 Manoel José da Cunha Bittencourt.
Thé vert.

1403.— Idem
Matte en poudre.
Matte en feuilles.

1404 Maria Miquelina de Moraes. (D.)
Thé vert.
Thé noir.

La culture du thé commence à donner de belles espérances fondées sur les qualités et le rapport abondant de cette plante. La possibilité de pouvoir réunir sous un petit volume des valeurs considérables quand le produit est préparé, et prêt à être livré au commerce, facilitant beaucoup son transport, fait supporter le fret et offre ainsi beaucoup d'avantages.

Les feuilles du thé sont classées entre les astringents et les aromates, elles contiennent les mêmes principes que le café et le guaraná ; la qualité astringente qu'elles possèdent est due à la grande quantité de caféine qui entre dans leur composition. Le thé préparé dans les provinces n'a pas encore d'extraction pour les marchés étrangers; sa consommation est limitée à l'intérieur.

Le thé Paquequér est bien connu; il est renommé pour ses qualités et sa bonne fabrication.

1405 **Vicente Ferreira da Luz.**
Matte pour boire avec chalumeau.
Matte en poudre.
Matte en feuilles.
Matte fin.
Matte des missions.

Le *matte* ou plutôt l'herbe *matte*, est la boisson préférée par la plus grande partie des habitants de l'Amérique du Sud. La plante qu'on appelle aussi *congonha*, n'est qu'un arbuste de la famille des aquifoliacées, du genre des houx, de l'espèce *ilex mate* plus généralement connue sous la dénomination d'*ilex paraguayensis*.

Le *matte* croît sauvage dans les bois du Rio Grande du Sud et du Paraná, de préférence dans les terrains bas et humides. La culture de cette plante a d'autant plus besoin d'être encouragée, que l'arbuste cultivé, s'améliore, développe plus de végétation, et devient même un arbre touffu, beaucoup plus grand que l'arbre sauvage.

On connaît généralement deux variétés de *matte* : l'une appelée *caamini*, et l'autre *caauána*, la première est la plus appréciée et est destinée de préférence à l'exportation ; la seconde est peu estimée, parcequ'elle a un goût excessivement amer quand elle croît à l'état sauvage. On a reconnu du reste par des expériences répétées que cultivée, son amertume devient supportable.

Le *matte* a des propriétés toniques et diurétiques ; il est salutaire dans les fièvres intermittentes, à cause de son principe amer, et comme il est assez diurétique, il doit sans doute être utile comme préservatif des hydropisies.

Il renferme les mêmes principes que le thé et le café, contenant à poids égal la même quantité de ces principes qui existe dans les feuilles de thé, et une plus grande encore que celle produite par les graines du café.

Dans les provinces du Sud de l'Empire et dans les républiques d'origine espagnole, on prend le *matte* d'une autre manière que le thé et le café. On jette de l'eau bouillante dans une petite calebasse qui contient l'herbe mélangée avec une portion convenable de sucre ; et l'infusion faite, on aspire le liquide au moyen d'un chalumeau muni d'une petite boule dont la partie inférieure forme un crible qui empêche la poudre provenant des tiges et feuilles desséchées, de s'élever ; le *matte* acquiert ainsi une saveur particulière.

Ailleurs on fait infuser les feuilles ou la poudre dans une théière avec de l'eau bouillante de la même manière que le thé.

Le *matte* du Brésil est exporté dans les républiques de l'Amérique du Sud.

1406 Victorino Alves dos Santos.
Vinaigre de feuilles de vigne.

PROVINCE DE SAINTE CATHERINE.

1407 B. J. Paschann.
Sucre blanc.

1408 Carlos Otto Schlapall.
Matte en poudre.

1409 Direction de la colonie Blumenau.
Café pilé, 8$ l'arrobe.

1410.— Idem.
Sucre blanc.
Sucre moscouade.

1411 João Pinto da Luz.
Vinaigre blanc.
Vinaigre rouge.

1412 Jorge Tructer.
Matte en feuilles.

1413 Tedeschini.
Matte en poudre.

PROVINCE DE RIO GRANDE DU SUD.

1414 Carlos Buss et Frederico Guilherme Bartholomay.
Matte en poudre.

1415 Christtoffel (Frederico).
Liqueur, extrait amer (*Boomkamp of Magbitter*).

1416 Dutra Valença & C.
Matte en poudre.

1417 Guilherme Christtoffel.
Vinaigre blanc.
Vinaigre rouge.

1418 Lema & Daysson.
Matte en poudre.

1419 Lucio Schreiner.
Café de glands du chêne d'Europe, accompagné des fruits eux-mêmes.

Les semences ici mentionnées sont celles de deux chênes semés avec des graines venues d'Europe, il y a quatorze ans, dans les environs de la ville de S. Léopold. Au bout de ce laps de temps, leurs troncs ont déjà de 12 à 13 palmes (2m,64 à 2m,86) de hauteur jusqu'à la première ramification, et 5 à 6 palmes (1m,1 à 1m,32) dans leur plus grande circonférence. Dans les climats d'où ces arbres sont originaires, un tel développement ne s'obtient qu'au bout de 40 à 50 ans. Le chêne donne divers produits d'un usage constant en Europe. Outre le bois, estimé comme le meilleur, l'écorce du tronc, sur lequel se trouve la noix de galle, est de celles qui contient le plus de tan ; et la noix est encore plus riche de cette composition organique. Les fruits verts sont un aliment très-avantageux pour engraisser les porcs.

L'écorce et la noix s'emploient comme astringents dans la médecine européenne ; le café du fruit sert à guérir la diarrhée et d'autres maladies.

Les arbres auxquels nous nous rapportons ont produit en 1866 trois *alqueires* de fruits, vendus à 8$ l'*alqueire*.

Le café de glands de chêne moulus se vend comme produit de pharmacie dans la colonie de S. Léopold à 2$ la livre.

1420 Manoel Pereira da Silva Ubatuba.
Conserves de tomate.

1421· — Idem.
Anis.

1422 Mathias Marcos Vieira.
Malte en poudre.

CLASSE LXXIII

Boissons fermentées.

PROVINCE DU PARÁ.

1423 Antonio José Ribeiro.
Eau-de-vie d'anis, 80$ la pipe.

1424 Commission provinciale.
Eau-de-vie de manioc.

1425 David Joaquim Leal. (Melgaço.)
Eau-de-vie de manioc.

1426 Francisco Bernardes da Silva. (Carnapipó.)
Eau-de-vie de canne, 70$ la pipe.

1427 João Martins da Silva Coutinho.
Vin de *cajú*.

1428.— Idem.
Alcool de *cajú*, 38 degrés.

1429 João Torquato Galvão Vinhaes.
Eau-de-vie de manioc.

1430 Joaquim Honorio da Silva Rabello. (Santarém.)
Vin d'orange, 12 bouteilles 6$.
Vin de *cajú*, 8$.
Vin de canne, 6$.
Vin de *cajú*, imitation de champagne.

La fabrication des vins est déjà une industrie de la province; on y compte quelques fabriques remarquables, tant dans la capitale que dans la ville de Santarém.

1431. — Idem.
Eau-de-vie de *cajú*, 12 bouteilles 7$680.

1432. — Idem. (Santarém.)
Genièvre.

1433 José de Araujo Roso Danin.
Eau-de-vie de genièvre.
Eau-de-vie d'anis.
Eau-de-vie d'orange.
Eau-de-vie de *genipapo*.

1434 José Cordeiro Pereira Monteiro. (Alemquer.)
Eau-de-vie de canne, 800 rs. le flacon.

1435 José Eutychio da Rocha Leão.
Eau-de-vie de canne.
Eau-de-vie d'anis.
Genièvre.

1436 José da Silva Leite.
Eau-de-vie de cacao.

1437 José Verissimo de Mattos.
Eau-de-vie de cacao.

1438 Justo José Correia de Miranda.
Eau-de-vie de *genipapo*.

La production des eaux-de-vie est en général limitée à l'eau-de-vie de canne; toutes les autres ne sont que l'objet d'industrie particulière ou domestique. Cependant la province abonde en fruits sauvages et cultivés avec lesquels on en peut fabriquer une grande quantité

1439 Luiz de La Roque.
Eau-de-vie de 22° Cart., 140s la pipe.

1440 Manoel Domingos da Silva Russo. (Barcarena.)
Eau-de-vie de sauge.

1441 Paulo da Costa.
Eau-de-vie de canne.

1442 Pedro Honorato Correia de Miranda. (Vigia.)
Eau-de-vie de *genipapo*.

1443 Pinto & Irmão. (Santarém.)
Vin de *cajú*, 12 bouteilles 12$.
Vin de *cajú*, 12 bouteilles 12$.
Vin de canne, 12 bouteilles 6$.

1444.—Idem.
Genièvre, 12 bouteilles 6$.
Eau-de-vie de canne, 1$ le flacon.

PROVINCE DE MARAGNON.

1445 A. C. de Mendonça Bittencourt et Maria B. de F. Lisboa. (D.)
(Cururupú.)
Eau-de-vie de canne.

1446 J. A. F. Ribeiro. (S. Luiz.)
Vin de *cajú*.
Vin d'orange.
Vin de *murici*.
Vin de *cajú*.

1447 J. J. T. V. Belfort. (S. Luiz.)
Vin de *cajú*.

1448.— Idem. (Rosario.)
Eau-de-vie de canne.
Eau-de-vie de *genipapo*.
Eau-de-vie de figuier.

1449 Manoel Lopes Magalhães. (Vianna.)
Eau-de-vie de *cajú*.
Eau-de-vie de *cajú* sauvage.

1450 Marcos Aurelio dos Reis. (Alcantara.)
Vin d'ananas.
Vin de *genipapo*.

PROVINCE DE CEARÁ.

1451 Francisco Luiz Carreira.
Vin de *cajú*, 12 bouteilles 10$.

Cet exposant, l'un des fabricants le plus renommés, obtient d'excellent vin par le procédé suivant. On met le suc du *cajú* à fermenter dans un vase en terre ou en bois ; après huit ou dix jours de fermentation, on le passe dans des barils ou pipes, en mettant d'abord dans chaque baril trois galons d'esprit de 35° du même vin de *cajú* et trois de miel de sucre raffiné. Passé deux mois, on transfère le liquide dans d'autres vases, en y ajoutant encore un galon du même esprit. Ce procédé se repète encore deux mois après , et alors on clarifie le liquide avec des intestins de poisson dissouts dans du vin de *cajú*, en jetant une bouteille de cette dissolution dans chaque baril et y ajoutant une livre de pruneaux ; au bout de trois mois , on clarifie de nouveau le vin avec du blanc d'œuf et trente jours après, on le met en bouteilles. Ce fabricant vend beaucoup de ce vin dans la province et au dehors, à 10$000 la douzaine de bouteilles.

1452. — Idem.
Eau-de-vie d'orange, 12 bouteilles 8$.
Eau-de-vie de *cajú*.

1453 Jeronymo H. de Abreu.
Eau-de-vie de canne.

1454 José Cabral de Mello.
Eau-de-vie de canne.
Genièvre.

1455 José Francisco da Silva Albano.
Vin de *cajú*.

1456 Mamede.
Vin de *cajú*.

PROVINCE DE RIO GRANDE DU NORD.

1457 João José Salsona.
Vin d'ananas.

1458 Manoel Nunes Boução.
Vin de *cajú*.

PROVINCE DE LA PARAHYBA DU NORD.

1459 Urbano Egydio da Silva Costa.
Vin de *cajú*.

1460 Evaristo Sabino de Oliveira e Mello.
Eau-de-vie de canne.

PROVINCE DE PERNAMBOUC.

1461 Coriolano Velloso da Silveira.
Eau-de-vie de café.

1462 Joaquim de Mello Cáu.
Alcool à 30°, 2$ la *canada* (un peu plus d'un litre).
Eau-de-vie de canne.
Eau-de-vie de miel, 1$ la *canada*.

1463 J. Ferreira Gomes.
Vin de *cajú*.

1464 Juvencio Pires Falcão.
Vin de *caju*.

Il y a 12 ans que l'exposant fabrique du vin avec ce fruit, et travaille toujours à le perfectionner. Ce vin se fait avec le jus du fruit et du sucre, en y ajoutant une petite quantité d'eau-de-vie de canne de supérieure qualité. On peut aussi le faire fermenter comme celui du vin du raisin.

On trouve dans les échantillons exposés, des vins fabriqués en 1863 et en 1865. La fabrication de ce vin se généralise dans la province; chaque bouteille peut coûter 1$.

L'exposant lui attribue des propriétés médicinales: il facilite la digestion, est anti-fébrile, et s'emploie avec succès dans les fièvres intermittentes, l'obstruction de la rate et la splénite chronique.

1465 Manoel Marques de Oliveira & C.
Alcool de 38°. 2$400 la *canada*.

1466.— Idem.
Vermouth, 8$ la *canada*.
Genièvre d'orange. 2$ la *canada*.

PROVINCE DE SERGIPE.

1467 Agripino Guilherme da Silva.
Eau-de-vie de *camboim*. 240 rs. la bouteille.
Eau-de-vie de miel de canne.
Eau-de-vie de canne.

1468 Manoel Moreira de Souza Macieira.
Genièvre.

1469 Pompilio da Franca Amaral. (Estancia.)
Genièvre.
Eau-de-vie de canne de 28° Cart.

Sur la rive gauche de la rivière Piauhytinga, se trouve établie une importante fabrique d'eau-de-vie et de liqueurs. On y emploie le roucou, la cochenille et la menthe poivrée comme matières colorantes, dans la confection des liqueurs.

PROVINCE DE BAHIA.

1470 Azevedo & C.
Alcool à 40° Cart.
Eau-de-vie de Portugal à 26° Cart.
Cachaça (eau-de-vie de canne) à 21° Cart.

1471 João Cezimbra.
Eau-de-vie de mélasse.

1472 João Cezimbra,
Eau-de-vie à 22° Cart.

1473 José Joaquim Pereira de Castro.
Alcool à 36°.
Eau-de-vie imitant le vin.

1474.— Idem.
Genièvre.
Eau-de-vie.

1475 Manoel José de Teive e Argollo.
Eau-de-vie.

PROVINCE DE RIO-DE-JANEIRO ET MUNICIPE DE LA CAPITALE
DE L'EMPIRE.

1476 Antonio Joaquim Soares Ribeiro. (Maricá.)
Eau-de-vie de canne à 22 1/2 degrés , Cart., 80$ à
100$ la pipe.

1477 Antonio José Gomes Pereira Bastos. (Capitale.)
Bière.

1478 Antonio Ribeiro de Castro. (Campos.)
Eau-de-vie de canne.
Eau-de-vie de *pitanga*.

1479 Coutinho Vianna & Bosisio. (Capitale.)
Vin d'ananas, 12 bouteilles 18$.
Vin de *cajú*, 12 bouteilles 18$.

1480.— Idem. (Capitale.)
Eau-de-vie (*Parati*) rectifiée de 20° Cart., 800 rs. la
mesure.
Laranginha supérieure et rectifiée à 18° et 20° Cart.,
12 bouteilles 6$.
Rhum à 22° Cart., imitation de la Jamaïque, 12 bou-
teilles 8$.
Old Brandy à 22° Cart., 12 bouteilles 10$.
Orange Brandy à 22° Cart., 12 bouteilles 8$.
Kirschwasser à 22° Cart., 12 bouteilles 12$.
Absinthe verte à 27° Cart., 12 bouteilles 15$.
Eau-de-vie d'anis supérieure rectifiée à 19° Cart., 12
bouteilles 6$.
Eau-de-vie du Rhin.

1481.— Idem. (Nitheroy.)
Genièvre imitation de celle de Hollande , 12 flacons
4$200.

1482.— Idem. (Nitheroy.)
Alcool à 40° Cart.
Esprit de vin , 2$ la mesure.

1483 Fernando Dias Paes Leme et **Pedro Dias Gordilho Paes Leme.**
Alcool.

1484.— Idem.
Eau-de-vie de canne, 90$ la pipe.

1485 Francisco Innocencio Lessa. (Cantagallo.)
Vin de canne à sucre.
Vin de raisin doux.

1486 Francisco Mazars. (Nitheroy.)
Absinthe verte, 12 bouteilles 16$.

1487.— Idem.
Alcool.
Genièvre.
Cognac.

1488.— Idem.
Laranginha (eau-de-vie), 12 bouteilles 5$.
Rhum, 12 bouteilles 10$.

1489 Gouthiere & Wagner. (Capitale.)
Vin (imitation du champagne), 12 bouteilles 6$.

1490.— Idem. (Capitale.)
Jus de *cajú.*
Jus d'ananas.

1491 Instituto Imperial Fluminense de Agricultura. (Capitale.)
Liqueur d'anis.
Liqueur de canelle.
Liqueur de mangue (*manga*).
Liqueur de *diospyro.*
Liqueur de *terminalia.*
Liqueur de prune noire.
Liqueur de *jambo.*
Liqueur de *murici.*
Liqueur de *cajá.*
Liqueur de *jaboticába.*
Liqueur de vanille.
Liqueur de canne.

1492.— Idem. (Capitale).
Eau-de-vie de canne.
Eau-de-vie d'*aipim* (manioc doux).
Eau-de-vie d'écorce de café.
Rhum.

1493 João José Nunes de Carvalho.
Alcool.

1494 João Maria da Fonseca Marinho & Irmão.
Eau-de-vie de canne.

1495 **Joaquim Antonio de Carvalho Agra.** (Nitheroy.)
Vin d'orange.

1496 **José Antonio Gomes.** (Capitale.)
Vin d'orge, 12 bouteilles 4$.

1497 **José Ildefonso de Souza Ramos.**
Eau-de-vie à 25 et 30 dégrés.

1498 **José Rodrigues Villares.** (Capitale).
Cognac, imitation de celui de la Jamaïque.

1499 **Léon Leiden & C.** (Capitale.)
Bière.
La fabrication de la bière est très-prospère dans la capitale et la province de Rio-de-Janeiro, où l'on compte diverses brasseries. Il en existe 8 à Rio-de-Janeiro et 4 à Petropolis. Aussi l'importation de cette denrée a-t-elle beaucoup diminué; mais il faut observer qu'on n'emploie dans cette fabrication que des ingrédients venus du dehors, depuis le houblon jusqu'à l'orge.

1500 **Manoel Dias da Cruz.**
Vin *maduro* (vin de Portugal épais), 1re qualité, 12 bouteilles 16$.
Vin maduro (vin de Portugal épais), 2me qualité, 12 bouteilles 14$.

1501 **Mansell, Carré & C.** (Capitale.)
Alcool à 36°.

1502 **Pedro Antonio Brasil.**
Rhum.

1503. — Idem. (Nitheroy).
Eau-de-vie d'orange, 1$ la mesure.

1504.— Idem. (Capitale.)
Esprit de vin.

1505 **Pedro Machado da Gama.** (Capitale.)
Eau-de-vie de canne, 80$ la pipe.

1506 **Peixoto Braga & Irmão.** (Capitale.)
Eau-de-vie d'anis, 12 bouteilles 3$.
Cognac.
Genièvre.

1507 **Virgolino da Costa Guimarães.** (Mangaratiba.)
Vin d'orange.

1508. – Idem. (Mangaratiba.)
Eau-de-vie (imitation de celle de Portugal).
Genièvre.
Génièvre Altona.
Cognac.

PROVINCE DE S. PAUL.

1509 Ignacio José de Araujo.
Vin d'orange.
Vin de raisin (Impérial).
Vin de raisin (National).

1510 José Antonio da Silva Braga.
Vin de raisin.

PROVINCE DU PARANÁ.

1511 Anacleto Dias Baptista.
Eau-de-vie de *matte*.

1512.— Idem.
Vin d'orange.

1513 Manoel Antonio Ferreira et J. Severo Correia.
Canninha (eau-de-vie).

1514 Manoel José de Souza.
Eau-de-vie de canne.

1515 Victorino Alves dos Santos.
Genièvre, 1$ le flacon.

PROVINCE DE SAINTE CATHERINE.

1516 Barão Schneebourg. (Colonie Brusque.)
Eau-de-vie de canne à 21º Cart.

1517 Estanisláo Antonio da Conceição & Filhos. (Desterro.)
Eau-de-vie de café de Sainte Catherine.

PROVINCE DE RIO GRANDE DU SUD.

1518 Benno Onoss.
Esprit à 75 dégrés.

1519 Jacob Datsch.
Eau-de-vie de lime.
Eau-de-vie du marc de la canne.
Eau-de-vie d'orange.
Eau-de-vie de vin, 1$ la bouteille.

1520 Joaquim José Pereira Penna.
Eau-de-vie de vin d'orange.
Eau-de-vie d'orange.

Eau-de-vie de pêche.
Eau-de-vie de coing.

1521 José Pereira da Silva Peixoto. (Pelotas.)
Vin d'orange.

1522 Sebastião Ruschel.
Eau-de-vie de pêche.

DIXIEME GROUPE

OBJETS SPÉCIALEMENT EXPOSÉS EN VUE D'AMÉLIORER LA CONDITION PHYSIQUE ET MORALE DE LA POPULATION.

CLASSE LXXXIX

Matériel et méthodes de l'enseignement des enfants.

MUNICIPE DE LA CAPITALE DE L'EMPIRE.

1523 Institut Impérial des Jeunes aveugles, (Capitale.)
Types.
Livres.
Tableaux imprimés.

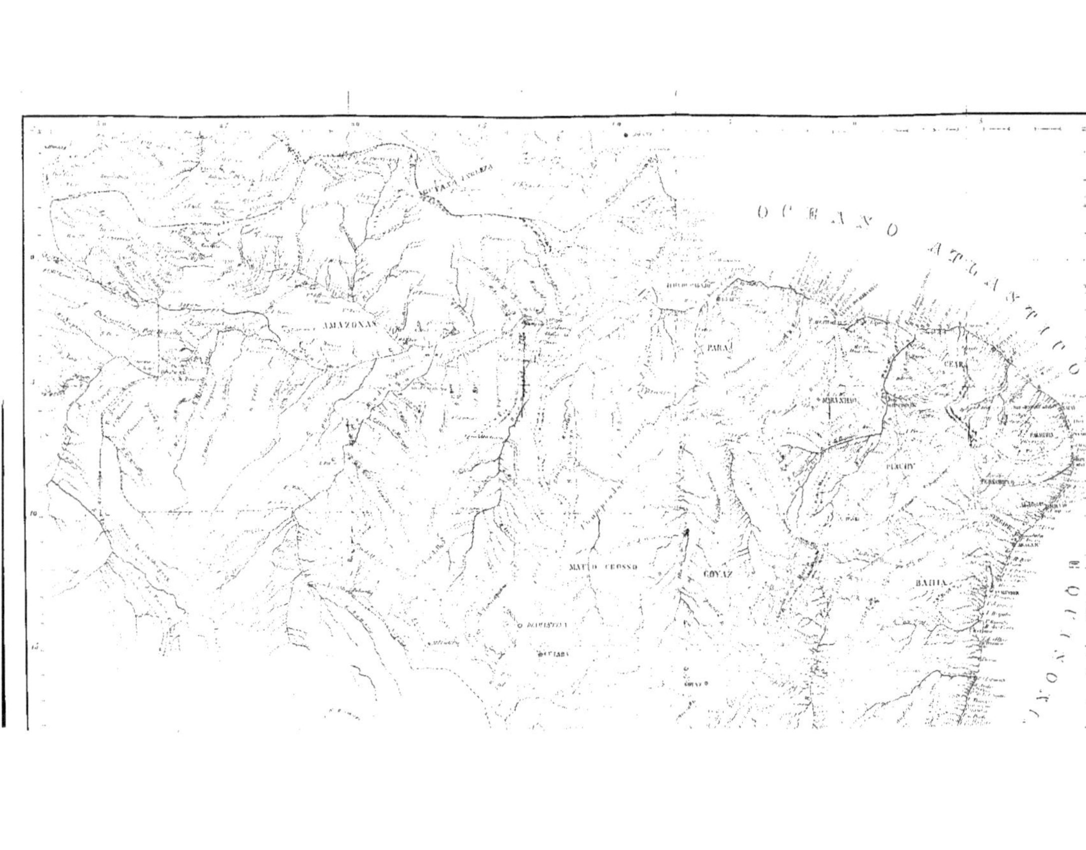

OCEANO ATLANTICO
AMAZONAS
PARA
CEARA
MARANHAO
PIAUHY
MATTO GROSSO
GOYAZ
BAHIA

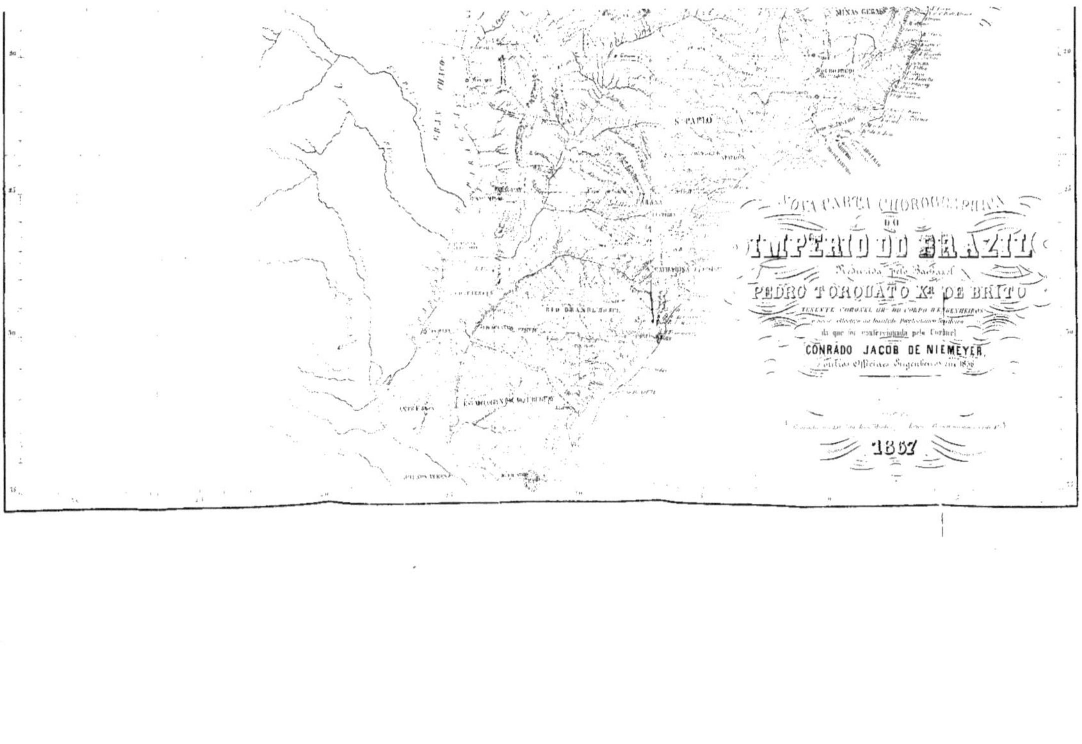

NOVA CARTA CHOROGRAPHICA
DO
IMPERIO DO BRAZIL
Reduzida pelo Bacharel
PEDRO TORQUATO Xª DE BRITO
TENENTE CORONEL DO CORPO DE ENGENHEIROS
e socio effectivo do Instituto Polytechnico Brazileiro
da que foi confeccionada pelo Coronel
CONRÁDO JACOB DE NIEMEYER,
e outros Officiaes Engenheiros em 1856
1867
MINAS GERAES
S. PAULO
RIO GRANDE DO SUL
PARANÁ